迫りくる核戦争の危機と私たち

「絶滅危惧種」からの脱出のために

大久保賢一

まえがき

本書は、私たちが「絶滅危惧種」から脱出するための小論集である。

核戦争の危機

今、私たちは、核兵器が現実に使用される危機の中にある。ロシアのプーチン大統領は、核兵器使用を準備しており、台湾海峡では、核兵器国である米国と中国が、日本を巻き込みながら対峙している。朝鮮半島では、南北の対立が激しくなり、北朝鮮は核兵器保有を誇示している。

世界には1万2000発からの核弾頭があり、その運搬手段も高速化かつ精緻化している。バイデン米国大統領は、「民主主義国」対「専制主義国」などとして、世界の分断を図っている。日本政府は米国の「核の傘」に依存し続けている。核兵器禁止条約は米国の核抑止力を否定しているので反対だとしている。米国が、核兵器の使用は核兵器による攻撃に対する反撃だけに使用するという「先制不使用政策」をとることにも反対している。岸田文雄首相は「核廃絶は私のライフワーク」などというけれど「今はなくさない」が本音である。

プーチン大統領もバイデン大統領も岸田首相も、核兵器は必要で役に立つと考えている核抑止論者なので、今すぐ、核兵器をなくそうなどという意思は全くない。核兵器が現実に使用される危険性が、かつてないほどに、高まっている。米国の科学者集団は「終末まで100秒」と警告している。今回のNPT（核不拡散条約）再検討会議の「最終文書」は採択されなかったが、核兵器使用の危険性は冷戦時代よりも高くなっていると深い関心を寄せている。グテーレス国連事務総長も、ロシアによるウクライナ侵攻や台湾問題をめぐる地政学的緊張の高まりを受けて「核戦争のリスクが再び強まっている」と指摘している。私たちは、このような危機意識を共有しなければならない。

「核持って絶滅危惧種仲間入り」

「核戦争は全人類に惨害をもたらす」ということは、NPT前文にあるように世界の公理である。「核戦争に勝者はない。決して戦ってはならない」ということは、米ロ中を含む核兵器国首脳が再確認していることである。

にもかかわらず、核兵器国の政治指導者は、核兵器使用を口にするのである。日本にも、「核共有」だとか、「非核三原則の見直し」などを言い立てる危険で愚かな連中がいる。

核戦争とは核兵器が使用される戦争である。人間が対処できない高熱、爆風、放射線が人間を襲うのである。それがすぐに第3次世界大戦になるかどうかは諸条件によるが、一度使用されれば、核兵器使用の敷居が低くなり、核兵器がカジュアルに使われることになって、長崎以降存在しなかった「戦争被爆者」が生み出されることになる。「被爆者は私たちを最後にしてほしい」という被爆者の願いは粉砕されることになる。

そして、人類の絶滅が近くなる。絶滅とは、現在生きている人間が死に絶えるだけではなく、過去の人間を悼む人も消え、将来、ヒトという種が存在しなくなることを意味している。過去も現在も未来も失われるのである。私もあなたも、私たちにつながる人もつながらない人も、すべてが消滅するということである。私たちは、今、「絶滅するか永続するか」を問われているのである。人類はレッドデータブック（レッドリスト）には登録されていないが「絶滅危惧種」なのである。「核持って絶滅危惧種仲間入り」という川柳は正鵠を射ているのである。

のみならず、核兵器は事故や人為的ミスでも発射される可能性はある。核兵器禁止条約はそのことを指摘しているし、そのような事例も現実に起きている。私たちは、いつ核兵器が発射されるかわからない状況下に置かれているのである。間違いを犯さない人間はいないし、故障しない機械はないからである。

「ダモクレスの剣」

「核兵器の使用や威嚇は絶対的に国際法に違反する」との意見を書いたウィラマントリー国際司法裁判所副所長は、「核兵器と核エネルギーはダモクレスの剣の２つの刃である。核兵器の研究と改良によって鋭利の方は一層危険な物になり、鈍い方の刃は、原子炉の拡散によって、危険なレベルまで研磨されつつある」と語っている。「ダモクレスの剣」とは、王の頭上に髪の毛一本で吊るされている剣のことである。

たしかに、核兵器が存在するだけではなく、世界には原子力発電所も434基存在している（日本原子力産業協会）。ウクライナでは原発に対する攻撃も行われている。日本でも再稼働が予定されている。原発事故が私たちに何をもたらすかは、私たちが現に体験していることである。私たちは、「核地雷原」で生活しているようなものである。

私たちは、「核地雷原」で、しかも「ダモクレスの剣」の下での生活を強いられている「絶滅危惧種」なのである。違う言い方をすれば、私たちは、「核のボタン」を持つ核兵器国の政治指導者の思惑と、原子力発電に固執する勢力の都合の範囲内で、その人生を送っているのである。

私はこんな状況から免れたい

私はこんな人生は嫌である。あなたはどうだろうか。

私は、そんな状況から免れたいと思っている。鋭い剣も鈍い剣もなくしたいし、「持続可能な社会」を創りたいと思っているからである。

私は核の専門家でも政治家でもない。また、軍人でも研究者でもない。今という時代を生きている後期高齢期を迎えた一人の市民である。そして、未来を生きる世代に地球と人類社会を残したいと考えている人でもある。けれども、残念ながら、核兵器大国の政治指導者や電力資本と対決する個人的な力は持ち合わせていない。

だからといって、やられっぱなしは嫌である。そこで、ささやかな抵抗がこの本である。

第1部は、ロシアのウクライナ侵略を扱っている。第2部は、米国の対中国政策と核政策に触れている。第3部は、核兵器廃絶がテーマである。日本政府とその同調者たちへの批判と共同の道を模索している。市民社会や米国の動向にも触れている。第4部は、憲法9条関連の記述である。自衛隊のことにも触れている。

いずれも、その時々に、いろいろな媒体に書いたものなので、体系的な叙述になっていない。いわばオムニバスのようなものだ。ではあるけれど、核兵器廃絶と憲法9条の世界化を求めるということが主旋律である。

「明日、地球が滅びようとも、私は、今日、リンゴの木を植える」

核戦争の危機がそこまで迫っているというのに、そんな悠長なことをいっている場合ではないのかもしれないが、核戦争を避ける唯一の抜本的な方法は核兵器廃絶であることは論理的必然である。また、武力行使を容認する限り、核兵器は最終兵器なので廃絶されることはない。これは理屈がそうであるだけではなく、現実の国際政治がそうなっている。

私たちが、「核地雷」と「ダモクレスの剣」から解放され、「絶滅危惧種」から脱出するためには、核兵器廃絶と憲法9条の世界化は必要不可欠な条件なのである。

その道は前人未到かもしれないが、これまでの蓄積がないわけではないし、新たな資源がないわけでもない。決して絶望することはない。古い表現を使えば「徳に孤なし、必ず隣あり」ということである。そして何よりも、絶望するわけにもいかない課題なのである。このままでは、「絶滅危惧種」としての宿命を受け入れざるを得なくなるからである。

私は、平和を愛する諸国民の公正と信義を信じている。そして、「明日、地球が滅びようとも、私は、今日、リンゴの木を植える」という言葉が好きである。

この本はそんな思いで書かれている。

2022年8月　原爆投下77年。日本国憲法公布76年を前にして。

迫りくる核戦争の危機と私たち　「絶滅危惧種」からの脱出のために　●目次

第2部 米国の対中国政策と核政策

第3部　核兵器廃絶のために

第4部　核兵器廃絶と憲法9条

序

核戦争の危険性と私たちの任務

――核兵器廃絶と9条の世界化を――

はじめに

本稿の目的は、核兵器廃絶と9条の世界化の必要性を主張することにある。「何を今さら」といわれそうだけれど、私は、核兵器廃絶も9条の世界化も、決して「当たり前」のことにはなっていないと考えている。

たとえば、2022年の参議院選挙において、核兵器廃絶は争点になっていなかった。「市民連合」と「立憲野党」との共通政策には、「**核兵器禁止条約の批准をめざし、まずは締約国会議へのオブザーバー参加に向け努力する**」とあるだけで、禁止条約を批准するとはされていない。また、「**平和憲法の精神に基づき、総合的な安全保障の手段を追求し、アジアにおける平和の創出のためにあらゆる外交努力を行う**」とされているだけで、9条の世界化などは提起されていない。

私は、「市民と野党の共闘」に期待する一人なので、その共通政策の到達点に関心が向くのである。「市民連合」は、参議院選挙にあたって、「**核兵器の使用さえ取り沙汰されるなか、戦争の拡大は絶対に避けなければならず、東アジアにおける平和の醸成の必要もいよいよ切実さを増しています。今こそ、日本は憲法の理念に基づき、平和国家としての生き方を堅持し発展させるべきです**」としていたので、核兵器や9条に関心を寄せていることは了承している。けれども、具体的政策としては「オブザーバー参加」とか「平和憲法の精神」にとどまっているのである。

私は、核兵器廃絶を喫緊の課題として正面に掲げてほしいし、9条を日本で「堅持し発展させる」だけではなく「世界化」も提示してほしいと思うのである。なぜなら、核戦争の危機は、かつてなく深刻になっているからである。そうした思いで、核戦争の危険性の現状と「核の時代」における9条の位置づけについて報告する。

プーチンの核兵器使用威嚇

プーチンは、２０２２年２月24日、次のように演説している。

軍事分野に関しては、現代のロシアはソビエトが崩壊しその国力の大半を失った後の今でも、世界で最大の核保有国の一つだ。さらに最新鋭兵器においても優位性を有している。我が国への直接攻撃は、どんな潜在的な侵略者に対しても壊滅と悲惨な結果をもたらすであろう。

4月27日にはこうである。

第三国が……われわれにとって受け入れがたい戦略的脅威を作り出そうとするならば、電撃的ですばやい反撃に遭うことを知らなければならない。介入する第三国への反撃はどの国も保有していないものも含め、……もし必要となるならばわれわれは脅すだけではなくて使用する。

彼は、核兵器使用を語っているのである。ウクライナやNATOだけではなく、全人類に対する威嚇である。

ロシアの核戦略

ロシアの核政策を2020年6月の「核抑止の分野におけるロシア連邦国家政策の基礎」に基づいて確認しておく。

①ロシアの領域を攻撃する弾道ミサイルの発射に対して信頼できる情報を得たとき。
②敵がロシアに対して核兵器またはその他の大量破壊兵器を使用したとき。
③機能不全に陥ると核戦力の報復活動に障害をもたらす死活的に重要なロシアの政府施設または軍事施設に対して敵が干渉したとき。
④通常兵器を用いたロシアへの侵略によって国家の存立が危機に瀕したとき。

核兵器攻撃に対する反撃にのみ核兵器が使用されるわけではないのである。

ロシアの核能力と使用の可能性

ロシアの核兵器使用の能力とその可能性について、2つの見解を紹介しておく。

まずは、米国の科学者の見解である。

●2022年。ロシアは約1588発の戦略弾頭、約1912発の非戦略弾頭とともに、約977発の戦略弾頭（非配備、作戦外貯蔵）を保管。

●ロシア軍は、短距離弾道ミサイルだけでなく、海軍、戦術空軍、空軍およびミサイル防衛軍が使用する非戦略核兵器を引き続き重要視している。その理由は、NATO特に米国の優れた在来軍を対抗するために非戦略核兵器が必要であるということ。

次に、ワシントン・ポストの紹介。

●ロシアは、1キロトンの小型核兵器を約2000発保有しており、爆弾だけではなく、魚雷や爆雷、砲弾や地雷に取りつけられる小型のものもある。そして、ロシアは戦争シミュレーションの最後をしばしば核攻撃で締めくくっている。核兵器は「抑止」のためではなく、実戦で使用するものと考えている。

●プーチンが、その核兵器を使用するリスクが高まるのは、ウクライナの抵抗が勢いを増して、ロシアの敗北が決定的になった時だ。プーチンが核兵器を使用せずに軍事的敗北を受け入れるとは思えない。彼は、敗北を認めるよりも核兵器の限定使用の方がましだと考えるであろう。

いずれの見解も、ロシアの核兵器使用の能力と意図を指摘している。

米国の核兵器

２０２２年。米国は約３７０８発の核弾頭を備蓄し、約１７４４発を配備している。そのうち約１３４４発が弾道ミサイル、３００発が戦略爆撃機基地に配備されている。

米ロは核超大国であり「相互確証破壊」は可能なのである。そして、ＮＡＴＯでは核共有が行われている。

ＮＡＴＯの核共有

北大西洋条約を確認しておく。

欧州又は北米における１又は２以上の締約国に対する武力攻撃を全締約国に対する攻撃とみなし、締約国は集団的自衛権を行使して、北大西洋地域の安全を回復するために必要と認める行動

（兵力の使用を含む）を個別的に及び共同して直ちにとることにより、攻撃を受けた締約国を援助する（5条）。

その実態はこうである。

核保有国は、米、英、仏。ドイツ、イタリア、オランダ、ベルギー、トルコ5か国の非核兵器国に米国の核爆弾（B61）を約150配備。これら5か国の航空機部隊が核攻撃任務に就いている。現在配備されているのは自由落下型の核爆弾であるが、安定性や精密誘導性を向上させたB61―12型に変更される予定もある。B61―12は、TNT爆弾300～50000トン分相当の核出力の間で調整可能。TNT爆弾300トン相当というと、広島に投下された「リトルボーイ」（約15キロトン）の約2％の核出力。核兵器が現実的な攻撃選択肢に入ることになる。

ドイツの例を挙げておく。

ドイツ空軍は、戦術核兵器の搭載能力を有する戦闘機を用いて、同基地に配備されている核爆弾の輸送・投下訓練を行っており、戦時の際には、米国大統領による投下命令と米国の指揮系統を通じた作戦承認を経て、核爆弾を目標地点まで輸送し投下する。

NATOは、集団的自衛権の行使として、核兵器使用を想定しており、そのための訓練も繰り返しているのである。

核共有とは核戦争の準備である。それを日本にも導入しようという連中がいるが、それは、核不拡散条約（ＮＰＴ）に照らしても無理筋の主張なのである。そのことを確認しておこう。

核不拡散条約（ＮＰＴ）に照らして

ＮＰＴは、核戦争は全人類に惨害をもたらすし、核兵器の拡散は核戦争の危険を著しく増大させるので、それを避けるために、核兵器の拡散を防止するための条約である。１９７０年に発効。ロシアも米国も日本も加盟国。１９０か国が加盟（北朝鮮を入れれば１９１）。ちなみに国連加盟国は１９３。

その第６条はこうである。

各締約国は、核軍備競争の早期の停止及び核軍備の縮小に関する効果的な措置につき、並びに厳重かつ効果的な国際管理の下における全面的かつ完全な軍備縮小に関する条約について、誠実に交渉を行うことを約束する。

核共有との関連では次の２条である。

第1条　核兵器国が非核兵器国に核兵器又はその管理を移譲することを禁止。
第2条　非核兵器国が核兵器国から核兵器又はその管理を受領することを禁止。

日本における核共有論者は、NPT体制も条文も完全に無視しているのである。

核兵器についての国際法の到達点

2021年1月、核兵器禁止条約が発効している。現在の批准国は66。この条約の理念は次のとおりである。

● 核兵器のいかなる使用――いかなる使用とは故意であるか誤算であるか事故であるかを問わない――も、「壊滅的な人道上の結末」をもたらすので、核兵器が決して使用されないことを保障する唯一の方法は核兵器の完全廃絶だ。

● 核兵器使用の壊滅的な結末とは、十分に対応することができないこと、国境を越えること、人類の生存、環境、社会経済開発、世界経済、食糧安全保障ならびに現在および将来の世代の健康に重大な影響を及ぼし、および電離放射線の結果によるものを含めて女子に対して均衡を失した影響を与えるということ。

核兵器の禁止とその廃絶を規定する条約が存在することを再確認しておきたい。

核兵器禁止条約に対する日本政府の態度

日本政府は、この条約を敵視している。その理由は次のとおりである。

◇核の脅威にさらされる国を含め、厳しい安全保障環境に直面している非核兵器国からの支持を得られていない。

◇核兵器を直ちに違法化する核兵器禁止条約に参加することは、米国による核抑止力の正当性を損なうものであり、国民の生命、財産を危険にさらすことになる。

核抑止論

その背景にあるのは核抑止論である。「平和を望むなら核兵器に依存せよ」という次のような「理論」である。

◇核兵器は「最終兵器」。人類は核兵器から生ずる大量の放射線、高熱、爆風に耐えるだけの技術を持ち合わせていない。

◇その最終兵器を持っていると相手国が敵対行動に出るのを抑止することができる。敵対行動に出れば、殲滅という懲罰を加えることができる。
◇核兵器は、戦闘のための手段ではない。相手方の敵意をそぐための「国際政治の道具」。戦争を避けるための手段。「秩序の兵器」。「長い平和をもたらした兵器」。

核抑止論の克服

核抑止論の虚妄性については多くの指摘が行われているが、ここでは、１９８０年の国連事務総長報告（核兵器の包括的研究）を紹介しておく。

……核戦争の危険を防止することなしに平和はあり得ない。……恐怖の均衡による相互抑止という行為は放棄されなければならない。抑止による世界の平和、安定維持という概念は恐らく、存在する最も危険な集団的誤謬である。

９条の背景

９条が誰の発案によるかについての論争もあるが、ここでは、幣原喜重郎大臣の１９４６年８月の貴族院での答弁を紹介しておく。

我々は、……単独にこの戦争放棄の旗を掲げて行くけれども、他日必ず我々の後についてくるものがあると私は確信している。…原子爆弾というものが発見されただけでも、戦争論者に対して、余程再考を促すことになっている、……日本は今や、徹底的な平和運動の先頭に立って、此の一つの大きな旗を担いで進んで行くのである。戦争を放棄するということになると、一切の軍備は不要になります。軍備が不要になれば、我々が従来軍備のために費やしていた費用はこれもまた当然に不要になるのであります。

私たちの任務――核兵器廃絶と9条の世界化を

核兵器と9条の関係についての先達の言葉を紹介する。

憲法9条が「正しい戦争」という観念それ自体を否定しているのは、立憲主義展開史の中での断絶を画そうとしているのです。1945年6月（国連憲章）と1946年11月（日本国憲法）の間には、1945年8月の広島・長崎という人類史的体験があったことが、ここで思い出されるべきでしょう（樋口陽一）。

この視点は多くの先達によって提供されている。私たち「立憲平和主義者」には、核兵器廃絶と

9条の世界化という任務が課されているのである。

（2022年8月26日記。本稿は、2022年8月20日、改憲問題対策法律家6団体の夏合宿での報告を基にしている。『法と民主主義』2022年10月号に掲載。）

第1部

ロシアのウクライナ侵略を考える

1　プーチン・ロシア大統領のウクライナ侵略と核の威嚇を許すな
――核と武力に依存しない世界の実現を――

はじめに

プーチン・ロシア大統領（以下、プーチン）のウクライナへの武力行使は「侵略犯罪」であり、「核の威嚇」は全人類に対する挑戦です。「プーチンよ、お前もか」です。

バイデン米国大統領はプーチンの行為を口を極めて非難しています。それが、米国がこれまで行ってきた「武力による国際秩序の転換」を反省したうえでのものであればいいのですが、そうではないようです。第２次世界大戦の終結以降、最も外国で武力行使をしたのは米国です。外国の大統領を殺し、政府を転覆し、民衆に塗炭の苦しみをなめさせたことについては何も触れていません。プーチンは歴代米国大統領のように振る舞っているのです。

プーチンの今回の行動が許されないのはそのとおりですが、バイデン大統領はもとより、米国のそのような武力行使に同調してきたＮＡＴＯや日本政府は、過去を反省し、将来プーチンと同様の行動に出ないことを誓うべきでしょう。

そんな思いはありますが、ここでは、プーチンの「侵略犯罪」と「核の威嚇」の犯罪性を考えてみることにします。

プーチンのウクライナに対する軍事侵攻は侵略犯罪である

国連憲章は「すべての加盟国は、その国際関係において、武力による威嚇又は武力の行使を、いかなる国の領土保全又は政治的独立に対するものも……慎まなければならない」としています（2条4項）。

そして、侵略の定義に関する決議（1974年）は、「侵略とは、一国による他国の主権、領土保全若しくは政治的独立に対する武力の行使」と定義しています（1条）。侵略行為とは、たとえば「一国の兵力による他国の領域への侵入」、「他国の領域への爆撃」等です（3条）。この決議はコンセンサスですから国連加盟国の総意です。

さらに、国際刑事裁判所に関するローマ規程（2002年）は、「侵略犯罪」について「……国連憲章に違反する侵略行為の、国の政治的または軍事的行動を実質的に管理する地位にある者による開始または実行」としています（8条の2・1項）。そして「『侵略行為』とは、他の国の主権、領土保全又は政治的独立に反する、国による武力の行使。宣戦布告の有無にかかわらず、侵略の定義決議で侵略行為とされている行為」とされています（同条の2項）。ロシアはこの規程を署名はしていますが、批准はしていません。

これらの国際法秩序に照らせば、プーチンのウクライナに対する武力の行使は「侵略犯罪」

に該当することは明らかです。プーチンは、現実に処罰はできそうにありませんが、「侵略犯罪」の実行行為者なのです。

プーチンの核兵器使用の威嚇は許されない

プーチンは、核兵器を使用するとの姿勢を示し、そのための態勢を整え訓練を行っています。これは核兵器使用の威嚇です。プーチンが核兵器を使用すれば、核戦争を誘発する可能性が高まります。

そもそも、ロシアも締約国である核不拡散条約（NPT・1970年）は「核戦争は全人類に惨害をもたらすものであり、このような戦争の危険を回避するためにあらゆる努力を払い、人民の安全を保障するための措置をとることが必要」としています（前文）。プーチンの言動はこの条約に逆行しているのです。

そして、国際司法裁判所の勧告的意見（1996年）は、国家存亡の危機における違法性判断は避けていますが、核兵器の使用や威嚇は武力紛争に適用される国際法の原則に違反するとしています。現在のロシアが、国家存亡の危機にあるとは、（プーチンも含め）誰も考えていないでしょう。

また、2010年のNPT再検討会議では、ロシアも賛成して「核兵器のいかなる使用も壊滅的な人道上の結末をもたらすことに深い懸念を表明し、すべての加盟国がいかなる時も、国際人道法を含む、適用可能な国際法を遵守する必要性を再確認する」と合意されています（A原則と目的v項）。

さらに、今年1月、彼は「核戦争に勝者はない。核戦争は戦われてはならない」との核兵器国の首脳声明に署名しているのです。

プーチンは、核兵器に関するロシアも当事国であるNPTやその再検討会議での合意も国際司法裁判所の勧告も無視し、自身の言明を反故にして、全人類を威嚇しているのです。プーチンの核兵器使用の威嚇は法的にも政治的にも人道的にも許されない犯罪的行為なのです。

ところで、核兵器禁止条約は、核兵器のいかなる使用（意図的であれ、誤算や事故であれ）も「壊滅的な人道上の結末」をもたらすので、核兵器が完全に廃絶されることが、いかなる場合にも核兵器が決して再び使用されないことを保証する唯一の方法であるとしています。ロシアはこの条約に署名をしていませんが、この条約はすでに発効しているのです。私たちは「全人類の惨害」、「壊滅的人道上の結末」を免れるために、この条約の普遍化を急がなくてはならないのです。核兵器国や日本政府がこの条約を敵視していることを忘れてはなりません。

プーチンの言い分

彼は、その行動を正当化するために、NATOの「東方拡大」が自国の安全を脅かしているので、それに対する防御活動であるとしています。また、ウクライナ政府のロシア系住民に対するジェノサイドへの対応だとか、「ドネツク共和国」、「ルガンスク共和国」との集団的自衛権の行使等も理由としています。けれども、これらの事由は「侵略犯罪」や「核の威嚇」を正当化する理由とはなりえません。

ただし、NATOの存在や行動がロシアにとっての脅威となっていることを否定することはできません。軍事同盟であるNATOは、緊張を高め、世界を危険にさらすことになるので、解散されるべきです。

軍事力による安全保障からの脱皮を

ウクライナには軍隊がありますが、ロシア軍の侵略は阻止できませんでした。ロシアの侵略に対抗するためには、ロシアの戦力を凌駕する軍事力が求められることになるでしょうが、それは非現実的です。

それでは、ウクライナがNATOに加盟していたら、この事態は起きなかったのでしょうか。タラレバを語ってもしょうがないのですが、むしろ加盟の強行は、バイデン米国大統領が危惧しているとおり「第3次世界大戦」を誘発したのではないでしょうか。そして、その場合には、NATO諸国には、核保有国も核共有国も存在するので、核戦争に発展する可能性もあるのです。

結局、武力による紛争解決は、「最終兵器」である核兵器に依存するがゆえに、「全人類の惨害」や「壊滅的人道上の結末」を覚悟しなければならないのです。それは「終末」への道です。核兵器による抑止が平和と安全を確保するというのは「存在する最も危険な集団的誤謬」（1980年国連事務総長報告）です。事故や誤算による核兵器発射もありうるし、そういう事例も現実に起きています。抑止が破綻すれば「核のホロコースト」が引き起こされるのです。

それと対極にあるのが「平和を愛する諸国民の公正と信義に信頼して、われらの安全と生存を保持」するという思想です（日本国憲法前文）。

今、ウクライナの人々に連帯して、ロシアにも、当局の厳しい弾圧にめげずに反戦行動に出ている市民がいます。世界で多く市民がロシアの侵略犯罪を糾弾する行動に立ち上がっていますが、その手に武器はありません。平和を愛する諸国民は存在するのです。

「死神のパシリ」たちを乗り越えよう

安倍晋三、高市早苗、松井一郎、橋下徹などが、日本も核共有国になるべきだとか、非核三原則を見直せとか、9条は無力だなどと言い立てています。彼らは、戦ってはならない核戦争の道具を持とうと提案しているのです。「正気の沙汰」とは思えません。彼らは「死神のパシリ」といえるでしょう。

彼らには、核兵器の本源的危険性が見えていないのです。核兵器は意図的な場合だけではなく、事故や誤算で使用されそうになったという事実が見えていないのです。間違いを犯さない人間や故障しない機械はありません。現に、地球上には全人類が絶滅するに十分すぎる核兵器が存在しているのです。彼らは余りにも無知で愚かで野蛮で危険です。

そして、「核の時代」において、武力で国際関係を処理しようとすれば、戦争が文明を滅ぼしてしまう。だから、武力で紛争を解決することを止めよう。だとすれば、一切の戦力は不要になるというのが、日本国憲法9条2項の思想です。

今、私たちは、武力による国家安全保障政策には限界があることと、武力の行使のエスカレートが私たちを破滅へと導くことを目の当たりにしています。核兵器や軍事同盟に依存し続けるのかどうか、それともそれから本気で脱却するかどうかの「大分岐点」にあるのです。

9条を敵視し核共有などを言い立てる連中の言動に対抗して、核兵器廃絶と日本国憲法9条という非軍事平和主義の法規範の世界化を進めなければなりません。

（2022年3月3日記。『反核法律家』2022年夏号掲載）

2　ロシアのウクライナ侵略の国際法上の問題点
――核兵器使用の威嚇にも触れて――

二人のウラジーミル

プーチン・ロシア大統領とゼレンスキー・ウクライナ大統領のファーストネームは、二人ともウラジーミルです。ロシア語とウクライナ語、ちょっと発音が違うみたいですが、日本人が、二人が向こうを向いている時に、ウラジーミルと呼ぶと二人ともこっちを振り向くんじゃないでしょうか。その二人が今大きな戦争を行っています。最初に、このプーチン政権のウクライナに対する「特殊軍事作戦」が国際法、とりわけ戦争法に照らして、どのようなものなのかを確認してみます。

国連憲章の武力行使禁止原則と例外

国連憲章は、武力行使は原則として禁止しています。ただし、2つばかり例外があります。

国連憲章の2条の4項は次のとおりです。**すべての加盟国は、その国際関係において、武力による威嚇又は武力の行使を、いかなる国の領土保全又は政治的独立に対するものも、また、国際連合の目的と両立しない他のいかなる方法によるものも慎まなければならない。**これがいわゆる武力行使禁止の原則といわれるものです。

そして42条では、**安全保障理事会は、41条に定める措置では不充分であろうと認め、又は不充分なことが判明したと認めるときは、国際の平和及び安全の維持又は回復に必要な空軍、海軍または陸軍の行動をとることができる**、としています。41条は非軍事的な措置です。経済的な措置などを含みます。これはいわゆる集団安全保障体制、それを壊す国家に対する制裁として武力行使が認められるという1つ目の例外です。

それから51条は、**国際連合加盟国に対し武力攻撃が発生した場合には、安全保障理事会が国際の平和及び安全の維持に必要な措置をとるまでの間、個別的又は集団的自衛の固有の権利を害するものではない**。これがいわゆる個別的自衛権、集団的自衛権行使としての武力行使です。これも武力行使禁止の原則の例外、２つ目の例外として認められているのです。

侵略の定義決議

この国連憲章以外にどのような武力行使についての国際社会での到達点があるかというと、１つは「**侵略の定義に関する決議**」です。１９７４年の国連総会で、ソ連も含めて全会一致で採択されています。その第1条では、**侵略とは一国による他国の主権、領土保全もしくは政治的独立に対する武力の行使**、と定義されています。そして侵略行為として、３条で、**一国の兵力による他国の領域への侵入、他国の領域への爆撃**と定義されています。

国際刑事裁判所

　そして国際刑事裁判所規程があります。ローマ規程（ＩＣＣ規程）といわれるものです。そこでは侵略犯罪について、**国連憲章に違反する侵略行為の、国の政治的または軍事的行動を実質的に管理する地位にあるものによる開始または**実行と定義されています。そして侵略行為の定義としては、**他の国の主権、領土保全または政治的独立に反する国による武力の行使、宣戦布告の有無にかかわらず侵略の定義、決議で侵略行為とされる行為**とされています。

　この国際刑事裁判所規程は、国の行為が合法か違法かということではなくて、侵略犯罪に該当する行為を行った個人に対して刑事罰を科すという規程です。このＩＣＣ規程について、ロシアは署名はしていますけれども批准はしていません。したがって、これに基づいて、**政治的または軍事的行動に実質的に管理する地位にあるプーチン**を訴追することはできません。

　私は、ロシアの行為が国連憲章２条４項に定める侵略にあたる、それから彼の行為は個人としても許されない、処罰できるかどうかは別にして侵略犯罪にあたると考えています。

　ところで、私たち弁護士は「犯罪者」の弁護をするわけですが、その際に構成要件に該当したとしても違法性が阻却できるか、あるいは責任能力があるかどうかを検討するわけです。ということでプーチンがどのような理由でこの武力行使をしているかということについて、ご紹介したいと思います。

プーチンの言い分

2月24日にロシアが武力行使を始めた時のプーチンの演説から引用しておきます。

この30年間、私たちが粘り強く忍耐強く、ヨーロッパにおける対等かつ不可分の安全保障の原則について、NATO主要諸国と合意を形成しようと試みてきた。私たちの提案に対して、私たちが常に直面してきたのは冷笑的な欺瞞と嘘、もしくは圧力や恐喝の試みだった。その間NATOは、私たちのあらゆる抗議や懸念にも関わらず絶えず拡大している。軍事機構は動いている。

こういう言い分がありました。NATOの境界が、ずっと東に寄ってきています。ウクライナが入ると、ロシアと直に接することになります。これが自分たちにとって脅威なのだ、軍事機構が俺たちのところに近づいてきている、というのがプーチンの言い分の1つです。

それから同じ演説の中で、次のようなこともいっています。

NATOが軍備を拡大し、ウクライナの領土を軍事的に開発することは受け入れがたい。問題はNATOの組織自体にあるのではない。アメリカの対外政策の道具にすぎない。私たちの歴史的領

土に、私たちに敵対的な反ロシアが作られようとしている。アメリカとその同盟諸国によるロシア封じ込め政策だ。我が国にとっては生死を分ける問題。民族としての歴史的な未来に関わる問題。我が国の国家の存在、主権そのものに対する現実の脅威だ。それこそレッドラインなのだ。彼らはそれを超えた。

さらに、

ドンバスの人民共和国はロシアに助けを求めてきた。これを受け、国連憲章51条と、ロシア安全保障会議の承認に基づき、また、ドネツク人民共和国とルガンスク人民共和国との友好および協力に関する条約を履行するため、特別な軍事作戦を実施する決定を下した。

ともいっています。これらがウクライナに侵攻した理由ということになります。

そして、2か月以上軍事侵攻が続いています。5月9日、ロシアがナチスドイツに勝った戦勝記念日、その時の演説では次のことがいわれています。

アメリカとその仲間が、ネオナチとの衝突は避けられないことを示唆していた。軍事インフラが配備され何百人もの外国人顧問が動き始め、NATO諸国から最新鋭の兵器が定期的に届けられる

様子を目の当たりにしていた。危険は日に日に増していた。ロシアは西側諸国に対し誠実な対応を行い、賢明な妥協策を模索し互いの国益を考慮するように促した。しかしすべては無駄だった。ロシアは侵略に対して先制的に対応した。タイムリーで正しい判断だった。強く自立した国の決定だ。アメリカは特にソビエトが崩壊した後、自分たちは特別だと語り始め他の国にも屈辱を与えた。

これがこの戦争について発言したことです。私たちはこのプーチンの言い分を聞いて、ウクライナに対する侵略を正当化する理由として認めることができるか。侵略戦争、侵略行為の違法性阻却事由として認められるかどうかが問題となります。

プーチンの弁解は成り立たない

彼は以上のような理由を言い立てていますが、ウクライナがロシアに対して武力攻撃をしていないことは、はっきりしています。自衛権の行使は、現実に武力行使があることが前提です。それに対して必要最小限度の反撃。しかも、それは安全保障理事会の措置が執られるまでの間。これが自衛権の行使ですから、プーチンの軍事行動は全くその要件には当たらないことは明らかです。また、プーチンの「**ウクライナ政府によって虐げられ、ジェノサイドにさらされてきた人々を保護することだ**」といっていますが、ジェノサイド条約は武力行使の根拠にはなりえません。

そして、ウクライナがロシアに対して武力攻撃をしないまでも、ロシアの死活的な利益を侵害しているかといえば、それもいえません。NATOがそれらをやっていたからといって、ウクライナを侵略することができるかといったら、これは私たちが理解している国際法の秩序と相いれないということは、あまりにも明白です。ですから私は、侵略行為、侵略犯罪というプーチンの責任は免れないと考えています。

プーチンの戦争犯罪

もう1つは、国際人道法の問題です。先ほど申し上げた通り、現在の国際法は一般的に武力の行使は禁止しています。ただ例外的に自衛権の行使や、集団安全保障体制の確保のために武力の行使が認められていますが、その際でもどんな兵器を使ってもいいのか、どんな手段を使ってもいいのかというと、決してそうではありません。それが戦時国際法の考え方です。それらを網羅的に規定しているのが、ジュネーヴ条約の第1議定書です。これは1978年に効力が発生しています。

国際人道法の原則

国際人道法の原則として大事なものが2つあります。1つは、戦闘の方法および手段を選ぶ権利は無制限ではないということです。それは、過度の傷害、無用の苦痛を与える兵器。つまり戦闘員同士の戦いであったとしても、どんな武器を使ってもいいわけではない。過度の傷害や無用の苦痛を与える兵器を使ってはいけない。それから自然環境に広範、長期かつ深刻な影響を与える兵器。これも使ってはいけないという原則です。

そして、もう1つの原則は、戦闘員と文民あるいは軍事目標と民用物、これを分けるという「区別原則」です。具体的には文民に対する攻撃、文民たる住民または民用物に対する無差別攻撃。危険な力を内蔵する工作物。ダム、堤防、原発も条文の中で個別的に指摘されています。それから無防備地区および非武装地帯に対する攻撃、戦闘外にある者に対する攻撃。これらはジュネーヴ条約の第1議定書の中で非常に細かく規定されています。

この2つの原則は、戦争が認められる場合であったとしても、戦闘の手段、方法として無制限ではない。やってはいけないことがあるのだということを意味しています。

今われわれが目の当たりにしているロシアのウクライナでの行為は、これらの戦争犯罪に該当してくるということになります。もちろん、国際人道法は、ウクライナ軍にも適用されます。

jus ad bellum とjus in bello

戦争犯罪をjus in belloといいます。これはどういうことかというと先ほど申し上げた通り、戦争が違法でないとしても、戦争の手段方法として禁止されているものがありますよということです。jusとはラテン語で法、belloは戦争です。戦争における法ということです。つまり戦争で禁止されている行為ということになります。

他方、jus ad bellumという言葉は、戦争そのものを違法とするのか、それとも正当なものとして認めるのかが論点となる言葉です。昔は、神のおぼしめしで戦争するのは「正しい戦争」だとされていました（正戦論）。また、各国が戦意をぶつけ合うのであれば、それを裁く人がいないわけだから、それは合法なものとして認めなければいけないという無差別戦争観がありましたが、今は、戦争は一般的に違法なものとして考えられています。その考え方がラテン語でjus ad bellumといわれているのです。

ですから、私たちは、その武力の行使が合法的であるかどうかという問題と、仮に、合法的であるとしても、その戦闘手段の適法性も問わなければならないということになります。違法な戦争という場合には、その2つの異なる概念が含まれていることを記憶しておかなければいけないだろうと思っています。

「恋と戦は手段選ばず」の時代は終わっている

私は戦争が一般的に違法化されてきたことも、戦闘手段に制限が加えられてきたことも、それはそれなりに国際法の発展だと考えています。昔から「恋と戦は手段選ばず」（all's fair in love and war）といわれています。皆さんはＮＨＫ大河ドラマ「鎌倉殿の13人」を観ておられますか。先週の放映では、義経が「戦争は手段が良いとか悪いとか関係ない。勝ちゃいいんだ」といっていました。まさに、戦は手段を択ばないということでしょう。また、頼朝も「ようやるわ」という手練手管で「恋」をしています。「恋と戦は手段選ばず」という格言はそういう事実を反映しているのでしょう。けれども、現代は、戦は手段選ばずという時代ではなくなってきている。戦争は違法化されてきているということは確認しておかなければいけないのではないでしょうか。もちろん、恋についても同様でしょう。

国際法は無力なのか

最近、国連は無力だとか国際法なんか役に立たないのではないかという議論が聞こえてきます。本当にそうなのでしょうか。私は決してそうではないと考えています。たとえば、プーチンも先ほど申し上げた通り、俺たちの行為は間違っていない。武力の行使は禁止されているけれども、自分たちのやっていることは悪くないのだという論理で演説しているわけです。その中では、国連憲章2条4項は自分たちに適用されないということではなく、適用されることを前提として、その例外にあたる自衛権の行使ということで正当化を図っているわけです。ロシアも、国際法には従わなければいけないと考えているのです。

緊急特別会期

そして、たしかに安保理の常任理事国であるロシアがこのようなことをやってしまうと、安保理は機能しなくなってしまいます。けれども、安保理が機能しない場合に国連は何もしなかったのかというと決してそうではなくて、「平和のための結集決議」に基づいて緊急特別会期を開いて、ロシアの行為は侵略だと明確に非難しているのです。

国連人権理事会

ロシアは国連人権委員会の理事ですが、理事としての資格を停止するということを国連人権理事会は行っています。

国際司法裁判所

国際司法裁判所（ＩＣＪ：International Court of Justice）は、ロシアに対して、攻撃を停止しろとの暫定的な措置命令を出しています。これはロシアが、ウクライナの東部ではジェノサイドが行われている、自分たちは自国民保護のために軍事作戦を展開していると主張しているわけですが、本当にそんなことが行われているのかの確認を、ウクライナがＩＣＪに求めたのです。その前提として、ロシアの軍事侵攻を止めるべきだと訴えたのです。ＩＣＪはそれを受け入れて暫定的に止めろという命令を出します。ＩＣＪが出したからといって、それが実現することは憲章上困難なのですが、国際司法裁判所もそういう形で動いていることには注目しておきたいと思います。

国際刑事裁判所（ICC）

国際刑事裁判所（ICC：International Criminal Court）でも、検察官が捜査を開始しています。ロシアに入ることはできませんが、ウクライナは批准国のため、そこに入って捜査をすることはできるのです。このように、ロシアの行為に対してあらゆる国連機関が動き出しているのです。これらの動きがロシアの行動を即止める効果があるかといったら、必ずしもそうではないかもしれません。けれども規範的な包囲網が形成されつつある。つまり武力で対抗するだけではなくて、これは国際法に違反するのだという形で国際社会も動いているということを、私たちははっきりと確認しておく必要があると思っています。

核兵器使用の脅し

私は、今回プーチンの行動の中で私たちにとって最も脅威だと思っているのが核兵器使用の脅しです。彼は2回にわたって核兵器使用の脅しをしています。2月24日の武力行使を始める演説の中で次のようなことをいっています。

軍事分野に関しては、現代のロシアはソビエトが崩壊しその国力の大半を失った後の今でも、世界で最大の核保有国の1つだ。さらに最新鋭兵器においても一定の優位性を有している。この点で

我が国への直接攻撃は、どんな潜在的な侵略者に対しても壊滅と悲惨な結果をもたらすであろうことに疑いの余地はない。

これは2月24日の時点において、プーチンが核兵器の使用をほのめかしたと受け止められている文言です。

それから4月27日には次のようなことをいっています。

第三国がロシアのウクライナ侵略への介入を意図し、われわれにとって受け入れがたい戦略的脅威を作り出そうとするならば、電撃的ですばやい反撃に遭うことを知らなければならない。介入する第三国への反撃はどの国も保有していないものも含め、すべての手段があると強調し、もし必要となるならばわれわれは脅すだけではなくて使用する。

プーチンだけでなく、ラブロフ外相や報道官などもいっています。ロシア政府全体が核の脅しをしている。脅しの対象になっているのはウクライナやNATOだけではなくて、全人類に対するものです。というのは、核兵器が使用されればウクライナやヨーロッパだけではなくて全地球的な規模での影響が避けられないからです。

ロシアの核政策

では、ロシアの核政策はどうなっているのでしょうか。まず、基本になるのが2020年6月に出された「**核抑止の分野におけるロシア連邦国家政策の基礎**」という文書です。これは国防分野における戦略的計画文書といわれるものです。その中では核抑止に関する公式見解とロシアが核兵器の使用に踏み切る際の条件などが書かれています。

彼らは、核抑止について、ロシアやその同盟国を侵略すれば報復が不可避であるということを仮想敵に確実に理解させようとするものだ。その担保は、核兵器使用による耐えがたい打撃をいかなる条件下でも確実に仮想敵に与えうるロシア軍の戦略および手段の戦闘準備だといっています。要するに、ロシアに対してもし攻撃を仕掛けるようなことがあれば、自分たちは核兵器で反撃する、それだけの力をわれわれは十分に持っている、といっているわけです。

核兵器使用の局面

どのような場合に核兵器を使用するかについて、彼らは4つの場合を挙げています。

1つ目は、ロシアの領域を攻撃する弾道ミサイルの発射に対して信頼できる情報を得たとき。要するに、ICBMがどこかから飛んでくる、その情報を得たときには発射する、つまり、到達する前に発射するということです。2つ目、敵がロシアに対して核兵器またはその他の大量破壊兵器を使用したとき。核兵器だけではなくて大量破壊兵器を使用したときも使用するといっています。3つ目、機能不全に陥ると核戦力の報復活動に障害をもたらす死活的に重要なロシアの政府施設または軍事施設に対して敵が干渉したとき。4つ目、通常兵器を用いたロシアへの侵略によって国家の存立が危機に瀕したとき。

要するに、ロシアは核攻撃のあるなしにかかわらず、国家が危機に瀕したと判断した場合には核攻撃をする、核兵器を使用するとしているのです。

これはロシアの核政策ですけれども、基本的にはアメリカも同じです。どういう場合に核兵器を使うのかということでは、核抑止力に依存するアメリカも同じ政策です。それから核兵器使用の条件についても同じことをいっています。

先制不使用について

ところで、問題になるのが、核攻撃に対してのみ核兵器を使うのかということです。「唯一目的」とか「先制不使用」などといわれる問題です。核攻撃に対してのみ核攻撃をするということは、核攻撃がなければ核攻撃はしないということです。すべての核兵器国がその政策をとれば、意図的な核兵器の応酬はなくなるので、その政策に反対する理由はありません。アメリカはその政策をとろうとしたのですが、まだとっていません。それは日本などが反対しているからです。

それはともかくとして、私たちは、アメリカであれロシアであれ、核超大国は核攻撃のあるなしにかかわらず、自分たちの都合で核兵器を使うという政策をとっているということを記憶しておく必要があるのです。

世界の核兵器の数と質

実際にどのくらいの核兵器が世界にあるのか。またアメリカやロシアはどのくらいの核兵器を持っているのかです。ストックホルムの平和研究所などが情報を発信しています。

アメリカの配備核弾頭が１８００発。ロシアが１６２５発。その他の核弾頭はアメリカが５８００、ロシアが６３７５です。参考のために、中国は３２０です。配備されていないようです。それから北朝鮮は、正確な数はつかめませんが、30発から40発とされています。

各国が数字を明確に出しているわけではないのですけれども、ストックホルムの平和研究所は、毎年数字を出しています。２０２０年時点では1万３４００発だったのですが、去年の１月の時点では1万３０８０発といわれています。

ちなみに地球上に最も核兵器があったのは１９８６年です。その時は7万発を少し超える数の核兵器がありました。

また、たとえば、広島に投下された核爆弾、ウラン型の核爆弾の威力はＴＮＴ火薬に換算して15キロトン、だから1万５０００トンといわれています。今まで地球上で最も巨大な核兵器の実験が行われたのは50メガトン、５０００万トンです。広島型の原爆の３３３３倍の威力がある核兵器で、ツァーリ・ボンバといわれるもので、ソ連が実験しています。それから、ビキニで第五福竜丸はじめ約1000隻の漁船が被害に遭ったときの実験が20メガトンといわれています。それらが現実に配備されているかどうかは私には分かりませんが、それらも含めてこの地球には、まだ1万3000発からの核兵器があることをお伝えしておきます。

核不拡散条約（NPT）体制

核戦争になれば地球が終わる。少なくとも全人類に惨害をもたらすことは誰でも知っていることです。**核不拡散条約**（NPT：**Treaty on the Non-Proliferation of Nuclear Weapons**）があります。これは1970年に発効しています。ロシアもアメリカも日本も入っています。190か国が入っています（北朝鮮を入れれば191）。今、国連加盟国は193ですから、ほとんどの国がこのNPTに入っているのです。

その条約前文の冒頭には、「核戦争は全人類に惨害をもたらす」、「このような戦争の危険を回避するためあらゆる努力を払う」とうたわれています。そして第6条では、核軍拡競争をやめよう、核軍縮に取り組もう、いずれは全面軍縮しようと書かれています。その条文が現実化しているかどうかはともかくとして、核戦争は全人類に惨害をもたらすことは大前提になっているのです。

国際司法裁判所の見解

国際司法裁判所の核兵器についての見解を紹介します。国家存亡の危機における判断は避けていますが、核兵器の使用や威嚇は武力紛争に適用される国際法に違反するといっています。武力紛争に適用される国際法というのは先ほど申し上げた、jus in bello といわれるものです。端的にいえば、核兵器は軍と民の区別ができない、兵士に対して不必要な苦痛を与える、それから環境に対しても悪影響を与えるという判断です。これは極めてまっとうな判断です。

ただし、この勧告的意見では、国家存亡の危機における核兵器の使用、または使用の威嚇というのは合法とも違法ともいえない、つまり違法と断言できないとしています。だからその国際司法裁判所の意見に照らせば、ロシアが国家存亡の危機にある時には、核兵器の使用や威嚇は許容されるかもしれないということになります。けれども、ロシアが国家存亡の危機にあるとは、プーチンも思っていないでしょうし、われわれも認めることはできないでしょう。ということで、プーチンの行為は、この国際司法裁判所の勧告的意見にも違反するということになります。

NPT再検討会議の到達点

NPTは5年に一度、再検討会議をやっています。2010年の再検討会議ではこのようなことが合意されています。

核兵器のいかなる使用も壊滅的な人道上の結末をもたらすので、いかなる場合も国際法を順守する必要性を再確認する。

これはコンセンサス（全会一致式）ですから、ロシアも賛成している決議です。そして皆さん方も記憶に新しいと思いますが、「**核戦争に勝者はない、核戦争は戦ってはならない**」と、国連常任理事国のロシア、アメリカ、イギリス、フランス、中国の首脳たちがこういう声明を今年（２０２２年）１月に出しています。

という状況からするとプーチンが今回行っていることは、締約国であるＮＰＴやその再検討会議での合意も、国際司法裁判所の勧告も無視して、自身の宣言を反故にして全人類を核で威嚇していることになります。彼の核兵器使用の威嚇は、法的にも政治的にも人道的にも許されない行為なのです。

核兵器禁止条約制定の背景

そしてロシアもアメリカも、また日本もそっぽを向いていますが、去年（２０２１年）１月、**核兵器禁止条約（ＴＰＮＷ：Treaty on the Prohibition of Nuclear Weapons）**が発効しています。核兵器禁止条約は、核兵器のいかなる使用――いかなる使用というのは故意であるかあるいは誤算であるか事故であるかを問わない――も、「壊滅的な人道上の結末」をもたらすので、核兵器が決して使用されないことを保障する唯一の方法は「核兵器の完全廃絶だ」という思想をベースにしています。

ＮＰＴも核兵器の拡散防止にとどまらず全面的軍縮を目指すという条約です。核兵器禁止条約はいわばそれを補完する形で作られたものです。ＮＰＴ体制は、核兵器国５か国の核兵器保有は認めたうえで、非核兵器国は核兵器を持たないことにしています。他方で、核兵器国には、核軍拡競争はしないし、核軍縮から全面的軍縮に進むという義務を課しているのです。しかし、核兵器国は全面核軍縮に本気で取り組むという姿勢を示してきませんでした。それに業を煮やした非核兵器国が核兵器禁止条約を作ったという経緯があるのです。

核兵器禁止条約の内容

核兵器禁止条約について確認しておきます。条約は、国連憲章の目的と原則を実現するとしています。あらゆる核兵器の使用から生ずる壊滅的な人道上の結末を憂慮して、いかなる場合にも核兵器が再び使用されないことを保証する唯一の方法は、核兵器を完全に廃絶することだとしています。いかなる場合というのは、意図的な使用だけではなく、事故とか誤算から生ずる使用を含めています。これらの危険は、核兵器が継続して存在することによってもたらされ続けるのですから、その危険から免れるためには、核兵器を廃絶するしかないということです。当然のことでしょう。

核兵器の壊滅的な結末とは、十分に対応することができないこと、国境を越えること、人類の生存、環境、社会経済開発、世界経済、食糧安全保障ならびに現在および将来の世代の健康に重大な影響を及ぼし、および電離放射線の結果によるものを含めて女子に対して均衡を失した影響を与えるということです。原文では、Catastrophic humanitarian consequences です。Catastrophe という言葉が使われています。核兵器禁止条約は、核兵器が使用されたら地球が終わってしまう、人類が破綻、滅亡してしまう。そういう危機感に立っての条約なのだということを確認していただきたいと思います。

核兵器禁止条約に対する日本政府の態度

これに対して日本政府がどういう態度を取っているか。日本政府は核兵器禁止条約に反対しています。

その理由の1つは、核兵器国や核の脅威にさらされている非核兵器国などが参加していないということです。核兵器のない世界を実現するためには、核兵器国が実際に核兵器を削減することが必要ですが、核兵器国は核兵器禁止条約に参加しようとしていません。また核の脅威にさらされる国を含め、厳しい安全保障環境に直面している非核兵器国からの支持を得られていません。だから参加しませんということです。

そしてもう1つの理由は、これはぜひ「えっ」と思って聞いていただきたいのですが、「核兵器を直ちに違法化する核兵器禁止条約に参加することは、米国による核抑止力の正当性を損なうものであり、国民の生命、財産を危険にさらすことになりかねません」というものです。私は、この理由づけを聞いた時、「そこまでいうか」と思ったんです。

日本弁護士連合会が主催する核兵器禁止条約についてのシンポジウムには、必ず外務省に来てもらっているのですが、その時に外務省の課長さんがこの理由づけを語っていたのです。

私の認識では、核兵器は、いわば全地球的にわれわれの生存そのものを脅かすものだから、核兵器をなくそう、それが核兵器禁止条約だということです。けれども、日本政府にいわせればそうではなくて、核兵器禁止条約はアメリカによる核抑止力の正当性を損なう。つまりアメリカの「核の傘」の威力を減殺してしまう。それは国民の生命、財産を危険にさらすことになる。だから反対だということなのです。

政府も「核なき世界を求めている」とはいっていますが、核兵器禁止条約については国民の生命、財産を危険にさらすものだから反対だといっていることをお伝えしておきます。

「核抑止」とは何か

そうすると、問題になるのは核抑止とは何なのかということです。アメリカの核兵器、核の傘によって我が国の安全を守るというわけですから、核抑止というのはどういう意味を持つのかが問われることになります。

定義的にはこうです。抑止というのは、国家の生存には自衛力が必要だ。敵に攻撃させない抑止力が必要だという考え方です。「平和を望むなら戦争に備えよ」ということです。この格言は、5世紀のローマの将軍の言葉だと伝えられています。

ところで、核兵器は「最終兵器」といわれています。なぜ最終兵器かというと、人間は核兵器から生ずる大量の放射線、高熱、爆風に耐えるだけの技術を持ち合わせていないからです。その最終兵器を持っていると相手国が敵対行動に出るのを抑止することができる。これが拒否的抑止といわれています。もし、現実に敵対行動に出れば、大きな損失を被ることを予測させて攻撃を思いとどまらせる。攻撃などしたら「お前ら、みんな死ぬぞ」と脅して攻撃させないという考えです。これが懲罰的抑止といわれているものです。

核兵器にはこういう抑止力があるのだ、それが核兵器の役割なのだと抑止論者はいうのです。そういう意味では、核兵器は、戦闘のための手段ではないのだ、相手方の力を弱めるための、相手方の敵意をそぐための「国際政治の道具」なのだということになるのです。戦争を避けるための手段、秩序の兵器、「長い平和をもたらした兵器」なのだ。これが核抑止論者の考え方です。

結局、彼らは、他国からの侵略の恐怖から免れるためには、つまり「平和を望むなら、核兵器に依存せよ」と主張しているのです。これが核抑止論です。

核抑止論は有効なのか

そうすると問題は、本当に核抑止論は有効なのかということになります。私は最も分かりやすい結論を出しているのは、国連が行った「核兵器の包括的研究」だと考えています。この研究は、1980年の話です。国連事務総長が報告という形でまとめています。その結論は、

核軍縮への道が長く困難であるとしても他に取るべき選択はない。核戦争の危険を防止することなしに平和はあり得ない。もし核軍縮が現実になるとすれば、恐怖の均衡による相互抑止という行為は放棄されなければならない。抑止による世界の平和、安定維持という概念は恐らく、存在する最も危険な集団的誤謬である。

というものです。1980年ですから、もう40年以上も前です。40年以上も前の国連での成果があるにもかかわらず、まだ核抑止論にしがみついている政府がある、日本政府もその一つだということを、私たちは記憶しておかなければいけないだろうと思っています。

その他の核抑止論批判

国連だけではなくて、ハンス・モーゲンソーの見解を紹介しておきます。彼はアメリカの国際政治学者です。彼は『国際政治』（岩波文庫）で、次のようなことをいっています。

核抑止が破綻して核兵器の応酬が行われれば、保護すべき人民の命も財産も失われてしまう。核

兵器の応酬は敵も味方もそして中立国の人々も殺傷し、地球環境も破壊してしまう。それは人民の命と財産を保護するはずの核兵器が、人民の命と財産を奪うという最悪の逆説である。

私は、モーゲンソーについて詳しくは知りませんが、この部分については鋭い指摘だと受け止めています。つまり、政府は人々の命と財産を守るために構成されているわけですが、核戦争を選択するということは、その任務を果たさないことになる。それは政府のやるべきことではないだろう、核抑止論というのは誤りだろうという指摘だと受け止めているからです。

意図的ではない核兵器の使用

破綻した場合にこういう事態が起きるという逆説だけでなく、意図的ではない核兵器の発射、核兵器の使用が恐れられています。

最後のソ連共産党書記長ゴルバチョフは自伝『我が人生』の中で、次のとおりいっています。

今も核兵器は存在し核戦争の危険も存在している。過ちや技術的な故障を起こす可能性はアメリカのウィリアム・ペリー元国防長官が警告した。技術的な誤りは過去にもあった。人間は間違いを犯すものだ。

ゴルバチョフが指名するウィリアム・ペリーはクリントン政権時代の国防長官です。ペリーは『核のボタン』という著書で、こんなことをいっています。

核戦争に陥る圧倒的な危険性は米国の政策によって拡大する。大統領に核攻撃をする専権を明確に与えているからだ。冷戦期に核の応酬になりそうだった最大の危機は意図的に計画された攻撃によってではなく、悪い情報や不安定な指導者たちの誤報にもとづくものだった。

さらに、ペリーはこの『核のボタン』で、十数件の実際の事故について紹介しています（巻末資料参照のこと）。

日本国内での議論

現在、この核兵器について国内では何がいわれているかというと、核共有、それから非核三原則の見直しなどです。安倍元首相は、米国の核兵器を自国領土内に配備して共同運用する「核共有（ニュークリア・シェアリング）」について国内でも議論すべきだとしていました。日本は核拡散防止条約（ＮＰＴ）の加盟国で非核三原則があるが、世界はどのように安全が守られているのかという現実について議論していくことをタブー視してはならないという理由です。要するに核兵器で私たちの安全を守ろう。そのためには非核三原則なんて見直そう。アメリカの核を常時国内に置いておくことにしよう。そういう提案です。

「維新の会」は、夏の参議院選挙で非核三原則の見直しの議論を始めるべきだといっています。現実を直視しないで、議論から逃げるのはあり得ないというのです。

核兵器が使用されれば何が起きるのかについては、日本も加盟しているNPTは「全人類の惨害」が起きるとしているし、日本政府が敵視しているけれども、核兵器禁止条約というすでに発効している条約国際法は、「こんなものを使った日には壊滅的な人道上の結末が起きる。だからなくさないといけない」といっているのです。

そういう性質を持っている核兵器をもっと活用しようといっているのが彼らの発想なのです。

核兵器使用被害の実相の再確認

核兵器が使用されたらどうなるか。これはもう繰り返し被爆者たちがいってきていることです。ここで「21世紀の被爆者宣言」を紹介します。この宣言は、日本原水爆被害者団体協議会（日本被団協）が２００１年に出している宣言です。

１９４５年８月６日、９日。２発の原爆は広島、長崎を一瞬にして死の街に変えました。生きたまま焼かれ、肉親を助けることもできず、いったんは死の淵から逃れた者も、放射線に冒されて次々に倒れていきました。人の世とは思われない惨状でした。原爆地獄から生き残った私たちは今

なお心と体の苦しみにさいなまれ続けています。原爆の放射能被害は世代を越えていつまで及ぶのでしょうか。原爆は人間として死ぬことも、人間らしく生きることも許さない、絶滅だけを目的とした絶対悪の兵器です。被爆者が人間として生きるためには、原爆を否定するほかはありません。

広島で8月6日からその年の12月までに、14万人の人が亡くなっています。14万という数は、その頃広島に生きていた方たちの41％に当たるのです。生き残った人たちが、戦いながらこのような宣言を出しているということを確認しておく必要があるのではないでしょうか。

ＮＰＴが禁止していること

安倍さんの「核共有論」の話に戻します。安倍さんも日本が核不拡散条約ＮＰＴの加盟国だということは承知しています。ＮＰＴには何が書かれているかを紹介します。前文は先程紹介しました。

第1条はこうです。**締約国である各核兵器国は、核兵器その他の核爆発装置またはその管理をいかなるものに対しても直接または間接に移譲しないことを約束する。**

第2条は、**締約国である各非核兵器国は、核兵器その他の核爆発装置またはその管理をいかなる者から直接または間接に受領しないことを約束する。**

核兵器その他の核爆発装置。核爆発装置は核実験に使う装置ですが、その移譲またはその管理です。譲り渡してはいけないし受領してはいけない。だからこの条文の文意からするならば、安倍さんがいっていることはNPTに真っ正面から衝突することになるんですね。そのことを私たちはしっかりと確認しておく必要があるだろうと思っています。

そしてもう1つは、日本には非核三原則があります。これは公知の事実です。作らない、持たない、持ち込ませない。これとも正面から衝突します。

私はこれらのことを指摘するだけではなく、安倍氏の提案は、全人類に壊滅的な被害を、結末をもたらすかもしれない核兵器に依存しようとするものであって、その発想自体が本当に許せないと思っているのです。

憲法9条と幣原喜重郎

ここで憲法9条の話に少し触れておきたいと思います。

前文に次の文言があります。


平和を愛する諸国民の公正と信義に信頼して、われらの安全と生存を保持しようと決意した。

これは9条1項は戦争を放棄し、2項で戦力と交戦権を認めないということを示しています。この憲法9条1項と2項がどうして生まれてきたのかということについては、いろんな議論がありますけれども、ここで皆さん方と確認しておきたいと思っているのは、幣原喜重郎の存在です。

彼は終戦直後、首相になりました。それからいわゆる制憲議会の中では憲法について答弁をした一人でした。とりわけ9条についての答弁は彼がしています。それと彼はマッカーサーと直接話をすることのできた人物です。彼は１９４６年（昭和21年）の貴族院で次の答弁をしました。


今日の時世になお国際関係を律する1つの原則として、ある範囲での武力制裁を合理化、合法化せんとすることは過去におけるいくつの失敗を繰り返すゆえんでありまして、もはや我が国の学ぶところではありません。

文明と戦争とは結局両立し得ないものであります。文明が速やかに戦争を絶滅しなければ、戦争がまず文明を絶滅することになるでありましょう。

戦争を放棄するということになると、一切の軍備は不要になります。軍備が不要になれば、われわれが従来軍備のために費やしていた費用は、これもまた当然に不要になるのであります。


この背景には、核兵器が使用されたことがあるのです。核兵器が使用されれば文明が滅びてしまう。だとするならば戦争をやってはいけない。戦争をやってはいけないということであるなら軍備は不要になる。軍備は不要ということになれば、軍事費もいらないだろう。私は非常に論理的だろうと思っています。

マッカーサーの意向

当時の日本は占領下にありました。形式的にも実質的にもマッカーサーの同意がなければ事は始まりません。マッカーサーと幣原が1946年1月24日に、次のような会話をしています。

世界は私たちを非現実的な夢想家とあざけるかもしれない。しかし100年後には私たちは予言者と呼ばれます。

マッカーサーと幣原がこの日に対話をしたこと自体に争いはありません。どんな会話をしたのかについて幣原は口授する形で残しています。マッカーサーもアメリカの上院外交委員会で証言しています。これらを見ていると、彼らは原爆が開発され、それが使われた「核の時代」にあって、武力で物事を解決するということは大変なことになるという共感は持っていました。幣原は天皇のために仕事をした人です。マッカーサーも朝鮮戦争での核兵器使用を進言しました。そういう意味からすると、彼らをいたずらに賛美するつもりはありませんが、彼らの核兵器観と非軍事平和主義への考えについては、着目しておく必要があるだろうと思っています。

今の首相はどうなのか

先程の話は75年前の話です。今の日本の岸田首相は、次のような発言をしています。

自衛隊を国防軍にするとか専守防衛の精神を放棄するといって、安易にのることはできない。平和憲法のあり方について、安倍さんは改憲派（タカ派）、私は護憲派（ハト派）の立場を取っているが、安倍さんも自衛隊の明記が重点であり平和主義の放棄も考えていないので、許容範囲。

ハトにもタカにもいろいろあるし、フクロウ派という人もいるみたいです。いずれにしても彼らは自衛隊を持つことには反対していませんし、それから最近の岸田さんの発言を聞いていると、敵基地攻撃とは単なる基地だけでなくて中枢部分も攻撃対象にするなどといっています。岸田さんも改憲に前のめりになっているようです。このように見ると、私は安倍さんと岸田さんとの間に大きな違いはないと思っています。岸田さんが護憲派で安倍さんが改憲派などということは嘘もいいところで、私は両方とも改憲派だと見ておかなければいけないだろうと思っています。

改憲がいわれる理由

そして、なぜそんなに改憲がいわれるのかです。日本列島から南シナ海のちょうど真ん中あたりに沖縄があります。鹿児島、奄美大島から沖縄、それから台湾、さらに南シナ海の方に線状になっています。これは第1列島線といわれるもので、中国はここから中に敵を入れさせないと考えています。逆に、アメリカは、自分たちはその線の中に入るけれど、そこから外に中国軍を出さないというラインです。このラインが「米中、もし戦わば」の最前線になるのです。

今、自衛隊の基地が、この奄美大島から尖閣まで含めて非常に強化されていることは皆さんがご承知の通りです。要するに、アメリカと中国の対立、これがちょうどこの線を挟んで、日本が最前線になっているのです。ここで戦争が起きることになれば、日本は巻き込まれるどころではなくて、最前線として戦わなければいけない立場にあるのです。

そのために日米同盟は強化されるし、自衛隊も強化されているし、憲法9条が邪魔になってくるという状況があるわけです。私たちはこのことを確認しておく必要があるのです。

結論として

私は、今、核兵器に依存するのか、それとも日本国憲法前文にあるように、平和を愛する諸国民の公正と信義に信頼してわれわれの生命と安全を守るのか、という分かれ道にあるだろうと考えています。

今まで申し上げていた通り、核兵器が使用されれば人類社会は終わります。「**核持って絶滅危惧種仲間入り**」ということです。それは自分と自分につながるすべての人と社会の終焉を意味します。私は、核兵器廃絶はすべての人にとって「自分事」だと思っています。

核戦争は戦ってはならないということは、誰でもいっていることです。私たちだけではなく、ソ連（ロシア）もアメリカも、政府当局者がいっています。それが国際条約になっているのです。岸田さんも、私のライフワークは核廃絶だといっています。

違いは核兵器に依存しながらいうか、それとも核兵器を否定し、核兵器の廃絶を求めながらいうか、ということです。具体的には核兵器禁止条約に対する態度の違いとして現れているのです。

違いの原因は、核兵器に依存する人は武力での紛争解決、これを容認しています。しかも武力衝突は不可避だということが前提になっているのです。彼らは、9条はユートピアとして排除します。ご承知の通り自民党の改憲草案は、「9条はユートピアだ」としています。

けれども私が承知している限りでは、世界には26か国も軍隊のない国があります。そういう意味からすると、9条は別にユートピアでも何でもなくて、現実世界にあるのです。

もし軍事力に依存するということになると、先ほど申し上げた通り核兵器は「最終兵器」つまり「悪魔の兵器」ですから、核兵器に依存することになります。

「やっちまったら終わりだよ」ということが、先ほど申し上げた通り日本国憲法の到達点です。だから、私たちは、核兵器の廃絶を求めなければいけないし、9条の世界化も求めなければならない。それができなければ、私たちは滅びの時を迎えることになるかもしれないと私は思っています。

ただし、核兵器がなくなったからといって、武力紛争や戦争一般が自然になくなるというわけではありません。けれども、核兵器をなくすことができないまま、戦力や戦争一般をなくすこともできないだろうとも思っています。そういう意味からすると、核兵器廃絶と改憲阻止とは密接な関係があると私は思っています。

核戦争になれば過去も未来もすべて消えます。「終末」まで100秒と指摘する専門家もいます。「核兵器のない世界」をつくろうとするうえで、日本政府の態度は先ほど申し上げた通りです。政府を変えるのは人民の権利であり義務であるというのはアメリカの独立宣言です。アメリカの独立宣言を読んだアメリカ人の中に「これはアカの文章か」といった人がいるみたいですが、この部分は、アメリカ独立宣言の肝の部分だと私は思っています。

政府を変えるのは人民の権利であり義務であるということです。私は今度参議院選挙もあるし、それから市民と政党の、野党の共同。市民と野党の連合、共同も必要だと思っています。それから、とにもかくにも日本に早く核兵器禁止条約に参加してもらいたいと思いますし、9条という人類の到達点を絶対に守らなければいけないだろうと思っています。

最後に

私は、そんな思いでいろんなことをやっています。日弁連の憲法対策本部の核廃絶PT。今度PTから部会になります。それから、日本反核法律家協会などのいくつかの法律家団体。それからぜひお伝えしておきたいと思っているのは、核兵器廃絶日本NGO連絡会の存在です。私も共同代表の一人です。これは被爆者団体だけでなくて原水協、原水禁、YWCA、創価学会などいろんな宗教団体の人も入っているのです。そういう意味からすると、いわば思想、政治的な立場それから宗教、それらを超えて核兵器を廃止しようというNGOの連絡会です。ホームページもありますから、ぜひ皆さん方にも関心を持ってもらいたいと思います。それからNPO法人で、ノーモア・ヒバクシャ記憶遺産を継承する会があります。ここへの寄付は全額控除の道もありますので、ぜひ皆さん方にも協力していただければと思います。

（2022年5月11日、埼玉弁護士会憲法委員会での講演に加筆）

3　結局、私たちは、何をすればいいのか

今、ウクライナで起きていること

ロシア・プーチン政権によるウクライナ侵略が継続している。ウクライナ国内においては、ロシ

ア軍による殺傷と破壊が継続し、ロシア兵によるレイプや略奪も報道されている。原発を含む本来攻撃されてはならない施設にまで攻撃が行われている。大量の難民が発生し、強制移住も行われている。これらが国際法に違反することは多言を要しない。あまつさえ、核兵器使用の威嚇も行われている。

今回の侵攻と比肩するのは、1939年9月のヒトラーとスターリンによるポーランド侵攻と2003年3月のアメリカによるイラク侵攻の2つくらいだとの意見もあるけれど[*1]、私は、核兵器使用の威嚇が行われているという一事をとっても、これらの侵攻を凌駕する重大な事態だと受け止めている。なぜなら、脅しには屈したくないけれど「プーチンの脅しは真面目に受け取らなければならない」と思うからである[*2]。プーチンが核兵器を使わないで軍事的敗北を受け入れるとは思えないし、広島に投下された原爆よりも「小さい威力」の核兵器を、たとえば、ウクライナの空港で爆発させる能力は持ち合わせているからである[*3]。

プーチンの核兵器使用が、第3次世界大戦の引き金になるかどうかは誰も確定的にいうことはできないであろう。けれども、長崎以降初めての「戦争被爆者」が発生することは間違いない。そして、侵略者が核兵器使用の先例をつくれば、侵略に対抗するための核兵器使用の敷居はなくなるか大幅に下がることになる。核兵器の応酬が現実的なものとなり、人類社会に「終末」が訪れることになる。そこには、死者を悼む人すら存在しない「絶対的な平和と安穏」が待ち受けている。

私たちは、一刻も早くロシアのウクライナ侵略を止めなければならないのである。

戦争早期停止のための提案

まず、次のような提案を紹介しよう。[*4]

私たちに残されているのは、「不愉快な選択」しかない。侵略者プーチンに「罰」ではなく「手土産」を与えるのです。そうしなければ、終末戦争が起きる可能性がある。窮地に追い込まれてクマが、断末魔の叫びを上げるのを眺めるのは、さぞ溜飲が下がるだろう。しかし賢明な選択とはいえない。

こうしてこの論者は、賢明な選択として、ウクライナを永世中立国にするとか、東部ウクライナの連邦形成の合意などを提案するのである。

次はこのような提案である。[*5]

合意に達するには相手の主張を理解し、妥協点を考えなければならない。それが、ウクライナ問題が突き付けた課題だ。私の提案は、NATOの東方拡大をウクライナに行わない。ウクライナの東部地域に自決権を与えるである。

この提案の背景にあるのは、「100パーセントの満足を得る姿勢は新たな悲劇を招く」という認識である。

これらの提案は、「終末戦争の可能性」や「新たな悲劇」を理由として、ウクライナに譲歩を求めるものである。侵略者に「手土産」を提供してお引き取り願うという戦略である。「侵略したもん勝ち」を国際的に認めようという提案だと評価する人もいる。[*6]

この戦略にプーチンが乗ってくれれば、核兵器の応酬による「全人類の惨害」（NPT）や「壊滅的人道上の結末」（核兵器禁止条約）は遠のくかもしれない。それはそれで大切な価値選択であるし、私も最も共有したい価値である。しかし、プーチンの野望がそこで消滅する保証はない。彼は、ユーラシア大陸の覇者たる大ロシアを構想しているようだからである。

そして、ロシアのウクライナ侵略に「罰」を与えないことは、国際法が到達している「侵略の禁止」を無視することであり「侵略犯罪」処罰の可能性など雲散霧消してしまうことを意味している。「俺様が欲しいものは、実力で奪い取る」というだけではなく、「俺様のいうことを聞かなかったら、全員地獄に道連れにしてやる」という核の威嚇で、他国の主権を侵害し、領土を奪い取ることができるようになるのである。無差別戦争観の復活であり、世界は国連憲章以前に戻ることになる。

ゼレンスキー・ウクライナ大統領がこの提案を受け入れることはありうるのであろうか。

ゼレンスキー大統領の姿勢

自由を支持することは、命を支持することだ。広場に出かけ、街頭に出て、あなたの顔を見せ、声を聞かせてほしい。人々は大切だ。自由は大切だ。平和は大切だ、ウクライナは大切だといってほしい。

これは、ゼレンスキー大統領の3月24日のフェイスブックへの投稿である。[*7] 私はこの訴えを無視することはできない。私は、ベトナムの対米戦争当時「ベトナムに平和を！」ではなく「ベトナム人民支援！」というスローガンに共鳴していた。「自由と独立より尊いものはない」という信念でアメリカ帝国主義と果敢に戦うベトナム人民に連帯しようと思っていたのである。「義勇兵」として戦場で戦う能力などないから、街頭に出て「ベトナム人民支援」と叫ぶか、わずかばかりの義援金を差し出すことしかできなかったが、ベトナムが勝利した時の達成感は半端ではなかった。

もちろん、この戦争でのベトナム人民の被害の大きさを忘れてはならない。徹底抗戦しなければ、アメリカの「枯葉作戦」はなかったかもしれないし、ベトちゃん・ドクちゃんの悲劇もなかったかもしれない。戦争孤児はもっと少なかったかもしれない。けれども、私は「平和」ではなく「戦い」を支援していたのである。

戦いを支援する見解

こんな見解がある。[*8]

決定的瞬間が訪れた。攻撃と圧政を打ち破るために誰もができる限りのことをするべきだ。寄付をするのであれ、オンラインの「戦い」に貢献するのであれ、制裁を支持するのであれ、ただ、窓にウクライナの国旗を吊るすのであれ。

この見解の背景にあるのは次のような状況認識である。

相手を壊滅させる覚悟の国と仕事をするのは容易ではない。おそらく、プーチンが成功すれば、人工知能による軍備大競争が起こり、気候変動予防に向けた国際的努力は崩壊するだろう。プーチンが敗北すれば、平和な時代の継続が保証されるであろう。世界中の国が、暴力に勝ち目はなく、プーチンの真似をすれば罰せられるという教訓を学ぶのである。国防予算は低く抑えられ、保健予算は高くなる。プーチンが敗北すれば、地球の住民一人ひとりが、より良い医療と教育を受けられるであろう。

軍産共同体やネオコンの存在を考えれば、何とも楽観的に過ぎるとは思うけれど、共感できる部分はあるし、ゼレンスキー大統領が喜ぶ見解であることは間違いない。

こういう見解もある。[*9]

国連総会で、ロシア軍に即時停戦と撤退、非人道的行為を止めさせることを求める非武装の行動部隊をウクライナに送り込む決議を行う。各加盟国に対して、要員、物資、資金を供出することを求める。非武装部隊がロシア軍の攻撃を受けた場合には、「国連軍」の派遣を、緊急特別会議を招集して考える、というものである。

この背景にあるのは、ロシアのウクライナへの武力攻撃は、国連憲章違反であるから、国連の力で事態を解決しようという認識である。

国連安保理が機能しない場合には、国連総会緊急特別会合が作動する場合があるけれども、3月に開催された会合では、対ロシア非難決議の賛成国は141、反対国は5、棄権国は35、態度を明確にしなかったのは12である。非難に賛成していない国が52か国あることを忘れないでおきたい。

加えて、今回の武力衝突が、ウクライナのみならず、全ヨーロッパに及ぶ兵器の商機拡大のきっかけになっていることや中長期的なロシアの深刻な没落をもたらすことを思えば、紛争の長期化は、アメリカの国益と矛盾しないことになることも指摘されている。[*10]

このように考えれば、この提案は、魅力的ではあるけれど、実現の可能性は限りなくゼロのように思われる。

しかし、この提案の最も重要な意味は、ロシアの行為を国際法違反であるとして、その解決を国連に期待するという、現代の国際法秩序を踏まえていることである。

国連憲章や国連の役割に触れない見解と比較すると、重要な視点を提供していることに注目しておきたい。「力の支配」から「法の支配」へという国際社会の進化を視野に入れているからである。

現実的かつ即効の成果を上げることができるかどうかはともかくとして、ロシアのウクライナ侵略が国際法に違反することの確認と国連の存在は決定的に大切なのである。国際法や国連の限界を嘆くばかりでは、希望まで失うことになるからである。

日本国内の状況

ロシアのウクライナ侵攻を受けて、日本国内では、「核共有論」、「非核三原則の見直し」、「防衛費の増額」、「敵基地攻撃論」などが言い立てられている。ウクライナのようになったらどうするのだ、攻められたらどうするのだ、という国民の素朴な不安に乗じた議論である。この疑問は、素朴であるがゆえに、多くの人たちに共通する不安である。この不安を無視することはできないであろう。

　この軍事力で対抗すべしという議論では、攻められないようにするにはどうするかという視点も、なぜロシアはこのような暴挙に出たのかについての冷静な検討も等閑視されている。人間は言葉を持っていることも、戦争はある日突然始まるものではないことも忘れているかのようである。外交交渉を軽視し、政治的対立の背景を無視したまま、軍事力対応を強調することは、あまりにも稚拙で乱暴な議論である。軍拡競争を招くだけだからである。「死神のパシリ」たちのささやきに騙されてはならない。

　けれども、この「平和を望むなら戦争に備えよ」という議論は現実的力を持つ勢力から発信されている[*11]。

　世界平和は目前にない。レトリックや美徳を示しても、新たな戦略的志向や国防予算の増額には代えられない。ドイツがGDPの2%を防衛費に充てると宣言したのは称賛に値する。

　この論理でいえば、日本も称賛されることになる。さらにこの論者は次のように続ける。

　中国の台湾に対する脅威は深刻だ。安倍晋三元首相は、中国の攻撃から台湾を守るかどうかという「戦略的あいまいさ」を捨てるよう米国に勧告している。日本人は、台湾への攻撃は日本への攻撃だということを理解している。

この論者は北朝鮮やイランへの強硬姿勢で有名な、アメリカのネオコンの一人、ジョン・ボルトンである。彼は中国の台湾武力攻撃に備えるためにも軍事力強化が必要だといっているのである。故安倍晋三は米中対立に日本を提供するつもりでいたことと合わせて忘れないでおこう。

プーチンの言い分

プーチンの行動の背景事情について考えてみよう。結論的にいえば、今回のプーチンの行動は、彼が「切れた」ことに起因している。彼の言葉でいえば、NATOとウクライナは「レッドラインを超えた」というのである。彼は、2月24日の「開戦演説」で次のように語っている。


私たちの特別な懸念や不安を呼び起こすもの、毎年着実に、西側諸国の無責任な政治家たちが我が国に対し、露骨に、無遠慮に作り出している、あの根源的な脅威。つまり、NATOの東方拡大、その軍備がロシア国境へ接近している。

私たちからの提案に対して、私たちが常に直面してきたのは、冷笑的な欺瞞と嘘、もしくは圧力や恐喝の試みだった。これは、我が国家の存在、主権そのものに対する現実の脅威だ。それこそ、何度もいってきた、レッドラインなのだ。

彼らはそれを超えた。

要するに、プーチンは、アメリカなどがロシアの「NATOの東方拡大」に対する「懸念」や「不安」を知りながら、誠実に対処しないどころか「露骨」に「無遠慮」に「根源的な脅威」を作りだしていることに対して苛立っているのである。私は「NATOの東進路線がロシアを追い詰めたからこういう事態になったのだ」（ジョン・ミアシャイマー）という見解[*12]に説得力を認めている。

窮鼠猫を噛む

私の刑事弁護人としての経験に、プライドを傷つけられた被告人が、傷つけた被害者を刺殺したという事例がある。殺人という行為が許されないことは当然としても、他人のプライドを殺意が形成されるほどに傷つけることも許されることではない。無罪弁論はできないにしても、その動機の解明は不可欠である。被害者が被告人の心身をどのように苛んでいたかの立証である。被害者の悪行を暴き立てることは、被害者遺族の反感を買う。けれども、犯罪行為の全容解明は刑事司法の適切な運用に不可欠な作業である。殺人者も、殺人は許されない行為だということを知りながら、殺人を選択するのである。鼠は追いつめられると猫を噛むかもしれないのである。

プーチンは、NATOの「圧力や恐喝」を指摘している。今のロシアにとって、アメリカは猫なのかもしれない。昔日の面影は消えているからである。プーチンはそれが絶対に嫌なのであろう。それが「大ロシア」を夢見るプーチンのプライドなのであろう。

「特殊軍事作戦」の背景

もちろん、個人的な殺人と国家による侵略とを単純に比較することはできない。けれども、プーチンがなぜ「特殊軍事作戦」に出たのかの背景事情は知るべきであろう。彼は「ＮＡＴＯの東方拡大」に不安と恐怖を覚えていたのである。それは、１９６０年代初頭、キューバにソ連のミサイルが配備されたことを知ったケネディ米国大統領（当時）が覚えていた不安や恐怖と同質の感情であろう。敵が自宅前まで近づくことなど誰だって嫌なのである。

また、プーチンは、「特殊軍事作戦」について、祖国防衛だとか、ルガンスク共和国やドネツク共和国との集団的自衛権の行使だとか、「ネオナチ」との戦いなどとして合法化を図っている。これらの主張に全く説得力はないけれど、彼は、国際法上違法なことはしていないとの弁解は試みていることにも留意すべきである。彼も「無法者」呼ばわりは避けたいのである。彼は、自分の「犯行」の動機を語り、違法性阻却事由を並べ立てる能力を持ち合わせているのである。彼は自分を見失ってなどいない。

プーチンの行動の背景には米国の対ロ政策が

プーチンの行動について、「バランス感覚を失い自分を抑える能力を失ってしまったからだ」とか、[*13]「こちらがビクビクすれば相手は自分たちの方が強いと思うようになる[*14]」と考えている独裁者の個人的情念による行動であるかのように解説する人もいる。しかし、そのような解説は、事態の一面だけを見る半可通なものでしかない。

プーチンのウクライナ侵略の背景には、米国とＮＡＴＯの対ロシア政策があったことを忘れてはならない。プーチンの行動は、侵略行為であり、戦争犯罪であることは免れないが、何の理由もなく「切れた」わけではないことだけ確認しておきたい。

そして、この「切れた男」は泣き寝入りするような軟弱な男ではない。二大核超大国であるロシアの大統領であり「核のボタン」を持っている「マッチョ」なのである。ロシアの核弾頭数は５９７７。これは米国よりも約５５０多い数である。「核のボタン」をそんな男に持たせるわけにはいかない。切れた男も問題だけれど、切れるような状況に追い込んだ連中も許すわけにはいかない。両者の合作で人類社会に危機的状況をもたらしているからである。米国とＮＡＴＯの対ロシア政策がプーチンの行動の原因となっていることを忘れてはならない。

核兵器使用の威嚇から現実的使用へ

私が、現在の危機はかつて私たちが体験している危機より大きいと考える理由は、核兵器超大国ロシアが、本気で核兵器使用の威嚇に出ているからである。キューバ危機も核戦争の瀬戸際まで行ったという意味では大きな危機であったけれど、当時のソ連に米国に対して核兵器を使用する意図があったという証拠は見つかっていない。米国の「被害妄想」だったのかもしれないのである。

けれども、現在のロシアはそうではない。プーチンはクリミヤを併合した時から、「俺たちが核兵器国だということを忘れるな」と警告していた。加えて、米国の都市を廃墟にする能力を誇示している。そして、今回のウクライナ侵略での核兵器使用の威嚇である。

核兵器の限定使用はありうる

米国のシンクタンクの見解を紹介しよう。[*15]

ロシアは、1キロトンの小型核兵器（大久保注：広島原爆は15キロトン）を2000発程保有しており、爆弾だけではなく、魚雷や爆雷、砲弾や地雷に取りつけられる小型のものもある。そして、ロシアは戦争シミュレーションの最後をしばしば核攻撃で締めくくっている。核兵器は「抑止」のためではなく、実戦で使用するものと考えている。

プーチンが、その核兵器を使用するリスクが高まるのは、ウクライナの抵抗が勢いを増して、ロシアの敗北が決定的になった時だ。プーチンが核兵器を使用せずに軍事的敗北を受け入れるとは思えない。彼は、敗北を認めるよりも核兵器の限定使用の方がましだと考えるであろう。

この見解は核の限定使用を想定しているのである。限定使用を避けようという発想がないだけではなく、限定使用は可能だと考えているのである。けれども、それが戦場だけで使用されて、都市を対象に使用されないという保証はない。そもそも、米国は、無防守都市であった広島や長崎に核爆弾を投下している。どこに投下するかは、軍事作戦上の必要性で決定されるものであって、使用者の選択なのである。

私は、アメリカのシンクタンクの見通しは甘いし無責任だと思っている。すでに、ロシアは侵略行為に出ているし、戦争犯罪をしているのである。そして、「ロシアのない世界などあり得ない」というプーチンの思考は、「アカとの共存」を拒否して「マッカーシー旋風」が吹き荒れた米国社会と同様の心象風景なのである。米ロの政治権力者は、自分の権力が剥奪されるよりも「地球の最後」を選択できる立場にあることを忘れてはならない。

このような甘さと無責任さが現れる原因は、彼らは核兵器の抑止力を前提としているからである。彼らは、核兵器使用は絶対にあってはならないという規範意識が欠落する一方で、核兵器をコントロールできるという傲慢さに囚われているのである。

核戦争は戦ってはならない

核不拡散条約（NPT）の前文は、「核戦争が全人類に惨害をもたらすものであり、したがって、このような戦争の危険性を回避するために、あらゆる努力を払う」としている。この条約の不平等性は指摘されなければならないが、核兵器使用がもたらす事態は避けようとしており、全面軍縮を志向していることも忘れてはならない。核兵器禁止条約はNPTを補完する国際規範であるけれど、それを認めたくない政府も自国がNPTの加盟国であることを前提とすべきである。

NPTは、核戦争の危険性を回避するためのあらゆる努力を加盟各国に求めている。核戦争の危険性を解消する方法は、核兵器を廃絶することである。これは、論理的にそうだというだけではなく、核兵器禁止条約はそれを国際規範化しているのである。核兵器禁止条約に参加するかどうかはとりあえず問わないとしても、自国が締約国となっているNPTを遵守することは、「合意は拘束する」という国際法の大原則であるだけではなく、各国憲法の命ずるところでもある。日・米・ロいずれの憲法にも条約尊重義務を規定する条文は存在している。

これらの国が核戦争の危険性を避けるためにあらゆる努力をすることは、国際法上も憲法上も重要な責務なのである。米ロは、核戦争に備える国策は改めるべきであるし、日本政府は、核兵器不使用継続などでお茶を濁している場合ではないのである。[*16] せめて、NPT6条が規定する核軍拡競争の停止、核軍縮の推進、全面軍縮のための交渉を開始し、それを完結すべきである。[*17]

核兵器廃絶から始めよう

私たちは、「核兵器のない世界」が実現するまで、核地雷原での生活を強制され「絶滅危惧種」であり続けることになる。その絶望的な事態から自由になるためには核兵器を廃絶するしかない。戦争以外の紛争解決方法が確立することを待つのではなく、核兵器廃絶を先行しなければならない。核兵器は、武力行使が例外的に許容される場合でも、使用されてはならない兵器とするのである。それは、戦争一般をなくすことに先行する核兵器廃絶である。人類絶滅という最悪の事態を避けるための緊急措置である。それは、核兵器禁止条約の普遍化が最も現実的な方法ではあるけれど、ＮＰＴの完全実施という方法もありうるのである。

いずれのルートをたどるにしても、まずは、核兵器廃絶の営みを強化することが求められている。岸田首相の「核なき世界はいつ来るか分からないけれど、理想は追い続ける」などという悠長なライフワークに付き合っている場合ではないのである。

核兵器の代わりになるものは何か

核兵器がなくなったとしても、非核兵器という戦力は残ることになる。戦力に依存すれば、核兵器がなくならないことは論理的必然であるだけではなく政治的現実でもある。核兵器は「最終兵器」だからである。核兵器に依存することを止めるだけでは、いつまた、核兵器が復権するかわからないのである。核兵器の復権を阻止するためには、自国の安全保障のために戦力に代わるものを見つけなければならない。

「平和を愛する諸国民の公正と信義に信頼して、われらの安全と生存を保持する」というのは、日本国憲法の立場である。

ロシア国内では、取締りと逮捕要件の強化にもかかわらず、反戦デモが全土いたるところで行われ、すでに数万人の逮捕者が出ているという。[*18] 彼らの手に武器はない。ロシア人のすべてがプーチン支持ではないのである。

「政府を変えるのは人民の権利であり義務である」というのは「アメリカ独立宣言」である。人類は暴力以外の手段で政治権力を転換する方法をすでに創り出している。殺傷力や破壊力の強弱に依存しなくても、安全と生存を確保することは可能である。ASEANやEUの経験がそれを証明している。

まとめ

ウクライナは武力による抵抗を停止し妥協すべきなのか、徹底抗戦すべきなのか、その選択はウクライナ人民に委ねるしかない。他者がとやかくいえる問題ではないからである。私たちは、その信ずるところにしたがって、それぞれの行動をとるしかないのである。もちろん、ロシアのウクライナ攻撃の中止と撤兵を求めることは大前提である。

けれども、核兵器が存在することによる恐怖からの解放や、軍事力に依存しない国際秩序の形成、すなわち、日本国憲法9条の改悪を阻止することや世界化の必要性については、「妥協派」も「抗戦派」も共感できるのではないだろうか。

「世界平和は眼前にはない」ということは、折り紙付きのネオコンも指摘しているところでもある。彼らは対立を煽りながら軍事力の強化を言い立てている。「平和を望むなら戦争に備えよ」、「核兵器に依存せよ」というのである。それは破滅への道である。それとの対抗は不可欠である。

私たちは、いたずらに対立を煽り立てるのではなく多様性を尊重し、排除ではなく包摂性を「我が物」としなければならない。それが現在と未来を生きるということであろう。

すべての人は生きたいのである。どのように生きるのか、その多様性は承認されるべきであろう。すべての人がその可能性を全面的に開花できる社会の形成は可能だと考えるのか、それとも「弱肉強食」は人類の宿命だとして諦めるのか。それは生きるうえでの葛藤であろう。その葛藤は継続するかもしれないけれど、せめて、絶滅をもたらす人工物の廃棄と人の営みである戦争の廃止を希求したいとは思う。「人類の歴史は、無意味な暴力行為の雑然としたもつれ合いとしてではなくて、人類そのものの発展過程としてあらわれる」という言葉[*19]を座右の銘としながら。

（2022年8月6日記）

脚注

＊1　ノーム・チョムスキー「ウクライナ戦争による米ロ対立は、全人類の死刑判決になる」（クーリエ・ジャポン編『世界の賢人12人が見たウクライナの未来　プーチンの運命』講談社新書、2022年）

＊2　ミシェル・エルチャニノフ「世界はプーチンの核の脅しは真剣に受け取った方がいい」（前掲書）

＊3　ワシントン・ポスト「プーチンが『核のボタン』を押すなら、どこが標的になるのか」（前掲書）

＊4　ノーム・チョムスキー前掲論文

＊5　孫崎亨『平和を創る道の探求』（かもがわ出版、2022年）

＊6　島田雅彦「小柄のサイコパス男の大きな影」（『世界』臨時増刊「ウクライナ侵略戦争」、2022年）

＊7　五野井郁夫「自由と平和を呼びかける声とその射程」（『現代思想』第50巻6号「ウクライナから問う」

２０２２年）からの引用。
＊8　ユバル・ノア・ハラリ「ロシアの侵略を許せば世界中の独裁者がプーチンを真似るだろう」（前掲講談社新書）
＊9　深草徹『9条とウクライナ問題』（あけび書房、２０２２年）
＊10　白井聡「未来なき社会はおぞましい」（『現代思想』第50巻6号）
＊11　ジョン・ボルトン「中国とロシアの協調こそが世界の脅威になる」（前掲講談社新書）
＊12　酒井啓子「色褪せた規範のゴミを紛争地に捨てるな」（『現代思想』第50巻6号）からの引用。
＊13　キャサリン・メリデール「プーチンが恐れているもの、それは自身の死と民主主義だ」（前掲講談社新書）
＊14　ワシントン・ポスト「ウラジーミル・プーチンという男の思考回路を読む」（同上）
＊15　ワシントン・ポスト「プーチンが『核のボタン』を押すなら、どこが標的になるのか」（同上）
＊16　岸田首相のＮＰＴ再検討会議での演説は、核兵器禁止条約だけではなくＮＰＴ6条にも触れていない。彼には、今すぐに、核兵器を廃絶する意思はないことを確認しておきたい。
＊17　１９９６年。国際司法裁判所は交渉にとどまらず完結することもＮＰＴ6条の義務としている。
＊18　五野井郁夫前掲論文
＊19　フリードリッヒ・エンゲルス『空想から科学へ』（新日本出版社、１９９９年）

4 「死神のパシリ」の妄動を許すな

「死神のパシリ」

日本も「核共有」(核シェアリング)すべきだとか、非核三原則を見直せと主張する人が現れました。米国の核兵器を日本に常備したり、有事の際は持ち込めるようにしようというのです。そういう人は、憲法9条など無力だ、無用だ、改定しろともいいます。9条の非軍事平和主義を投げ捨てて、核兵器に頼れという主張です。安倍晋三元首相や高市早苗自民党政調会長(当時)など極右グループだけではなく、維新の会は党の正式な方針として政府に働きかけています。国民民主党も同類のようです。

私は、そういう主張をする連中を「死神のパシリ」と見なしています。死神とは「人を死に誘う神」、パシリとは「使い走り」の略語です。彼らは、人類社会に死をもたらす死神の手先なのです。なぜなら、彼らは「核戦争は全人類に惨害をもたらす」(核不拡散条約・NPT)とか「いかなる核兵器使用も壊滅的人道上の結末をもたらす」(核兵器禁止条約・TPNW)という核兵器使用の危険性が国際法規範になっていることを無視しているからです。そして、「終末」まで残された時間は「100秒」という米国の科学者の真剣な警告があるにもかかわらず、核兵器に依存しようと叫んでいるからです。

なお、NPTは「核兵器やその管理を直接又は間接に移譲してはならない」(第1条・第2条)としているので、米国の核兵器やその管理の委譲の提案はNPT体制への挑戦です。

彼らは、NPT体制も日本国憲法9条も否定して、核兵器への依存を主張しているのです。彼らの主張を検証してみましょう。

彼らの主張

彼らの主張のきっかけは、ロシアのウクライナ侵攻です。ウクライナには核兵器がなかったので、ロシアに侵略されたのだ。ウクライナのように侵略されないためには、米国の核爆弾を日本に常備しよう。そうしないと日本は北朝鮮、中国、ロシアなどから攻められてしまうというのです。彼らはどの国が、いつごろ、どのような理由で侵略して来るとはいわないのですが、侵略を前提としてものをいうのです。私には、その言説にいくつかの疑問があります。

第1に、その前提は絶対的なものなのか。その危険性はどの程度具体的なのかということです。第2に、日本に米国の核爆弾が存在していれば侵攻はないと保証できるのか。それは論理的なのか。経験則に合致するのかということです。第3に、その選択に危険性はないのか。効果がないだけではなく、むしろ危険性の方が高くなるのではないかということです。第4に、その侵略を避けるために、核に依存する以外の方法はないのか、非軍事の平和的手段はないのかということです。

彼らはこれらのことについては説明していません。ただ、「我が国を取り巻く安全保障環境は厳しい」、「それを認めないのは平和ボケだ」、「9条を変えろ」、「米国の核抑止力が必要だ」と声高に繰り返すだけです。

現在、これらの三国は日本に武力攻撃を仕掛ける意思は表明していません。意思は示していないとしても本当のところはどうなのでしょうか。各国ごとに検討してみましょう。

北朝鮮

北朝鮮の脅威はある

朝鮮戦争は終結していません。休戦協定がありますが、北朝鮮と国連軍（米軍）との間の戦争は継続しているのです。休戦協定が崩れれば、北朝鮮による国連軍（米軍）の基地がある日本に対する攻撃はありえます。敵国の軍事施設を攻撃することは国際法上問題ないし、北朝鮮には日本を射程に収めるミサイルがあるからです。「熱い戦争」が再発すれば、金正恩の首はなくなるかもしれませんが、北朝鮮がなすすべもなく消滅することはないでしょうから、日本も返り血を浴びるでしょう。

そして、北朝鮮も核兵器を20～30発は保有しています。北朝鮮は、NPTからは脱退し、核兵器禁止条約の締約国ではありません。そして、国家存亡の危機における核兵器の使用は「国際法上違法とも合法ともいえない」というのが国際司法裁判所の見解ですから、北朝鮮が危殆に瀕した時、核兵器を使用しても、無法国家とならないのです。こうして、北朝鮮の在日国連軍基地への核攻撃は合法的に行われることになるのです。

ミサイル防衛システムはありますが、想定通り機能する保証はありません。「熱い戦争」の結果、北朝鮮は世界地図から消えるかもしれませんが、日本も危ないのです。「核戦争に勝者はない」という警句が現実化することになるのです。このように考えると北朝鮮の存在は脅威です。逆に、北朝鮮にとって日米韓は脅威でしょう。

「核共有」で脅威は消えない

では、米国の核兵器を日本に常備すればその脅威はなくなるのでしょうか。北朝鮮は、朝鮮戦争の勃発直後から米国の核で威嚇されてきました。韓国の米軍基地に核兵器が配備されたこともありますにもかかわらず北朝鮮は降伏することはなかったのです。現在も、北朝鮮は米国の核で威嚇されています。米国のミサイルは北朝鮮を標的にしているし、米韓合同演習には核兵器搭載可能な爆撃機が参加しているのです。そういう北朝鮮にとって、日本に米国の核兵器が常備されていようがいまいが、事態は変化しないでしょう。北朝鮮の事情は何も変わらないのに日本の事情だけが好転するということはありえません。軍事的対立の当事者間の力関係は相関関係だからです。

「核共有」は北朝鮮の脅威を減殺しないのです。それは、これまでの北朝鮮の態度を見れば明らかです。また、威嚇すれば敵国が都合よく動くということも必然ではないでしょう。パシリたちの主張は経験則に合わないだけではなく、没論理的でもあるのです。

核共有は事態を悪化させる

そして、むしろ、「核共有」は北朝鮮の日本に対する敵愾心を増幅するでしょう。日本の敵意がさらにあらわになるからです。北朝鮮は、国連緊急特別総会におけるロシアのウクライナ侵略の非難決議に反対しました。そのロシアはウクライナの原発への攻撃や占拠までしています。危険極まりない行為です。同様に、北朝鮮による日本の原発へのミサイル攻撃はありうるでしょう。彼らを侮ってはなりません。戦争とはそういうものなのです。このように、「核共有」はむしろ日本の安全保障環境を悪くすることになるのです。

北朝鮮の脅威をなくす方法

では、北朝鮮の脅威を解消する方法はないのでしょうか。もちろんあります。朝鮮戦争を終結し、朝鮮半島を非核化すればいいのです。六者協議や米朝首脳会談の経験もあるのです。頓挫したとはいえ、北朝鮮はこれらの協議や会談の過程で、核の放棄に踏み出そうとしていたことは明らかです。その教訓に学ぶことです。

けれども、パシリたちはそのことなど見向きもせず「核共有」を言い立てるのです。彼らは「半島が平和になれば困る人」の一味なのでしょう。北朝鮮の脅威を除く方策があるにもかかわらず、それを無視して「核共有」を言い立てるのは、私たちと朝鮮半島で暮らす人たちだけではなく、全人類を核の惨害へと導くことになるのです。

多くの日本人が北朝鮮に対する敵意や悪意を埋め込まれていますから事態の改善は困難かもしれませんが、その関係改善がない限り、私たちは北朝鮮からの核攻撃を含む軍事攻撃の悪夢から解放されないのです。

北朝鮮の脅威を解消する唯一の方法は、「核共有」論ではなく、北朝鮮と国交を樹立し、朝鮮戦争の終結を働きかける政府にすることです。

中国

対中関係の変化

中国はどうでしょう。現在の日中間には「主権及び領土保全の相互尊重、……平等及び互恵並びに平和共存の諸原則の基礎のうえに、両国間の恒久的な平和友好関係を発展させる」という平和友好条約（1978年）があります。また、2018年5月、安倍首相（当時）は、日中首脳会談に際して「『戦略的互恵関係』の下、全面的な関係改善を進め、日中関係を新たな段階に押し上げたい」、「日中両国は、地域及び国際社会の平和と繁栄に大きな責任」がある、「両国関係の改善・発展は、各国の期待に応えることにもなる」と発言していました。それからまだ4年と経っていないのに「核共有論」を語っているのです。中国からすれば「手のひら返し」と映っているでしょう。

現在、日米両国は、「中国はインド太平洋地域と世界の平和に対して悪影響を及ぼしている」、「中国の軍事化及び威圧的な活動に強く反対し、地域における安定を損なう行動を抑止し、必要であれば対処する」としています。中国を悪者扱いして、その中国に対する抑止力と対処力の強化、すなわち軍事的対応を強化しているのです。

「台湾海峡の平和的解決」もいわれていますが、「台湾有事」を念頭に日米共同での戦争準備が進められています。日本と中国の関係は「戦略的互恵関係」から「敵対関係」に変化しているのです。その「敵対関係」は、尖閣諸島だけではなく、台湾をめぐっても顕在化しています。こういう状況下で、パシリのリーダーは「台湾有事は日本有事だ」、「核共有が必要だ」と叫んでいるのです。これが「日中関係の新たな段階」です。

中国の脅威とその解消方法

中国は、尖閣諸島付近で挑発活動を展開していますし、南沙諸島での強引な活動は覇権主義的です。また、台湾の独立を阻止するために軍事的行動を排除しないとしています。国内にはウイグルでの人権侵害や香港での民主化運動の弾圧などもあります。中国の国内外での行動に危険な兆候を見て取ることは当然です。

では、「核共有」をすればその脅威は解消できるのでしょうか。日本が「核共有」すれば、中国の覇権主義は収まるし、台湾への武力侵攻の危険は解消されるのでしょうか。ウイグルの人たちの生命や自由は確保され、香港の民主化は進むのでしょうか。

パシリたちは、そのあたりの説明はしていません。それはできないからです。台湾の行く末は台湾人たちの選択の問題だし、人権や民主主義と「核共有」は関係ないのです。

東シナ海や南シナ海での中国の行動を抑えられるのでしょうか。QUADやAUKUSはもとよりNATO諸国まで動員しての圧力にもめげていない国ですから、米国の核兵器が日本にあるかどうかで動揺するようなことはないでしょう。これらの問題の解決にも「核共有」は役に立たないのです。

むしろ、「核共有」は日本に対する中国の不信を強め、友好関係を破壊し、緊張を高めるだけになることは目に見えています。中国との断交など考えられるのでしょうか。「核共有」は愚策中の愚策です。そんなことを議論しようとすること自体がナンセンスです。

中国の脅威を少しでも減少させるためには、毅然とその違法性や不当性を指摘することから始めなければならないのです。問題点の指摘もしないで「謝謝」といえばいいのではないのです。そして、中国の圧力は受けつつも、米国の「核の傘」などに依存せず、中国との共存を模索するアジアの国々と連携することです。アジアで植民地支配や侵略をした日本の「核共有」などアジアのいかなる国も支持しないでしょう。「核共有」はこれまでの努力を無駄にしてしまうでしょう。

ロシア

日ロ間に平和条約は存在しないし、領土問題も解決していません。外務省は「領土問題を解決して平和条約を締結するとの基本方針に基づき、ロシアとの交渉に粘り強く取り組んでいく」としています。また、安倍晋三元首相は「ウラジーミル」とプーチン大統領をファーストネームで呼ぶほどの関係でした。彼は、今回のウクライナ侵攻でプーチン氏に対する評価が変わったので、ロシアとの関係で「核共有」をいい出したのでしょうか。彼はそのことについては明言していません。むしろ今回の行動について「プーチンは領土的野心で起こしたわけではない」としていたくらいですから、もしかすると「核共有」はロシア向けではないのかもしれません。いずれにしても、ロシアがウクライナへの侵略をしたからといって、日ロ両国の関係が軍事衝突間近という関係になったわけではないでしょう。

ただし、中ロの軍艦が共同して日本列島を一周する訓練をしている事実も忘れてはなりません。また、プーチンが危険な行動に出る人物であることも明らかになりました。

このように、ロシアとの関係でも、日本をめぐる安全保障環境が不安定であることは否定できないのです。

安全保障環境の不安定は否定できない

このように、私たちの国をめぐる安全保障環境は不安定で危険な状況にあります。もちろんその不安定や危険性は、北朝鮮や中国やロシアが一方的に醸成しているのではなく、日米の行動との相関関係で形成されています。むしろ、北東アジアの安全保障環境の悪化の原因は、米国支配層の思惑が色濃く反映しています。北朝鮮を「悪の枢軸」と名指しし、中国やロシアを「専制主義の国」として対立を煽っているのは米国だからです。

そもそも、紛争は単独行為ではありません。必ず相手方を必要とします。およそ紛争が一方当事者だけが悪いということはありえません。それぞれの言い分があります。だから、その不安定や危険性の原因を他国のせいだけにするのは間違いです。それは偏狭なナショナリズムです。

それぞれの主張の衝突をどのように解消するかが問われることになります。司法（裁判）制度が整えられている国家においては、裁判官による法の適用とその執行という形で紛争は解決されることになります。けれども、国際政治の現状では国連をはじめいくつかの国際機関はありますが、各国の主権を制約できる法規範と執行機関は存在していません。国連安全保障理事会がその役割を期待されていますが、常任理事国の拒否権がその役割を制約しています。その拒否権が、五大国を当事者とする紛争をむき出しの暴力優先にしてしまうからです。今回のロシアの行動もそうですし、米国はその気になれば国連など無視して世界各地で武力行使をしてきました。そして、小国政府は転覆されてきたのです。

このような事実を前にすると、他国からの侵攻の現実性などは冷静に考えないままに、米国との同盟が必要だと考える人たちも出てくるのです。そして、北朝鮮、中国、ロシアからすれば、日米の動きは危険極まりないと受け止め、その対応策を考えていることでしょう。その典型が、北朝鮮の核やミサイルの開発と実験です。それがまた私たちの不安材料として機能するのです。私たちは、そういう危険な状況の中で日々の生活を送っているのです。その不幸な状況から脱出するための営為が求められているのです。

「核の傘」と「核共有」の異同

岸田文雄首相は、パシリたちの要求については、非核三原則は国是だとして拒否しています。それは当然の対応です。「国是」を軽く扱ってはなりません。けれども、米国の核兵器に依存するということでは、パシリたちと共通しているのです。違うのは、普段から日本の領域に米国の核爆弾を置いておくかどうかだけです。核兵器やその管理の移譲はNPT違反ですから大きな違いはありますが、「核抑止力」信仰ということでは共通であることを忘れてはなりません。

結局、論点は「常備か傘か」ではなく、米国の核兵器は他国の軍事力行使を抑止する有効な手段なのかどうかということになります。核抑止とは、もし我が国を攻撃すれば核兵器で反撃されて重大な結果を招くという威嚇で、相手国の行動を抑止して、自国の安全を確保するという「理論」です。相手国の国民を人質にとっての威嚇ですから、一見効果的に思われるのです。ここでは、その理論にどの程度の普遍性があるのかを検討してみましょう。なお、保有するだけで使用しないなどという議論は「核抑止」を全く理解していない幼稚な議論ですからスルーします。

核抑止論は「集団的誤謬」

最初に、確認しておきたいことは、国連の包括的研究は、核兵器による抑止が平和と安全を確保するというのは「存在する最も危険な集団的誤謬」と結論していることです（1980年国連事務総長報告）。そのうえで、いくつかの論点で考えてみましょう。

第1に、核兵器がなくても他国から軍事攻撃を受けたことのない国はたくさん存在し、インドとパキスタンのように核兵器国同士が軍事衝突することもあります。だから、核兵器を保有しているかいないかと軍事侵攻を受けるかどうかは論理的必然性があるわけではないのです。核兵器があれば攻められないというのは、そういう場合もあるというだけなのです。核兵器があっても攻められる場合もあるのです。核兵器国が非核兵器国を侵略することや、非核兵器国間での軍事衝突があることも忘れてはならないでしょう。

第2に、北朝鮮、ベトナム、アフガニスタン、イラクなどの非核兵器国は米国やソ連という核兵器国の脅しには屈しませんでした。現在、ウクライナもプーチンの核使用の威嚇にもかかわらず、戦闘を継続しています。核兵器の保有や使用するとの威嚇は相手国の戦闘意欲を奪うものではないのです。ここでは、核抑止論は破綻しているのです。そして、核による脅しは、水平的核拡散と核兵器の近代化競争（垂直的核軍拡）という核軍拡競争を激しくしただけなのです。

極めつけは、核抑止が破綻した場合です。抑止が破綻する可能性を否定する人はいません。だから、抑止力だけではなく対処力も併せて議論されるのです。核抑止力の破綻とは核兵器の使用を意味します。そこでは「全人類の惨害」が現出するのです。安全保障の道具とされた核兵器が、自分の国も含め、人類滅亡の道具として機能するのです。安全を確保するための道具が確保すべき社会を破壊するという逆説です。核兵器を平和実現や維持の道具として使用することは没論理的な行為なのです。

第3に、現在、最も危険性が指摘されているのが、核兵器の意図的ではない使用です。誤算や機械の故障で核兵器が発射される事態です。そのような事故は以前から繰り返し起きていたのです。これまで地球が吹き飛ばなかったのは、単に「ラッキーだったからだ」といわれているのです。結局、核兵器によって安全を確保しようとする核抑止論は、単に理論として破綻しているだけではなく、現実的効用が証明されているわけでもありません。むしろ、人類社会の破滅をもたらすことになるのです。だから、核兵器禁止条約は核兵器の廃絶を規定しています。核兵器は平和と安全を確保する道具ではないことは、条約国際法でも確認されているのです。

核兵器を平和や安全確保の道具として保有・使用することは危険

核兵器禁止条約は、核兵器のいかなる使用（意図的であれ、誤算や事故であれ）も「壊滅的な人道上の結末」をもたらすので、核兵器が完全に廃絶されることがいかなる場合にも核兵器が決して再び使用されないことを保証する唯一の方法であるとしています。核抑止論を全面的に排除しているのです。そしてそのことが、核兵器国や日本政府がこの条約を敵視している理由なのです。

核兵器国はこの条約に署名をしていませんが、この条約はすでに発効しているのです。私たちは「全人類の惨害」、「壊滅的人道上の結末」を免れるために、この条約の普遍化を急がなくてはならないのです。

平和を愛する諸国民の公正と信義という考え方

ところで、武力による紛争解決が認められる限り、「最終兵器」である核兵器への依存はなくならないでしょう。現に、核兵器国や日本政府がそうしています。そして、核兵器が存在する限り「全人類の惨害」や「壊滅的人道上の結末」を覚悟しなければならないのです。それは「終末」への道だということは、誰にでも理解できることです。

それと対極にあるのが日本国憲法の「平和を愛する諸国民の公正と信義に信頼して、われら安全と生存を保持」するという思想です。この思想にもとづいて、戦争を放棄する、一切の戦力を放棄する、交戦権は認めないという9条が生まれているのです。その背景には、原爆投下がもたらした「核のホロコースト」がありました。核兵器を使用する戦争を行えば「戦争が文明を滅ぼすことになる」、「戦争をしてはいけない」、「戦争をしないのなら戦力は無用だ」という論理です。当時の政府はその憲法を人々に広く知らせるための努力をしていました。その一つが『新しい憲法のはなし』です。

自民党などは「平和を愛する諸国民の公正と信義を信頼する」などということはユートピア思想だと嘲笑します。けれども、軍隊のない国は世界に26か国も存在します（国連加盟国は193か国）。決して空想ではないのです。

今、ウクライナの人々に連帯して、ロシアにも、当局の厳しい弾圧にめげずに反戦行動に出ている市民がいます。世界でも日本でも多くの市民がロシアの侵略犯罪を糾弾する行動に立ち上がっていますが、その手に武器はありません。平和を愛する諸国民は間違いなく存在するのです。

核兵器に依存しても、私たちの平和と安全を守れないことは明白です。むしろ逆に「壊滅的人道上の結末」をもたらすことになるのです。にもかかわらず、核兵器国や日本政府、そしてパシリたちは、核兵器に依存し続けようというのです。全人類を死神に引き渡してしまうのか、それとも、平和を愛する諸国民の公正と信義を信じて人類社会を形成するのか、今、私たちは大きな分岐点にあるのです。

死神のパシリたちの妄動を許さず、平和を愛する諸国民との連帯を希求し、核兵器を廃絶し、憲法9条という非軍事平和の規範を世界に広げようではありませんか。

（2022年3月6日記。なお、この原稿をベースにした論考が雑誌『経済』2022年6月号に掲載されている。）

5　「核共有」から「平和を愛する諸国民の公正と信義」へ
——NATOの「核共有」の実態を踏まえて——

「核共有論」がいわれている

安倍晋三元首相は、ロシアがウクライナに軍事侵攻したことを受けて、北大西洋条約機構（NATO）加盟国の一部が採用している「核共有（核シェアリング）」について、日本でも議論をすべきだとしている。橋下徹氏は「核は絶対に使ってはいけないが、核共有の議論は絶対に必要だ」と同調し、日本維新の会は核共有による防衛力の強化を図るよう政府に提言している。また、高市早苗自民党政調会長（当時）は非核三原則の「持ち込ませず」について、「有事の時に持ち込ませずというところを自民党内で議論したい」としており、橋下氏も同様の見解である。彼らは、米国の核兵器を、常時日本国内に置いておくか、少なくも有事には日本に持ち込むことにしようと提案しているのである。

日本政府は、本音の部分では「密約」をして有事の際の核兵器持ち込みを容認してきたけれど、建前としては非核三原則を維持するとしている。彼らはその建前もなくせとしているのである。米国の「核の傘」に依存するということでは政府と同じだけれど、有事はもとより平時から米国の核兵器を国内に持ち込んでおこうというのである。

しかも、ＮＡＴＯの「核シェアリング」を参考にするということは、航空自衛隊に核兵器を投下させるということでもある。元々、いわゆる「非核2・5原則」として「持ち込ませず」の緩和もいわれてきた経緯はあるので、その延長線上にある発想ではあるが、核兵器使用に関与したいという点では、核武装に近づいたとも評価できるであろう。プーチン・ロシア大統領が核兵器使用の威嚇をしている最中だけに、軽視することはできない。

なぜなら、この政策が実現するかどうかはともかくとして、このような議論が日本国内で展開されること自体が国内外に様々な影響をもたらすことになるからである。中国や北朝鮮やロシアなどの「仮想敵国」は、さらに敵愾心を燃やして軍備を増強するであろう。安全保障のジレンマといわれる軍拡競争である。韓国などの周辺諸国も日本に対する不信感を増大させるであろう。日本はアジア太平洋地域において侵略者であった前科を持っているからである。そして、配備されるかもしれない航空自衛隊基地周辺の人々も黙っていないであろう。配備されることは、攻撃の対象とされるだけではなく、事故もありうるからである。沖縄の現状が全国に拡散されることになる。

そこで、ここでは、ＮＡＴＯの「核共有」についての基礎知識を確認したうえで、私たちが進むべき道を考えてみたい。

ＮＡＴＯの核共有の実態

北大西洋条約機構（ＮＡＴＯ）は、１９４９年、米・英・仏など12か国で結成された組織で現在は30か国が加盟している（東方拡大）。フィンランドやスウェーデンが加盟をすれば、もっと拡大するであろう。北大西洋条約（ＮＡＴＯ憲章）は「欧州又は北米における１又は２以上の締約国に対する武力攻撃を全締約国に対する攻撃とみなし、締約国は集団的自衛権を行使して，北大西洋地域の安全を回復するために必要と認める行動（兵力の使用を含む）を個別的に及び共同して直ちにとることにより、攻撃を受けた締約国を援助する」としている（第５条）。かつてはソ連、今はロシアに対抗するための軍事同盟である。

その加盟国で核兵器保有国は、米、英、仏であるが、ドイツ、イタリア、オランダ、ベルギー、トルコ５か国の非核兵器国に、米国の核爆弾（Ｂ61）が約１５０配備されている。そして、これら５か国の航空機部隊が核攻撃任務に就いている。現在配備されているのは自由落下型の核爆弾（Ｂ61―３／４型）だけであるが、安定性や精密誘導性を向上させたＢ61―12型[*1]に変更される予定もあるという。[*2・3]

ドイツの例を挙げておく。[*4] ドイツ空軍戦闘爆撃航空団は、ドイツとルクセンブルクとの国境近くにあるビューヒェル航空基地に駐留している。同航空団は、ＮＡＴＯの核協力の枠組み内で、戦術核兵器の搭載能力を有するトーネード戦闘機を用いて、同基地に配備されている核爆弾の輸送・投下訓練を行っており、戦時の際には、米国大統領による投下命令と米国の指揮系統を通じた作戦承認を経て、核爆弾を目標地点まで輸送することを任務としている。目的地まで輸送して投下するのはドイツ空軍である。[*5]

核兵器使用の指揮命令系統

この核共有制度が成立したのは1950年代後半から60年代半ばにかけてである。この共有国の核攻撃任務について、NATOは「ステッドファスト・ヌーン」と呼ばれる年次演習を行っている。[*6]2021年10月下旬には、南欧地域で14の加盟国が参加して行われた。[*7]

ところで、核兵器使用については、米国大統領および英国首相による承認とNATO核計画グループにおける各国政府の承認を経て決定される。この決定に基づき、同盟国の核攻撃任務については米国とNATO内で2つの並行したプロセスをたどる。まず米国については、米欧州軍司令官の指令により、同盟国内の施設で核兵器を管理する米軍部隊に核兵器移送の指令を下す。同時にNATOでは、NATO軍事委員会の承認を受けた欧州連合軍最高司令官から同盟国の部隊に指令が下る。[*8]

これらの一連の指揮命令系統について、国際反核法律家協会（IALANA）ドイツ支部理事ベルント・ハーンフェルトは、「核爆弾の投下が米国の選定した目標に限定されるのにもかかわらず、戦時下のドイツ軍兵士は、NATOの支援の下で核兵器を『自由に処分する権限』を得ることになる」と表現している。[*9] ドイツ軍が投下しないとの判断をすることは可能なのである。いわゆるダブル・キー理論[*10]である。

米国の核兵器がドイツ空軍の手によって敵国（ロシアとその同盟国）に投下されることになる。ロシアの反撃は、核兵器所有国の米国のみならず、それを貯蔵し、輸送し、投下したドイツに及ぶことは明らかであろう。その反撃は核兵器によることになる。かつて、ソ連は「ツァーリ・ボンバ」といわれる超巨大核兵器（50メガトン）の実験を行っている。それが廃棄されたという話は聞かないし、それが使用されないという保証もない。プーチンはロシアが存在しない世界はあり得ないとしている。[*11] 米国大統領も似たような発想であろう。こうして、核兵器が使用されれば、ロシアも米国もヨーロッパも消滅することになる。米国との「血の同盟」を結ぶ日本も一蓮托生ということになる。それが「核共有」の論理的帰結である。

なぜ、核共有が行われているのか

新垣拓防衛研究所主任研究官は次のような見解を述べている。

ＮＡＴＯの核共有制度が成立した要因は、冷戦初期の１９５０年代において、ソ連の軍事侵攻を抑止するためには、核兵器に依存するしかないと考えられていたことにある。当時の通常戦力（地上戦力）バランスは、ソ連側が上回ると評価されていた一方で、核戦力においてはＮＡＴＯ側が優位にあるとみられていたからである。このような情勢認識の下で、ＮＡＴＯは核戦力に大きく依存した抑止・防衛体制を構築していった。

そして重要な局面となったのが、１９５７年のソ連によるＩＣＢＭの発射実験と人工衛星スプートニクの打ち上げである。この出来事は、米国本土がソ連の戦略核兵器の脅威にさらされることを意味しており、それは、米国による核報復への疑念を欧州に広げることとなった。そのため、米国は同盟国に提供する拡大抑止の信憑性および信頼性を維持する手段の一つとして、同盟国による核攻撃任務への参加を制度的に保証することを目指したのであった。

この見解によると、ＮＡＴＯに加盟するヨーロッパ諸国は、自国の安全を確保するために米国の核兵器に頼ろうとしていたけれど、米国がソ連との核戦争を恐れて約束を守らないのではないかと恐れた。そこで米国は、「そんなに心配するなら、あなたたちの国にも核兵器を置く。いざとなれば使えるようにする」と管理権や指揮権は手元に残しつつ、保管と輸送と投下を担わせることにしたということのようである。

新垣氏は、「核攻撃任務については、軍事的な意義というよりも欧州同盟国に対する拡大抑止の信憑性・信頼性の維持という政治的・心理的な意義の方が強いものであった」としているけれど、核兵器が使用されれば「共同正犯」であることは明らかである。事前の共謀のうえで投下という実行行為をしているからである。

そして、もう１つ確認しておきたいことは、同盟国間に「裏切られるかもしれない」という不安と猜疑が渦巻いていたことである。軍事同盟の宿命なのであろうが、そこには信頼も信義も存在していない。あるのは、自らにも滅びをもたらすことになる核兵器への依存心だけである。何とも危険で醜悪な光景である。では、この選択は法的にはどうなのであろうか。それを検討してみよう。

核不拡散条約（NPT）に違反しないのか

NPTは、核戦争は全人類に惨害をもたらし、核兵器の拡散は核戦争の危険を著しく増大させるので、それを避けるために、核兵器の拡散を防止し、全面軍縮を目指す条約である。その第1条では、核兵器国が非核兵器国に核兵器又はその管理を移譲することを禁止し、第2条では、非核兵器国に核兵器国からの核兵器又はその管理を受領することを禁止している。これらの条文は「核兵器又はその管理」の授受を禁止しているのである。核兵器を移譲していれば、管理権は留保していてもこの条文に違反するのである。それが素直な読み方である。

私は、移譲とは、核兵器の所在を移転することだと理解している。核兵器の所有権の帰属にかかわらず、占有が移転すれば移譲だという理解である。配備といってもいいと思う。[*12] NPTは、核兵器の拡散を防止しようとする条約であるのだから、その趣旨を尊重する解釈が求められていると考えるからである。[*13] 核兵器が核兵器国から非核兵器国の軍事基地に移転されることは核兵器の「拡散」と理解すべきであろう。

けれども、NATOで行われている「核共有」はNPT違反ではないという見解も存在するのである。

新垣拓氏の説

まずは、氏のＮＡＴＯの核共有制度の理解を確認しておこう。

平時において同盟国内の施設に米国が核兵器を保管しておき、米国を含む同盟国はそれらを搭載できる核搭載可能航空機部隊を編成する。そして、有事の際に核使用の決定がＮＡＴＯで下された場合には、同盟国に対して米国から核兵器が提供され、それを搭載した航空機が作戦行動を行う。同盟国が平時から核兵器を管理するような制度ではなく、有事において米国の核兵器を同盟国が使用することを保証した制度だというのである。

このことを前提に次の主張を読んでほしい。

ＮＡＴＯの核兵器国である米英仏が、自国の保有する核兵器およびその管理を非核兵器国である同盟国と「共有」することは、それらを禁止した核不拡散条約（ＮＰＴ）に抵触することになる。したがってＮＡＴＯの核共有制度はＮＰＴ違反ではない。

氏は、核兵器の「共有」はＮＰＴに抵触するが、ＮＡＴＯの「核共有制度」は違反ではないとしているのである。どういう論理かというと、ＮＰＴが禁止する「共有」とは「核兵器およびその管理」の移譲と受領なので、ＮＡＴＯの「核共有」は、同盟国である非核兵器国に核兵器国である米国の核兵器があるけれど、米国が自国の核兵器の管理をしているので、NPTに抵触しないというのである。なるほど、形式論的としては成り立つことになる。しかしながら、条約が禁止しているのは「核兵器又はその管理」であって「核兵器およびその管理」ではない。私は、氏の理解は条文の誤読であると考える。[*14]

もっとも、氏は「そもそもNATO核共有制度を禁止しない条文とすることがNPT交渉における米国の条件であり、そのような条文・解釈であることについてソ連、同盟国も了解したことでNPTが成立したという背景がある」ともしている。だとすれば、誤読であろうがなかろうがNATOの核共有はNPT違反ではないことになる。けれども、私には、そういう条文解釈はできない。実定法をあまりにも軽く扱うことになるからである。当時の米国の意思がどうであったかだけで条文を解釈することは軽率である。

私には、そういう米国の条件があったかどうかを判断する能力はないけれど、あとでも触れる「戦時留保」と同様に、NPT体制に他国を引き入れるためにそのような米国が権謀術数を使うことはありうるとは思う。[*15]

さらに、氏はこうもいう。

その名称から誤解されやすいが、NATOの核共有制度では「核兵器が共有されているわけではない」、共有されているのは「核抑止の利益、責任、そしてリスク」である。

「核抑止の利益、責任、リスク」というのは、自国に配備された核兵器が自国のものか他国のものかはともかくとして、核兵器に依存する利益はあるし、利益を受けるということであれば責任も分担しなければならないし、破綻するリスクもあるという意味であろう。

ＮＰＴが禁止する「核共有」は行われていないが「核抑止」は機能しているということであれば、結果として、核兵器が非核兵器国に拡散していることと同義であろう。要するに、ＮＡＴＯは非核兵器国も含め核同盟ということなのである。ＮＰＴからの逸脱があることは明らかである。[*16]

では、ドイツではどのような議論が行われているのであろうか。

ドイツ政府の姿勢[*17]

非核兵器国であるドイツは、ＮＰＴ２条に基づき、「核兵器又はその管理をいかなる者からも受領しない」義務を負っている。しかしながら、ドイツ政府は、１９６８年７月１日にＮＰＴが署名開放される以前から核共有が存在していたことから、上記の義務が無制限に適用されるものではないと主張しているという（なお、西ドイツによるNPTの署名は１９６９年11月。西ドイツは、１９５０年代には米国および英国により西ドイツに配備された核兵器運搬システムをすでに所有していた）。この政府の説明は、ＮＰＴ２条の禁止には該当するけれど、制限されるというものであって、「該当しない」とはしていないのである。けれども、この「核共有」は政治的選択によるものであるから、ＮＰＴ

の明文を否定する理由としては薄弱との批判を受けることになる。そこでドイツ政府が持ち出したのが、ＮＰＴ署名時や批准時の「宣言」である。

ドイツ政府は、ＮＰＴの署名や批准に際して、「ドイツの安全保障が引き続きＮＡＴＯにより保証されるものであり、ドイツ政府は、ＮＡＴＯの集団安全保障の規則により拘束されることを前提とする」との宣言をしている。この宣言が、ドイツの「核共有」についてＮＰＴの適用を免れる根拠となるかどうかが問われることになるのである。

たしかに、一般論として、条約に加盟するに際して「留保を表明」することによって、条文の適用を免れるという制度はある。しかしながら、その留保は、条約の趣旨および目的と両立する留保のみが認められるのである。[*18] この点について、先に紹介したベルント・ハーンフェルトは次のように述べている。

> ＮＡＴＯの核共有は、戦時の際にドイツ政府の権限の下で行動するドイツ軍兵士に核兵器を移譲できるとされている。ＮＰＴの趣旨は、核兵器国が非核兵器国に核兵器を移譲してはならず、また、非核兵器国が核兵器の管理をしないよう保証するものなのだから、この核兵器の移譲は、ＮＰＴを損なうものである。ＮＰＴの発効後も核共有の有効性が継続するとしたら、ＮＰＴの趣旨および目的に逆行することになる。結局、ドイツの宣言は国際法上の留保の対象とすることはできないので、この宣言を理由として、核共有を合理化することはできない。

私はこの見解に同意する。なお、ＮＡＴＯの核共有についてＮＰＴ違反ではないが、その趣旨には反するという見解もあるけれども、私は、そのようなあいまいな態度ではなく、明確に違反するとして、ＮＡＴＯの核共有体制は解消されるべきだと考える。

ＮＰＴは戦時には適用されないのか

ところで、非核兵器国が核兵器国の核を使用することはＮＰＴに違反しないのであろうか。非核兵器国に保管されていた核兵器が核兵器国の命令で輸送され投下されるということは、核兵器国から非核兵器国に核兵器もその管理も移譲されたことになる。ベルントが指摘するように、「戦時下のドイツ軍兵士は核兵器を『自由に処分する権限』を得ることになる」のである。そこに着目すれば、ＮＡＴＯ式の核共有もＮＰＴ１条と２条に違反することは避けられないことになる。この問題を解決する論理は「有事の際にはＮＰＴの義務は適用されない」とすることである。新垣氏はその説を開陳している。ＮＰＴは有事には作動しないとされるである。

いわゆる「戦時留保」について

新垣氏の意見は荒唐無稽ではない。すべてのＮＡＴＯ諸国がいまだにいわゆる「戦時留保（war reservation)」を用いていることは事実であるとされているからである。[*19] この「戦時留保」によれば、「戦争開始の決定がなされた」場合、(「その時点で条約はもはや権威を失うことになり」)、ＮＰＴは適用されないことになる。この一般には秘匿されている[*20]「戦時留保」に国際法上の効力があるとすれば、緊張や戦争が生じた際に、核兵器不拡散の禁止が形骸化されてしまうことになる。戦時での「核持ち込み」はNPT違反とはならないからである。

ベルントは、米国は、NPTは「戦争を行うことが決定されない限り、または決定されるまで」適用されるが、「戦時に条約の効力（controlling）は及ばない」とされると解釈していたとしている。同盟諸国からのNPT草案に関する質問と米国による回答にそのことが書かれていたというのである。[*21]

私には、この記述についてコメントする能力はない。ただ、米国ならやりそうなことだと受け止めているし、それを活用して、NPTの存在意義を減殺する見解が出てくるであろうとも思う。けれども、核兵器の不拡散に関する条約が、戦時には「停止」され、軍事的・政治的判断が優先されるということは、国際法の発展を無視する議論であって、承服できない。

いずれにしても、NATOの核共有論については、未だ決着がついていない議論があることは間違いないようである。その理由は核兵器国の核兵器への執着心である。

では、日本が、これから米国の核を共有しようとした場合、どのような問題が生ずるのであろうか。

日本での核共有の問題点

NPT1条は核兵器国からの「核兵器又はその管理」の移譲を禁止し、2条はその受領を禁止していることは前に述べたとおりである。日本はＮＰＴ加盟国であるから、米国から核兵器やその管理を受領できない立場にある。米国が移譲する政治的意思を持つかどうかはともかくとして、ＮＰＴに違反することは明らかである。[*22] そして、憲法は「条約を誠実に遵守」することを命じているので（98条2項）、核共有は法的には不可能ということになる。安倍氏らは、この法的制約をどのように解決するかの説明をしていない。そもそも、それは法的には無理なので知らないふりをしているのかもしれない。もしかすると何も知らないのかもしれない。いずれにしても、彼らは条約も憲法もないかのように振舞う無法者なのである。核兵器使用を排除しない者の正体である。

　また、核兵器を作らない、持たない、持ち込ませないの非核三原則は国是とされている。国是とは「国を挙げて是としたもの。確定している一国の施政方針」（『広辞苑』）である。「持ち込ませない」との原則を見直すということは、この国是を転換しようとするものである。その転換は政治的に困難であろう。ただし、自前の「核保有論」や「非核2・5原則」などの主張は、この国の好戦論者の通奏低音となっていることも、忘れてはならないし、侮ってもならない。彼らは「集団的自衛権」を憲法体系に持ち込んだ連中なのである。

　ところで、核共有論者はタブーなく議論すべきだというけれど、私には「天動説も議論の対象にしろ」と聞こえてしまう。「核兵器の使用が全人類に惨害をもたらす」ということは、核兵器国を含め、国際社会の公理ともいうべき到達点である。彼らはこれを否定しようとしているのである。

　彼らの議論の根本的な誤りは核兵器の必要性や有用性を認めていることである。核に私たちの近未来を託そうというのである。この手の議論は無意味というよりも、むしろ有害である。人心をいたずらに惑わすからである。

なお、「核は絶対に使ってはいけないが、核共有の議論は絶対に必要だ」などという言説は、核共有は核兵器使用を前提とするものであることすら理解していない幼稚で危険な代物である。これを垂れ流すマスコミの罪も重い。

核抑止論を脱却し「平和を愛する諸国民の公正と信義」へ

ロシアのウクライナ侵攻を目の当たりにして「ロシアはひどい。ウクライナのような目にあいたくない」と思う気持ちに襲われることは無理もないであろう。その不安をどう解消するかである。日本が核兵器を持てば解消できるのであろうか。米国の核兵器を日本に常備すれば解消するのであろうか。核武装論者や核共有論者は「できる」というのである。

もし、核兵器が私たちを含む人類を幸福にしてくれる道具であれば、何も廃絶する必要はない。北朝鮮も含め、皆で持てばいいだけの話である。けれども、岸田首相は「核廃絶は私のライフワークだ」とし、原爆は広島の人々に凄惨な被害をもたらしたので廃絶しなければならないというのである。核兵器はなくさなければといいながら、他方では、核兵器禁止条約など論外だというのである。何とも分裂しているいい草である。

「核兵器と人類は共存できない」という真理は、ヒバクシャの想いだけではなく、核兵器禁止条約という条約国際法として結実している。ヒバクシャの容認しがたい苦痛と被害に照らせば、核兵器は安全保障の手段として不適切とされているのである。

核兵器に代わるものは「平和を愛する諸国民の公正と信義」（日本国憲法前文）である。今、ロシアのウクライナ侵略に抗議する人々の手に武器はない。先にＮＡＴＯの同盟国の間に疑心暗鬼があったことは指摘した。軍事同盟の当事者たちも最終的には信義を求めているのである。誰でも疑心よりも信義が好きなのである。

人類は殺傷力と破壊力の強弱で紛争を解決しなければならないほど愚かで野蛮だと思いたくない。紛争の発生は避けられないとしても戦争で解決しなければならないということはないであろう。人類は「決闘制度」を廃止し「裁判制度」を発展させている。

戦争に、人道上の配慮からの法規範が持ち込まれてから、１２０年からの年月が流れている。戦争が違法化され、戦争も戦力も放棄する日本国憲法の施行から75年である。この到達点から後ずさりすることは、「核の時代」であるがゆえに、「終末」を招く可能性が高くなる。「戦争という制度」を廃止しなければならない。

（２０２２年5月13日記）

脚注

＊１　https://www.excite.co.jp/news/article/Tocana_201709_post_14577/

B61―12は、TNT爆弾３００トン～５０００トン分相当の核出力の間で調整可能だ。TNT爆弾３００トン相当というと広島に投下された「リトルボーイ」（約15キロトン）の約２％の核出力である。核兵器が現実的に、そして〝カジュアルに〟攻撃選択肢に入る世の中に突入しつつあることを意味している。

＊2　http://www.nids.mod.go.jp/publication/commentary/pdf/commentary211.pdf
新垣拓・防衛研究所地域研究部米英ロシア研究室主任研究官「NATO核共有制度について」NIDSコメンタリー２１１号（２０２２年３月17日）。なお、NATOの核共有の実態についての記述はこの論考によるところが大きい。

＊3　ミリタリーレポート関連の総合メディア（sabatech.jp）　２０２２年５月より生産が始まり、古いMod３、４、７、および11はすべて12に置き換わり、61核爆弾の寿命は少なくとも20年延長される。B61―12はB―２といった戦略爆撃機だけでなく、F―15、F―16、F―35といった戦術戦闘機でも搭載可能。

＊4　https://www.hankaku-j.org/images/rogo.png
ベルント・ハーンフェルト（訳：森川泰宏）「ドイツにおけるニュークリアシェアリング」（『反核法律家』２０２１年夏号）

＊5　ドイツは、投下しない選択は可能のようである。ダブル・キーシステムといわれる。

＊6　https://jp.sputniknews.com/20201015/7852476.html
演習では、米国の核兵器を地下貯蔵所から航空機に安全に輸送し、戦闘機に搭載する訓練などが行われている。一方、訓練飛行は核兵器を搭載せずに行われている。

＊7　https://www.jcp.or.jp/akahata/aik21/2021-11-01/2021110101_06_0.html
しんぶん赤旗「潮流」２０２１年11月１日。核戦争＝地球最後の日に暗躍する軍用機（空中指揮機Ｅ４Ｂナイトウォッチ）。人類が今も核戦争の危機下にあることを改めて思い起こさせる。バイデン氏が訪れた欧州南部では２０２１年10月、北大西洋条約機構（ＮＡＴＯ）による核戦争演習「ステッドファスト・ヌーン」が行われたばかり。steadfast とは、「確固とした」、「断固とした」、「強固とした」という意味。

＊8　前掲＊２。

＊9　前掲＊４。

＊10　核兵器国と同盟国双方の意思が一致した場合に核兵器が使用されること。

＊11　https://news.yahoo.co.jp/byline/iizukamakiko/20220307-00285150
飯塚真紀子２０１８年。プーチン氏は「ロシアが世界に存在しないとしたら、なぜ世界が必要?」と国営テレビで発言している。ロシアの国営テレビの司会者はまた、プーチン氏の発言を繰り返すとともに、「我々の潜水艦は５００以上の核弾頭を発射することができ、アメリカと全ＮＡＴＯ諸国の破壊を保証している」とも発言している。

＊12　ベルントは「配備」を含むことを当然と理解しているようである。ただし、「配備」は含まないという理解が通用しているとされている。

＊13　条約法に関するウィーン条約31条1項。条約は、文脈により、かつその趣旨および目的に照らして与えられる用語の通常の意味に従い、誠実に解釈するものとする。

＊14　核兵器の移譲をどう考えるかについて、移譲とは所有権を移転することだとすれば、単なる配備では移譲にならないことになる。私は、所有権の帰属ではなく、核兵器の所在を問題にしなければ、核兵器の拡散を防ぐことにはならないので、その解釈は間違っていると考える。再検討会議では、配備先から撤退させろという議論が行われているが、実現していない。ちなみに、核兵器禁止条約は配備も禁止しているのでNATOの核共有も禁止されることになる。

＊15　NPTの制定過程では、米国とソ連との間で、様々な議論が行われていた。1962年のキューバ危機もあり、その論争は厳しいものがあった。米国の思惑は、どうすれば核兵器の拡散を防ぎながら、NATOへの核兵器配備を維持できるかであった。

＊16　黒澤満『軍縮国際法の新しい視座：核兵器不拡散体制の研究』（有信堂、1986年）は、NATOはソ連と対抗するために多角的核戦略（MLF）、とくに西ドイツの核兵器への接近を考えていた。米国は、これは核不拡散にはならないと考えていたが、ソ連は絶対的に反対であった。その対立が、NPT交渉過程に反映している、としている。この対立が簡単に解消できるとは思われない。NPTを米国流解釈だけで理解してはならないと思う。

＊17　前掲＊4

＊18　条約法条約19条

＊19　前掲＊4

＊20　ベルンハルトは「秘匿」されていたとしているが、当時、米国上院でこの議論は行われていたので「秘

匿」はされていないという見解もある。

*21　黒澤前掲も、このことに触れている。そして、非核兵器国が核兵器の使用を拒否できることは、「管理の移譲」ではなく「追加的な保証」でありNPTで禁止されていないという説を援用している。

*22　松井芳郎『ウクライナ危機における国際法と国連の役割』（『法と民主主義』2022年5月号）は、安倍流「核共有論」について「問題なのは、NPT2条との両立性だ」、「安倍は日本がNPTの加盟国である事実には言及するが、この問題に触れない」としている。両立しないという立場である。

6　「核の時代」と戦争を終わらせるために
——核兵器ではなく公正と信義による平和を——

はじめに

今、皆さんは、ロシアのウクライナ侵略を前にして、どうすれば世界に平和をもたらすことができるのかを考えているのではないでしょうか。私もその一人です。

ロシアの軍事行動は、人類社会の到達点の一つである「戦争の違法化」や「戦争犯罪の禁止」を定める国際法に違反しています。ロシアの行動は許せません。けれども、このような蛮行は、米国がベトナム、イラク、アフガニスタン、ニカラグアなど世界のあちこちでやってきたことです。国連安全保障理事会（安保理）の常任理事国である米ロなどが武力の行使に出ることは、国際社会の平和と安全を土台から揺さぶることになるのです。私たちは、現在のロシアの行動に照らして、これまでの米国やＮＡＴＯの行動も検証してみる必要があります。そして、他国の主権を侵害したり、領土を奪うなどの「力による現状変更」は許さないという国際法秩序（国連憲章）を確立しなければならないのです。それはまた、中国の覇権主義を許さないことにも連結するでしょう。

ところで、バイデン米国大統領は、米国は今回の事態を「民主主義国家」と「権威主義国家」の対立などといっています。そのような議論に同調する勢力もありますが、それは戦争の火種を燻ぶらせることにしかならないでしょう。対立を煽ることは百害あって一利なしです。ロシアの弱体化を狙うことは、ロシアをより狂暴にすることになりかねません。「窮鼠猫を噛む」という例えもあります。今求められていることは、対立の煽り立てではなく、国際法を基準とすることと、国連など国際機関の役割を重視することです。

具体的には、ロシアは「権威主義国家」だからではなく、「国際法に違反している」から許されないという視点を持つことです。また、国際組織の活用です。安保理が機能しないのであれば国連総会があります。国際司法裁判所（ＩＣＪ）や国際刑事裁判所（ＩＣＣ）もあります。いずれも、武力行使停止の暫定命令を出すとか、戦争犯罪の捜査に着手するなどの役割を果たしています。不十分かもしれませんが、殺し合いよりも賢明であることはいうまでもありません。

武力での問題解決ではなく、法と国際機関を活用することが求められているのです。それが「全人類の惨害」を避ける唯一の方法です。

「核の時代」に生きている私たち

今、私たちは「核の時代」に生きています。紛争のエスカレートは核戦争を引き起こす恐れが高くなります。核不拡散条約（NPT）は、核戦争は「全人類に惨害」をもたらすので、それを避ける工夫の一つです。核兵器禁止条約は、意図的であるか、人為的ミスであるか、機械の故障であるかを問わず、核兵器使用は「壊滅的な人道上の結末」をもたらすとしています。それは全人類が滅びるような事態が起きるという意味です。2022年1月には、五大核兵器国の首脳たちが「核戦争に勝者はないし、決して戦ってはならない」と確認しています。核兵器の使用は全人類に「終末」をもたらすのです。その警告を発しているのは、核兵器の開発に携わった米国の科学者集団です。核兵器の使用は絶対にあってはならない事態なのです。この地球に人類が生活できなくなるかもしれないからです。人類が、現在だけではなく、過去も未来も失うことになるからです。

プーチンは、単なるこけおどしではなく、その気になれば本当に私たちを消し去ると脅迫しているのです。ロシアにはそれだけの核兵器とその運搬手段があります。世界の核兵器1万3000発のうち6200発はロシアが保有しているのです。加えて、極超音速のミサイルも保有しているのです。私は、いかなる国の核兵器のターゲットにもなりたくありません。

私たちに求められていること

私たちに求められていることは、ロシアのウクライナ侵略を止めることと、ロシアに核兵器使用をさせないことです。戦闘を激しくすることは犠牲を増やすだけですから「武力攻撃停止」を求めるべきです。戦闘の拡大は核兵器の応酬へと進展することになりかねません。

「終末」を避ける唯一の抜本的な方法は、核兵器を廃絶することです。けれども、紛争を戦争で解決しようとすれば、核兵器は廃絶されることはないでしょう。核兵器を持ち、それを使用するものが、戦争に勝利することになるからです。

私たちが自分自身と自分につながる者たちの未来を確保しようと願うならば、紛争を戦争で解決することを避け、核兵器の禁止を実現しなければならないのです。そのためには、自分にできることを継続することです。

私も「核兵器も戦争もない世界」を創るために、愚直に行動したいと決意しています。執筆や講演もその営みの一つです。そこで、ここでは、今年（2022年）1月に出版した『「核の時代」と戦争を終わらせるために』と題する自著と、昨年12月に私が行った清泉女子大学の学生たちへの講義と彼女たちの感想を紹介しておくこととします。「核兵器も戦争もない世界」を希求する後期高齢者の叫びを聞いてください。何かの役に立つかもしれません。

自著『「核の時代」と戦争を終わらせるために』を語る

今年1月22日付で『**「核の時代」と戦争を終わらせるために**』（学習の友社）を上梓しました。核兵器禁止条約発効1周年を祝してこの日付にしました。昨年8月6日に出版した『**「核兵器も戦争もない世界」を創る提案**』（同社）とは姉妹本です。

共通するテーマは、核兵器と戦争をなくしたいし、それは可能だということです。前書のサブタイトルは——「核の時代」を生きるあなたへ——、本書のそれは——「人影の石」を恐れる父から娘への伝言——です。背景にあるのは、核兵器に対する恐怖心とそれから解放されたいという希求です。私は、抗えない力で私や私につながる人たちの命や日常が奪われるのが嫌なのです。その不幸を無慈悲にもたらすのが核兵器です。

核抑止論者との対抗

私たちの相手は、核兵器礼賛論者ではなく、口先では核兵器廃絶をいうけれど、結局は核兵器廃絶を限りなく先延ばししている者たちです。端的にいえばオバマ元米国大統領や岸田文雄首相たちです。彼らは核廃絶論者のように振舞うし、それを礼賛する勢力もあります。けれども、私は、核兵器に依存しながら核兵器廃絶をいう彼らは、核兵器をフリーハンドで使用できると考える勢力、たとえばトランプ前米国大統領よりはましだとは考えていません。アタリが柔らかい分だけ正体が見えにくいだけなのです。けれども、その鵺《ぬえ》のような曖昧な態度を言い立てて、彼らを排除することも避けたいと思っています。核廃絶をいうのであれば、それを実践させればいいからです。

軍事力容認論者との対抗

ところで、日本国憲法9条の制定過程で原爆被害も考慮されていました。幣原喜重郎もマッカーサー連合国司令官も被爆の実相を知っていたので、核兵器は文明を滅ぼすことになると認識し、非軍事・非武装の9条を構想したのです。マッカーサーは朝鮮戦争時には原爆使用を進言しましたが、原爆投下が9条の成立に影響を与えたことは間違いないのです。9条の背景に、大日本帝国の加害や日本人の被害の影響もありましたが、「核のホロコースト」を軽視することは、大事な論点を見失うことになるでしょう。

お願い

私は、「**核持って絶滅危惧種仲間入り**」という川柳に共感しています。絶滅するとは、現在だけではなく過去も未来も失うことです。また、米国の科学者たちも「終末」まで100秒という警告を発しています。彼らは「**核兵器は文明を終わらせかねない人類初の創造物**」であることを知っている人たちです。

私は、こういう時代にあって可能な抵抗と提案をしておきたいのです。

そうすることが、中国や北朝鮮の脅威を煽り立て、この国を戦争へと駆り立てている勢力に対する根本的な対抗策となると考えるからです。

『「核の時代」と憲法9条』（日本評論社、２０１９年）と合わせてご一読ください。

自著の紹介をさせてもらったのは、私の問題意識を共有してもらいたいと思ったからです。私は、この本を書いた問題意識で、若い世代の人とも交流してきました。次に紹介するのは、大学2年生と3年生に対する授業の内容と彼女たちの反応です。私は、その感想文に触れて心からうれしさを覚えたものでした。

地球市民学科の学生たちの声を聞く
──「核兵器も戦争もない世界を創る提案」の授業──

清泉女子大学の地球市民学科の学生たちに「核兵器も戦争もない世界を創る提案」と題する授業をする機会がありました。平和学の松井ケティ先生のお誘いを受けたのです。大学での授業は初めての体験でした。孫の世代にあたる20歳前後の女子大生に何を語ればいいのかという不安はありましたが、核兵器も戦争もない世界の実現は、そういう世代にこそ引き継いでもらいたいテーマなので、若い息吹に触れたいという思いと合わせて、引受けたのです。

授業の流れ

授業のおおよその流れは次のとおりです。

アンネ・フランクの話から入りました。「君たちよりも若くして、ユダヤ人だという理由だけで命を失った少女がいる」というスタートです。アンネの話を知っている学生は多いと思ったからです。そのアンネたちを迫害したドイツのメルケル首相のコロナ禍での演説も紹介しました。日本の首相と対比してほしかったからです。「**外出は即死でありしアンネたちその忍耐と恐怖をおもふ**」という短歌も紹介しました。コロナ禍だからこそ、核と戦争の問題を考えてもらいたいというねらいです。

次いで、広島と長崎での原爆投下による死亡率も含め原爆被害の実情、トルーマンの原爆投下の理由、それに対する日本政府の抗議文を紹介しました。「人影の石」の写真を背景に広島市民の死亡率は40％を超えていること、トルーマンは原爆投下をパール・ハーバーの復讐やアジアに戦争をもたらした者への懲罰として正当化していること、当時の日本政府は原爆使用を国際法違反だとしていたことなどです。

けれども、その後、核軍拡競争が始まり、人類は絶滅危惧種になっていることを指摘しました。「**核持って絶滅危惧種仲間入り**」という川柳や核兵器使用は現在の人類だけではなく、過去や未来の人間も根絶やしにしてしまうという話です。**オムニサイド**《omni（すべての）＋cide（殺害）》

という言葉も紹介しました。

にもかかわらず、核兵器がなくならないのは、核兵器は戦争の道具ではなく戦争を防ぐための道具であり、「長い平和」をもたらすものだという「核抑止論」の影響だと説明しました。岸田首相の「核の傘は護身術」だという言葉も紹介しました。

「核抑止論」に対する批判は、「火山の乙女」という例と核兵器が使用されれば人民を守るはずの核兵器が人民を絶滅することになるという逆説の紹介です。「火山の乙女」とは、ある指導者が火山の噴火を止めるために乙女を火口に放り込めというので、人々は乙女を火口に投げ込んだ。翌年、火山は噴火しなかった。以来、人々は毎年乙女を火口に放り込んだという寓話です。

核保有国や日本政府は「核抑止論」を信奉しているので、核兵器禁止条約に反対しているということも話しました。これは偏向教育ではありません。政府の主張を紹介しただけです。

核抑止論に立っている限り、核兵器はなくらないし、過失や事故を含め「壊滅的人道上の結末」や「容認しがたい苦痛と被害」から自由になれないという核兵器禁止条約の論理を説明しました。

そのうえで、1946年8月、新憲法が議論された帝国議会で、政府を代表して幣原喜重郎が「**核兵器を持った人類は、戦争を滅ぼさなければ、戦争が文明を滅ぼすことになる。戦争は放棄しなければならないし、戦争をしないのであれば戦力はいらない**」として9条の必要性を答弁していることを紹介しました。

けれども、現在の政府は武力の行使を容認し、米国の「核の傘」に依存して戦争の準備をしている状況を紹介しました。現在の陸、海、空自衛隊の装備と米兵との共同訓練の写真と第1列島線を挟んでの対峙の紹介です。「**平和を望むなら戦争に備えよ**」、「**平和を望むなら核兵器に依存せよ**」という発想が背景にあるとの説明と合わせてです。武力の行使を前提とすれば、最終兵器である核兵器は必要とされるという論理も示しました。

最後は、サーロー節子さんと私のツーショットを紹介しながら、核兵器は人間の作ったものだし、戦争は人間の営みだから、私たち人間の努力によってなくすことができると締めくくりました。ウイルスとは違うということも含めてです。

学生たちの感想

学生たちから30通を超える感想が寄せられました。クリスマスの直前だったので、クリスマスツリーのイラスト付きやメリークリスマスと添えられたものもありました。

最も多かったのは、「**核持って絶滅危惧種仲間入り**」についての反応です。「私たちが絶滅危惧種になっているという言葉が印象的でした。核兵器は人間が作ったものなのに、それによって人類が終わるのはバカらしいと感じました」、「『核持って絶滅危惧種仲間入り』というフレーズが凄く衝撃だった。どこか他人事のように考えていた自分に気がついた」、「『核兵器もって絶滅危惧種仲間入り』は本質を短い言葉で表していて示唆的でした」などという感想です。

次のような感想がありました

「核持って絶滅危惧種仲間入り」という川柳は、人類が自らを何度でも抹消できる核兵器を作り出し、それを保持する不合理さを鋭く表現していると思いました。人類が核によって絶滅する危機は、現在、過去および未来の人類が絶滅することを意味します。１９４５年の広島の被爆を受けて大日本帝国政府が発表した「人類文化に対する新たな害悪」という声明は、事の本質をいいえていて、被害者に寄り添い、現実の問題を人類文化の高次元で分析している点において修復的正義の考えに基づいていると考えます。

この感想は私の意図を核心の部分で受け止めているだけではなく、修復的正義と関連づけているのです。ただし、彼女が修復的正義という用語をどのように定義しているかは不明ですが、当時の日本政府にはそのような発想はなかったでしょう。そもそも、修復的正義（司法）という概念はまだ日本にはなかったのではないでしょうか。また、現在の日本政府は、米国に対して原爆投下を質すなどということは全く考えていないし、その核兵器に依存しているのです。そういう意味では、日本政府は、当時も現在も、核兵器について「人類文化の高次元」のレベルでは考えていないでしょう（幣原たちにその萌芽があったと思いますが）。

けれども、私は、彼女の感想の中に、不正義を自覚した被害者が、加害者との関係を含め、より高いレベルに到達する必要性の強調を見て取るのです。彼女は、核兵器を不正義だとして、その廃絶を希求し、「核と人類は共存できない」という被爆者のたたかいと共振しているように思えるのです。それが彼女のいう「修復的正義」なのかもしれません。そのことは、彼女は感想文を「貴重な話をありがとうございました。私も、今日と未来を生きていくアクターとして、胸に響きました」と結んでいることから推認できるでしょう。

日本政府に対する疑問

次のような感想もありました。

原爆投下に対して日本政府が抗議していたことは知りませんでした。にもかかわらず、そのことを次世代にしっかり伝えず、核兵器禁止条約に賛成しないのか不思議でなりません。日本は核兵器を「抑止力」として正当化していますが、アメリカが他国に核攻撃してその国や周辺国に被害が出ても同じことがいえるのでしょうか。アメリカの核使用を批判しなかった日本も同罪になるのではないかと思いました。岸田首相の「核の傘は護身術」という考えはよく理解できませんでした。最大の「護身術」は対立の根元を分析し、対話で解決していくことではないかと考えます。「平和を望むなら戦争に備える」のではなく、対立している国々と対話すべきだと考えます。

こういう感想を読むと授業は決して無駄ではなかったとうれしくなります。

貴重なお話をありがとうございました

「貴重なお話をありがとうございました」という感想は、たくさんありました。「見たことも聞いたこともない話をありがとうございました」という感想もありました。そうなのだろうなと思いました。私も彼女たちに話したことを体系的に聞いたことはなかったからです。この授業は、核兵器廃絶の必要性を痛感するがゆえに、様々な文献にあたって知ったことを私なりの工夫で語りかけたものだったのです。

そして、私の話を聞いてくれて学生たちは、「核兵器はなくそうと思えばなくすことができることが分かりました。しかし、武力の行使が認められる以上、核兵器は最終兵器でありどうすることもできないので、9条を広めていく必要があることを感じました」、「日本政府が核兵器をどのように受け止めたのか、喜重郎さんに憲法9条の視点を学ぶことができました。また、核兵器はなくせる！　ということも根拠とともに確信しました」、「先生のお話を聞いてやっぱり戦争はしてはならないし、どうしていくことで核兵器を廃止することができるのか、もう一度考えてみようと思いました」、「これからの未来を生きていく私たちが次の世代にこの問題を伝え、共有し、核兵器廃絶に向けて活動しなければならないと思いました」、「私たちは戦争が起こりうる危機に気づかず、のんびりとしてしまっているという怖さをとても感じました」などという感想を寄せているのです。

兄弟が陸上自衛隊員という学生の感想

兄弟に自衛官がいるという学生の感想もありました。

お話を聞いて「非人道的」という言葉が印象的でした。私の兄弟は陸上自衛隊に入隊していますが、入隊する理由は「特にない」、「とにかく働くためだ」といっていました。私もそのことについて今まで特に何も考えていませんでしたが、今回の話を聞き、核兵器の使用や戦争は他人事ではないと改めて思いました。ですが、正直、核兵器の保有を止めたら今より危険な状況になるのではないかと考えてしまいました。平和になるためには対話が重要だと改めて思いました。

自衛隊と米国の核が我が国の独立と安全を確保しているという言説は、政府の公式見解であり、学校教育では「政治的中立」を理由として政府見解に対する批判はご法度とされています。マスコミも政府の説明を前提としているので、彼女のような感想を持つことはむしろ自然でしょう。そういう彼女も「貴重な話をありがとうございました」、「平和になるためには対話が重要だ」としているのです。私の授業は彼女に考えるきっかけを提供していたようです。

おわりに

平和学では、問題を自分事としてとらえる想像力、問題解決の方法を考える創造力、実際に問題解決し平和を創ろうとする行動力を育てる教育が求められるとされているようです。寄せられた感想文を読むと、彼女たちにはそれを受け入れる資質は十分にあるようです。

私は、彼女たちと接することにより、あれこれの場面で交流のある青年像と合わせて、この国の未来は決して暗くないことに確信を持つことができました。このような機会を提供していただいたことに感謝しています。

以上です。少しはお役に立てたでしょうか。

（２０２２年5月16日記。『平和運動』２０２２年7月号に掲載）

7　核兵器の廃絶と９条の世界化を求めて
――人類と核は共存できない――

核廃絶は私たちの課題

私は、人類と核は共存できないと考えています。人類には、現在を生きる私たちだけではなく、私たちの祖先や未来社会の人々も含みます。核戦争は、私たちを滅ぼすだけではなく、すべての歴史を消去し、未来に生きる人々の存在を不可能にするからです。それは決して大げさな話ではありません。

たとえば、広島への原爆投下で、1945年8月6日から12月末までに約14万人の方が亡くなっています。当時の広島市の人口の約41％にあたります。その原爆の破壊力はTNT換算で15キロトンといわれています。東京大空襲などでB29が積んでいた爆弾を5トンとすると、15キロトンは3000機のB29ということになります。今まで実験された最大の核兵器はソ連の「ツァーリ・ボンバ」（皇帝爆弾）でその威力は50メガトン（5000万トン）といわれています。広島型の3333倍の威力です。現在、地球上には約1万3000発の核兵器が存在しています。これらが使用されれば、約79億人とされる人類に、直接か間接か、瞬時か緩慢かはともかくとして「終末」が訪れるでしょう。

これは私の独断ではありません。多くの専門家がシミュレーションしています。また、その「終末」まで100秒と警告しているのは、核兵器開発に携わった米国の科学者です。

原爆被害者である被爆者は「人類と核は共存できない」、「被爆者は私たちで終わりにしてほしい」、「ノーモア・ヒロシマ、ノーモア・ナガサキ、ノーモア・ウォー」を訴え続けてきました。原爆地獄を経験させせられた人の魂の叫びです。

今、その被爆者の想いを継承しなければならない時です。被爆者が高齢化していることだけではありません。核兵器保有国や日本は核兵器に依存し、プーチン・ロシア大統領（以下、敬称略）は核兵器使用の威嚇を繰り返し、それに呼応するかのように、国内では核共有論や非核三原則の見直しが、敵基地攻撃、日米同盟強化、９条改悪、軍事費増大などと合わせて言い立てられているからです。

私たちは、核兵器を含む軍事力依存を強化する道か、それとも憲法９条が指し示す非軍事平和の道かの分岐点にいるのです。

私は、その分岐点にあって、核兵器をなくしたい、９条を世界化して戦争をなくしたい、そして、それは可能だと考えています。

この小論では、プーチンの核兵器使用の威嚇に焦点を当て、核兵器廃絶と憲法９条の世界化の必要性と可能性を考えてみることにします。なお、ロシアのウクライナ侵攻は「侵略犯罪」や「戦争犯罪」ですが、そのことには触れません。

プーチンの核兵器使用の威嚇

プーチンは、４月27日、第三国がロシアのウクライナ侵略への介入を意図し、われわれにとって受け入れがたい戦略的脅威をつくりだそうとするならば、電撃的で素早い反撃にあうことを知らなければならないと述べました。また、介入する第三国への反撃は、どの国も保有していない物も含むすべての手段があると強調し、もし必要になるならば、われわれは脅すだけではなく使用すると語りました。

彼は、2月24日、現代のロシアは、世界で最大の核保有国の一つだ。我が国への直接攻撃は、どんな潜在的な侵略者に対しても、壊滅と悲惨な結果をもたらすであろうと演説し、2月27日には、軍の核抑止部隊に高度警戒態勢への移行を指示したのです。

彼は核兵器使用を公言しているのです。それは、ウクライナやNATO諸国にとどまらず全人類への威嚇です。核兵器が使用されれば、その影響は全地球に及ぶからです。

ロシアの核政策

ロシアの核政策を確認しておきましょう。ロシアは、2020年6月、「**核抑止の分野におけるロシア連邦国家政策の基礎**」を公表しています。この文書は「国防分野における戦略的計画文書であり、核抑止の本質に関する公式見解を反映するとともに、ロシアが核兵器の使用に踏み切る際の条件」について定めたものです。

この文書は「核抑止とは、ロシアやその同盟国を侵略すれば報復が不可避であることを仮想敵に確実に理解させるようとするもの」とされ、その担保は「核兵器使用による耐え難い打撃をいかなる条件下でも確実に仮想敵に与えうるロシア軍の戦力及び手段の戦闘準備」であるとしています。

そして、核兵器使用の条件は以下のとおりです。

①ロシアの領域を攻撃する弾道ミサイルの発射に関して信頼できる情報を得たとき。
②敵がロシアに対して核兵器又はその他の大量破壊兵器を使用したとき。
③機能不全に陥ると核戦力の報復活動に障害をもたらす死活的に重要なロシアの政府施設又は軍事施設に対して敵が干渉をしたとき。
④通常兵器を用いたロシアへの侵略によって国家の存立が危機に瀕したとき。

要するに、ロシアは、核攻撃のあるなしにかかわらず、「国家の存立が危機に瀕した場合」には、核攻撃をするというのです。

ロシアの核兵器

ロシアの保有核弾頭数は4630基でそのうち1625基は実戦配備されています（2021年）。その核弾頭の威力は広島型原爆の威力をはるかに凌駕しています。先に紹介したツァーリ・ボンバの配備はわかりませんが、ロシアには、核弾頭はもとより、それを運搬する手段も含め、十分な核戦力があるのです。

もちろん、米国もロシアと同等の能力は持っています。だから「**核戦争に勝者はないし、戦ってはならない**」とされているのです。それは、今年1月、米ロ英仏中の首脳によっても再確認されています。

しかも、その核兵器は意図的ではなく発射される可能性を否定できないのです。間違いを犯さない人間はいないし、故障しない機械はないからです。現に、そのような事故は何回も起きています。私たちは原発も含め「核の地雷原」で生活しているのです。

核兵器使用や使用の威嚇は許容されるのか

ところで、核兵器に依存して国家安全保障を確保するという「核抑止政策」あるいは「拡大抑止政策」は、ロシアだけではなく、核兵器保有国や日本も含む核兵器依存国が採用している政策です。だから、核兵器国やその同盟国にはロシアのこの言明を責める資格はないのです。ロシアへの非難はブーメランのように自国に跳ね返るからです。

核兵器が自国の安全を保障していると考える人たちは、ロシアが自国への攻撃を「核兵器で抑止する」ことを批判できないのです。核抑止論は、米ロ双方に共通しているし、日本もその枠組みの中にあるからです。

もちろん、被爆者をはじめ核抑止論を否定する私たちがそれを非難するのは当然ですが、これが国際社会の現状だということも忘れてはなりません。

核抑止論は、核兵器を敵の攻撃を抑止するための「秩序の兵器」としていますが、核兵器使用を前提とする脅しの体系なのです。その体系は、いつ不測の事態で破綻するか分からないし、破綻すれば「全人類に惨害」をもたらすことを前提にしているのです。だから、核不拡散条約（ＮＰＴ）

はあるのです。

NPT体制と核兵器禁止条約

ロシアも締約国である核不拡散条約（NPT・1970年発効）は「**核戦争は全人類に惨害をもたらす**」、「**このような戦争の危険を回避するためにあらゆる努力を払う**」としています（前文）。そのうえで、全面軍縮も予定しています（第6条）。

そして、国際司法裁判所の勧告的意見（1996年）は、国家存亡の危機における判断は避けていますが、核兵器の使用や威嚇は国際人道法に違反するとしています。ロシアが国家存亡の危機にあるとは誰も思っていないでしょう。

また、2010年のNPT再検討会議では、「核兵器のいかなる使用も壊滅的な人道上の結末をもたらすので、いかなる場合も、国際法を遵守する必要性を再確認する」とロシアも含めて合意されています。

さらに、今年（2022年）1月、プーチンは「**核戦争に勝者はない。核戦争は戦われてはならない**」との核兵器国の首脳声明に署名しているのです。

彼は、NPTやその再検討会議での合意も国際司法裁判所の勧告も無視し、自身の言明を反故にして、全人類を威嚇しているのです。彼の核兵器使用の威嚇は法的にも政治的にも人道的にも許されない行為なのです。

ところで、核兵器禁止条約は、核兵器のいかなる使用（意図的であれ誤算や事故であれ）も「**壊滅的な人道上の結末**」をもたらすので、核兵器の完全廃絶が核兵器が、決して使用されないことを保証する唯一の方法であるとしています。NPTも核兵器の拡散防止にとどまらず全面軍縮を目指す条約ですが、禁止条約はそれを補完しているのです。

私たちは「全人類の惨害」や「壊滅的人道上の結末」を免れるために、この条約の普遍化を急がなくてはならないのです。

核兵器禁止条約

私たちが、最も恐れるのは核兵器の使用です。核兵器が意図的ではなく、誤算や事故で使用されることはありえます。これまで地球が吹き飛ばなかったのは「ラッキーだった」からです。

核兵器禁止条約（以下、禁止条約）は、あらゆる核兵器使用がもたらす「**壊滅的人道上の結末**」を避けようとしています。その結末とは「適切に対処できないこと、国境を越えること、人類の生存、環境、社会経済的な発展、世界経済、食料の安全及び現在と将来の世代の健康に重大な影響を与えること」などです。そして「核兵器のない世界」の実現の緊急性を強調しています。

けれども、核兵器国や日本政府はこの条約を敵視しているのです。禁止条約は核抑止力を否定しているので、自国の安全、ひいては国民の命と財産を危うくするというのがその理由です。核兵器使用の惨害から免れるための抜本的な方法は、核兵器が完全に廃絶されることです。にもかかわらず、核兵器国や日本政府はこの条約を敵視していることを忘れてはなりません。

このように見てくると、私たちは、ロシアの核兵器使用の威嚇を糾弾することはもとよりとして、核兵器大国である米国やそれと軍事同盟を結ぶＮＡＴＯ諸国や日本政府に対して、核兵器に依存する政策を止め、ＮＰＴが予定する全面的軍縮に向けた条約の交渉開始や禁止条約への加盟を要求していくことが求められているのです。

国内での核兵器依存の言説

ここで国内の状況に目を向けてみましょう。安倍晋三元首相や日本維新の会などは「核共有」や「非核三原則の見直し」を提起しています。これらは、米国の核兵器を、平時にあるいは有事に日本国内に持ち込もうという提案です。日本政府も米国の「核の傘」に依存しているので、核兵器をどこに置いておくかだけの違いなのですが、より核兵器に依存しようとする姿勢が顕著です。その基礎にあるのは、核兵器によって自分を守ろうとする発想ですが、それは安全を確保するどころか、むしろ逆に、自分を破滅の淵に追い込む危険な発想なのです。核兵器が使用されれば、敵味方なく死んでしまうからです。

私は、そのような倒錯を座視することはできません。自殺行為に走ろうとする人を止めたいということだけではなく、その自殺行為に私も巻き込まれるのは嫌だからです。

この核兵器に依存する「核抑止論」は、究極の暴力である核兵器に依存するものですから、「平和を愛する諸国民の公正と信義」などはナンセンス極まりないことになります。たとえば、次のような議論です。

もし、自衛力を否定するならば、その人は外部よりの侵害は絶対にあり得ないということを論証するか、又は、危難の場合には喜んで自己の滅亡を甘んじ受けるということを主張しなければならないであろう（金森徳次郎）。

この議論の特徴は、当事者とか、時期とか、理由などは問題にされないままに、「外部からの侵害」は必ずあるとされ、その「危難」が生じた場合には滅亡だけが待っているとされていることです。だから「平和を望むなら戦争に備えよ」というのです。そして、核共有論者たちは「平和を望むなら核兵器を準備せよ」としているのです。

この武器と兵隊による安全確保はローマ時代からの伝統ですから、現代でもこれを信奉している人は決して少なくありません。「普通の国」ではそうなっています。こういう人から見れば、「平和を愛する諸国民の公正と信義」などを信じている人は「お花畑で昼寝をしているボケ」のように見えるのでしょう。

けれども、この地球には「軍隊のない国」は26か国あるし、核兵器保有国は9か国なのです。ちなみに、日本政府が承認している国家は１９６か国、国連加盟国は１９３か国です。核兵器や軍隊がなくても国家は存在しうるし、核兵器や軍隊がなければ、命や安全が守れないというのは虚構なのです。そこで、核兵器と9条の関係を考えてみましょう。

核兵器と9条の関係

皆さんは、新憲法公布直後の1946年（昭和21年）に日本政府が発行した『新憲法の解説』をご存じでしょうか。『あたらしい憲法のはなし』は有名ですが、この本はあまり知られていないようですから少し紹介しておきます。

一度び戦争が起これば人道は無視され、個人の尊厳と基本的人権は蹂躙され、文明は抹殺されてしまう。原子爆弾の出現は、戦争の可能性を拡大するか、または逆に戦争の終息せしめるかの重大段階に到達したのであるが、識者はまず文明が戦争を抹殺しなければ、やがて戦争が文明を抹殺するであろうと真剣に憂えているのである。

この一節は、「新憲法」が議論された国会での幣原喜重郎の答弁を土台にしています。原子爆弾が出現したので、戦争に訴えれば文明が滅びるとの視点が示されています。「核の時代」において、武力で自国の安全を確保することの危険性が指摘され、戦争の放棄が提起されているのです。

幣原は次のような答弁もしています。

戦争を放棄するということになると、一切の軍備は不要になります。軍備が不要になれば、我々が従来軍備のために費やしていた費用はこれもまた当然に不要になるのであります。

戦争を放棄すれば戦力もそのための費用も不要になるというのです。これが、当時の日本政府の考えなのです。

ロシアのウクライナでの蛮行を見れば、この指摘がいかに正鵠を射ていたかが確認できるのではないでしょうか。武力での安全確保は文明の抹殺を導くことになるのです。戦争はなくさなければならないのです。

まとめ

「攻められたらどうする」は多くの人が抱いている不安です。そしてその不安は「自衛力を強化しよう。やられる前にやってしまえ。米国に見放されるな。憲法9条を変えよう」という議論へと連結しています。

そこでは、見ず知らずの敵と命のやり取りを命じられる兵士は無視され、戦禍で犠牲となる市民の被害は付随的とされます。反核・反戦は「理想論」として排除され、「加害者にならない」という視点は完全スルーされます。攻められる恐怖が煽り立てられるのです。隠微にあるいは公然と煽り立てるのは、戦争で儲かる連中と戦争になれば存在感が増す輩です。

　そこでどうするかです。

　先ほど当時の国会と政府が「平和を愛する諸国民の公正と信義」を信頼し、「一切の戦力」を放棄し、「政府の行為によって、再び、戦争の惨禍」が起きないように決意して平和憲法を制定したことを紹介しました。そこにあるのは、全世界の国民に恐怖と欠乏から免れ、平和のうちに生存する権利があるという思想（平和的生存権）です。それから、75年が経過していますが決して古びてなどいません。むしろ最先端なのです。

　それを投げ捨て「全人類に惨害」をもたらす「悪魔の兵器」に身を委ねるのでしょうか。核兵器を選択することは全人類の滅亡を意味しているのです。

　私は、「全人類の惨害」を免れる唯一の方法は、核兵器禁止条約の普遍化と憲法9条の世界化だと考えています。そして、それは決して不可能ではありません。核兵器は1986年のピーク時の7万発から1万3000発に減っているし、「軍隊のない国」は現実に存在するのです。「核兵器も戦争もない世界」は決して空想ではありません。

　ロシアの蛮行に反対する市民の手に武器はありません。「平和を愛する諸国民」は存在するのです。人類の歴史は「無意味な暴力行為の雑然としたもつれ合い」のように見えながら、間違いなく発展しています。道を間違わないで進むようにしましょう。


（2022年5月11日記。『人権と部落』2022年8月号に掲載）

コラム　「恋と戦は手段選ばず」の時代は終わっているはずなのに

鎌倉殿の時代

２０２２年３月20日のＮＨＫ大河ドラマ「鎌倉殿の13人」を観ていて、「恋と戦は手段選ばず」(All's fair in love and war) という言葉を思い出していた。山本耕史演ずる三浦義村が小栗旬演ずる北条義時に「男女の仲なんてものはなあ、フラれてからが勝負なんだ」といっていたからである。もちろんそれはきっかけでしかない。鎌倉殿の行動は、恋も戦も手段を選んでいないからである。彼にとって、漁師から妻を奪うことも、平家を打倒してその成果を家人に分配することもごく当たり前のことなのである。

今はどうか

今、鎌倉殿のような行動に出たらどうなるだろうか。その手口にもよるけれど、誘拐罪や強制性交罪（強姦罪）などで処罰される恐れはあるし、夫からの損害賠償請求は避けられないであろう。人の土地を強奪すれば不動産侵奪罪などにあたるし、民事裁判では原状回復と損害賠償が命ぜられることになる。

要するに、12世紀の終わり頃はともかくとして、現代日本では鎌倉殿の行為は法で禁止されているのである。刑法の施行は1908年（明治40年）、民法は1898年（明治30年）である。いずれも1945年（昭和20年）の敗戦を転機に大きな改正が行われているけれど、ここに述べたことに大きな変化はない。

鎌倉殿の行為は、830年前頃は許されていたようだが、110年前頃には禁止されていたのである。私は、この変化を日本社会の進化・発展と受け止めている。

プーチンの行動は中世的

ところで、2022年2月24日、プーチン・ロシア大統領がウクライナに「特別軍事作戦」を仕掛け、その状況は今も続いている。多くの市民が殺傷され難民とされている。原発も攻撃され人々に不安を覚えさせている。民間人への攻撃や非軍事施設に対する攻撃を禁止するジュネーブ条約に違反する行為が行われているのである。これらは戦争犯罪である。「ロシアは中世に戻った」という人もいるほどである。

プーチンはウクライナ政府がロシア系住民にジェノサイド攻撃をしているのでその救済のためだとか、「ドネツク共和国」や「ルガンスク共和国」との集団的自衛権の行使だとか、NATOの脅威に対抗するためだなどと正当化を図ろうとしているけれど、いずれも説得力はない。仮にそれらが事実であるとしても、他国への侵略は国際法が禁止している。

プーチンは「侵略犯罪」の実行犯

国連憲章は「すべての加盟国は、その国際関係において、武力による威嚇または武力の行使を、いかなる国の領土保全又は政治的独立に対するものも慎まなければならない」としている。

そして、侵略の定義に関する決議（1974年）は、「侵略とは一国による他国の主権、領土保全若しくは政治的独立に対する武力の行使」と定義し、侵略行為とは、「一国の兵力による他国の領域への侵入」などとしている。ロシアもこの決議に賛成している。

さらに、国際刑事裁判所に関するローマ規程（2002年発効・侵略犯罪は2018年発効）は、「侵略犯罪」を「国の政治的または軍事的行動を実質的に管理する地位にある者による侵略行為の実行」と定義している。「『侵略行為』とは、他国の主権、領土保全又は政治的独立に反する、国による武力の行使」である。ちなみに、ロシアはこの規程を批准していないが署名はしている。

これらの国際法秩序に照らせば、プーチンのウクライナに対する「特別軍事作戦」は「侵略犯罪」であることは明らかである。プーチンを現実に処罰することは困難かもしれないが、彼が「侵略犯罪」の実行犯であることは間違いない。

現在の国際社会では、戦闘手段が制約されるだけではなく、戦争そのものが違法化され、その責任者個人を処罰する法が準備されているのである。戦にも法の網はかけられているのである。戦争に対する法的制約がなかった時代に比べれば、人類社会は発展してきていると評価できるであろう。

プーチンにどのように対抗するか

ところで、プーチンの犯罪行為を前にして、被害者であるウクライナのゼレンスキー大統領は徹底抗戦を呼びかけている。バイデン米国大統領やNATO諸国の首脳は、ウクライナ支援を行いながらロシアを非難し経済制裁を実行している。ただし、武力行使には出ようとしていない。私はロシアの撤兵を願っているけれど、具体的にできることはない。ウクライナ難民のためのカンパぐらいである。

ゼレンスキーは戦闘可能な国民すべてをロシア兵と戦わせるつもりなのだろうか。バイデンたちは、今後どう行動するつもりなのだろうか。NATO軍を出動させることはないだろうとは思うが、不透明である。

第2次世界大戦後、最も多く外国に軍隊を派遣し、政府を転覆し、人民を殺傷してきたのは米国である。米国がそのことを反省したという話は聞かない。日本やN

ＡＴＯが米国の武力行使に反対するとか経済制裁をしたという話もない。そして、プーチンへの効果的で即効性のある対処方法は、プーチンの欲望を受け入れるという方法を除いて、ないのかもしれない。大国の横暴の前で私たちは余りにも非力なのである。

何を救いとするか

フリードリッヒ・エンゲルスは『空想から科学へ』の中で「人類の歴史は、無意味な暴力行為の雑然としたもつれ合いとしてではなくて、人類そのものの発展過程としてあらわれる」としている。そして、人類の発展過程については「いろいろなわき道を通りながらだんだんと段階をおって進んでいく……、あらゆる外見上の偶然性を貫くこの過程の内的な合法則性を指摘することが課題」としている。そのうえで、「それは誰でも一人では解決できない課題」であると書いている。

それはそうなのかもしれないとは思う。けれども、テレビから流れてくる映像を見ていると何ともいえない無力感と憤りを覚えてしまうのである。その怒りの理由は、一切の戦力をなくそうという主張が見られないことや核兵器の廃絶を喫緊の課題とする主張ではなく、９条の改廃や「核共有」や非核三原則の抜け穴を言い立てる「死神のパシリ」のような連中が、わがもの顔でしゃしゃり出ていることである。

この国では、「平和を愛する諸国民の公正と信義」は嘲笑の対象とされ、核兵器への信仰が幅を利かせているかのようである。こういう事態をどう変革するのかが問われている。「人類の発展は歴史的に確認されている科学的見解なのだ」ということを信じて愚直に生きるしかないのであろうか。引き下がるつもりはないけれど、悩みは深い。

（2022年3月21日記）

第2部

米国の対中国政策と核政策

1　バイデン大統領の施政方針演説の危険性

２０２１年４月28日、バイデン米国大統領は就任後初の施政方針演説を行った。この小論はその演説にみられる危険性の指摘である。私が危険性を覚えるのは彼の中国政策である（５月５日付『日本経済新聞』の訳による）。

習近平氏への言及

バイデン氏は中国の習近平国家主席に３回言及している。

１回目は、21世紀を勝ち抜くべく世界と競争していることを忘れてはいけないという文脈の中で、**彼は**（習氏のこと）、**本気で世界で最も重要で影響力のある国になろうとしている。彼や他の専制主義者は、民主主義はコンセンサスを得るのに時間がかかりすぎ、21世紀には専制主義に対抗し得ないと考えている**、と言及している。

２回目は、**私は習主席に「私たちは競争を歓迎する。対立を望んでいるのではない」と話した。ただ、全面的に米国の利益を守ることも明確にした、**という文脈である。

３回目は、**私はまた習主席に「紛争を始めるためでなく防ぐために、欧州での北大西洋条約機構**

（NATO）と同じように、インド太平洋地域で強力な軍事プレゼンスを維持する」とも伝えた。そして、米国は人権と基本的自由、同盟国へのコミットメントから離れることはないと話した。また彼に指摘した。基本的人権が侵害された場合、責任ある米大統領は黙ってはいられないと。大統領は、国がよって立つ本質を代表しなければならない。米国は歴史上最も唯一無二の存在だ、という部分である。

外国首脳の固有名詞はプーチン・ロシア大統領と二人だけで、3回登場するのは習氏だけである。それだけ習氏に対する対抗意識が強いということであろう。

演説のこの部分の整理

この部分を整理すると次のようになる。①中国は21世紀の競争相手だ、②習氏は専制主義者である、③専制主義者たちは、21世紀に民主主義は専制主義に対抗できないと考えている、④自分たちは対立を望んではいない、⑤ただし、全面的に米国の利益は守る。⑥紛争を始めるためではなく、防ぐためにNATO同様の強力な軍事プレゼンスをインド太平洋地域に維持する、⑦同盟国へのコミットメント（関与）は続ける、⑧基本的人権が侵害された場合は黙っていない、⑨米国は唯一無二の存在だなどとしていることである。

要するに、①民主主義と専制主義が対抗している、②習主席は専制主義者だ、③米国の利益を守るために、同盟国とともに強力な軍事力をインド太平洋地域に展開する、④米国は唯一無二の存在として負けることはない、ということになるであろう。

「**対立は望んでいない**」、「**紛争を始めるためではない**」などとはいうけれど、強力な軍事力は維持し、いざとなればその使用をためらわないという姿勢を示しているのである。そのことは「**独裁者が未来を勝ち取ることはない。アメリカが勝ち取るのだ。未来は米国にある**」というフレーズの中にはっきりと表れている。

また、演説の最後にもその決意は表明されている。

我々はアメリカ合衆国だ。我々の能力を超えるものは何も、何もない。共に取り組めば、心に決めたことは何でもできる。皆さんすべてに神のご加護を。米軍に神の加護を。

バイデン大統領は、中国との関係を民主主義と専制的独裁との対立と位置づけ、軍事力による決着もありうるとしているのである。彼は、個別的自衛権や集団的自衛権の行使としての軍事力行使ではなく、政治体制、社会体制の優劣に決着をつけるための軍事力行使も視野に入れているのである。

冷戦時代、米国とソ連（当時）との間には政治体制、経済体制、社会体制の違いがあり、それが激しいイデオロギー対立や軍事的対立を引き起こしていた。今回は、専制的独裁体制と基本的人権の在り方が問題とされているが、経済的課題については「**米国は、国有企業への補助金や米国の技**

術と知的財産権の窃盗など、米国の労働者や産業を弱体化させる不公正な貿易慣行に立ち向かう」などとされてはいるものの、経済体制は問題とされていない。

こういう状況の中で「**基本的人権が侵害されれば米国は黙っていない**」とか、「**心に決めたことは何でもできる**」などの文言が使用されているのである。中国は、これは自国の体制そのものに対する敵意の表明であり、自国に対する威嚇と受け止めるであろう。そして、中国が黙って引き下がることはあり得ないので、米中の対立は深刻化し、その深刻化は私たちにとっての危険性を増大させるであろう。

私は、彼の演説に見られるこのような危険な要素を指摘しておきたい。政治体制や社会体制転覆のための武力行使や威嚇など、現代の国際法の下では容認されていない。にもかかわらず、バイデン大統領はそのことを排除していないのである。

私にとっての関心は、米中のどちらに与するかではない。軍事衝突だけは絶対に避けるべきだということにある。米中の軍事衝突は、間違いなく、私たちの生活の平穏を害するだけではなく、核兵器の応酬という最悪の場合は、人類社会の終焉をもたらす恐れがあるからである。そして、日本だけが核戦場というシナリオ、たとえば、中国人民軍が在日米軍基地を核攻撃するとか、米軍が沖縄占領阻止のために中国上陸部隊に核攻撃を仕掛ける事態なども想定されるからである。低出力の核兵器の開発が進んでいることや、北京とワシントンが「限定核戦争」を選択する可能性もあるということを忘れてはならない。

バイデン演説の中に見る肯定的要素

他方、彼の演説には共感できるものも存在している。たとえば、演説にはアリゾナ州の看護師、フロリダ州の教員、テキサス州のシングルマザー、バージニア州のおばあちゃんが登場する。それぞれのエピソードが具体的なのだ。

空腹を抱えた何百万人もの米国人に食料と栄養支援を行っている「米国救済計画」についてや、何百万もの給料の良い仕事、つまり米国人が家族を養えるための「米国雇用計画」も語られている。「**米国家族計画**」についても触れられている。未来の競争に勝つには、家族、そして子どもたちに一世一代の投資をする必要があるというのだ。

ウォール街がこの国を作ったのではない。中産階級がこの国を作ったのであり、労組が中産階級を作ったのだ。最低賃金は15ドルに引き上げる、などと宣言されている。

税金についてはこうである。**米国の企業や最も豊かな1％の富裕層にも公平な負担をしてもらう時が来た。上位1％の富裕層と米企業に対して増税したくないという人がいたら、尋ねてみてほしい。「代わりに誰の税金を上げ、誰の税金を減らすのですか」**と。

そして、トリクルダウン理論は、一度も機能したことがないと切り捨てられている。

気候変動問題については「**私たちだけの闘いではない。これは世界的な闘いだ。米国は、炭素排出量の15％弱を占めている。その他の地域が85％を占めている。だからこそ、大統領就任初日にパ**

リ協定に復帰する約束を守った」と述べている。

黒人差別や性的マイノリティーについても語られている。

法執行機関と国民の間の信頼を再構築し、刑事司法制度における制度的人種差別を根絶し、ジョージ・フロイドさんの名を冠した警察改革を制定するために、我々は団結しなくてはならない。私は、議会がLGBTQ米国民を守る「平等法」を私の机に届けることも望んでいる。

「**銃の暴力は米国にはびこる疫病だ**」とされている。

トランプ前大統領の議会突入教唆については次のようにいっている。

この議事堂を襲い、米国の民主主義を冒涜した暴徒のイメージは我々の心に生々しく残る。暴動は実存的危機だった。米国の民主主義が生き残れるかどうかのテストだった。

彼は、人権や経済格差、民主主義についての配慮はしているのである。その姿勢は評価すべきであるし、日本の政権担当者はこういうところを見習うべきだとも思う。

そして、次のように自画自賛する。

我々は米国民にワクチンを接種している。多くの新たな雇用を創出している。人々が生活の中で見て、感じることができる真の結果を出している。機会への扉を開き、よりよい公正さと正義を保障している。これが米国の神髄だ。活動中の民主主義だ。我々の憲法は「われら人民は」という言葉で始まる。「われら人民」が政府であることを思い出すときだ。

この辺りでは、民主主義の本質――人民の人民による人民のための政治――が語られている。日本の首相たちは、このエッセンスを大いに学習すべきであろう。

まとめ

私は、中国の人権状況や民主主義の現状は改善されるべきと思っている。中国人民の生命、自由、幸福追求権がないがしろにされ、参政権が軽視されている事態は改善されるべきだと考えるからである。けれども、その改善は、他国が強制しても決して実現しないであろう。米国の干渉で国内が不安定化し、民主主義や人権が遠くなり、テロがはびこる実例は、アフガニスタンやイラクなどの現状に顕著である。

私は、米国は「民主主義的であろう」、「人権を尊重しよう」と努力していると思っている。けれども、それが常に成功しているとは思わないし、復元力を持っているかどうかについての判断は留保する。他方で、いつも自分たちの正義を自分たちの力で実現することに何の疑いを持っていない傲慢さは危険だと思っている。たとえば、次のような言い方である。

9月11日に米国を攻撃したテロリストを捕らえるため、私たちはアフガニスタンに行った。ウサマ・ビンラディンを地獄の門まで追い詰めるといった。そしてビンラディンに裁きを加えた。

準拠する法も示されず、裁判手続きもないままに、「死刑」が執行されたのである。これは法の執行ではない。主観的正義の直接的暴力による実現である。米国は世界の裁判官でも警察官でも、もちろん死刑執行人でもない。誰もそのような授権をしていないのである。

そして、さらなる問題は「**米国は歴史上最も唯一無二の存在だ**」、「**我々の能力を超えるものは何も、何もない。共に取り組めば、心に決めたことは何でもできる**」などと思い込んでいることである。その思い込みは、演説に現れているような成功体験に裏打ちされているだけに、このうえなく牢固なのである。このような「唯我独尊」型の発想は決して独裁的専制主義者だけのものではなく、民主的にも形成されるのである。

彼らのこういう独善が、第2次世界大戦以降、2000万人を超える民衆を殺害してきたし（ガルトゥング説）、今後もまた、同じ過ちを犯すことを、私は恐れるのである。私は、ガルトゥングの「ベトナム人に、米国を攻撃したいと思ったことはないか、たずねてみてほしい。アフガニスタン、イラク、スーダン、ソマリア、シリア……これらの国の人々にたずねてみてほしい」（『日本人のた

め の平和論』あおぞら書房、２０１７年）というフレーズを思い出している。

私は、バイデン演説の中にある米国の唯一無二性ついての自信が過剰になった時、それが野放図な思い上りとして機能し、私たちに危険と災いをもたらすことを恐れている。

そして、バイデン演説の危険性には何の疑問も覚えず、むしろ率先して軍事力の強化に走り、学ぶべきことにも無頓着な我が国の政治家や官僚たちには怒りというよりも情けなさを覚えている。


（２０２１年5月10日記）

2　バイデン政権の核政策を考える

黒澤満先生が「バイデン政権の核軍縮政策の課題」と題する論稿を寄せている（『阪大法学』２０２１年7月号）。先生はその論稿の末尾で「3つの措置、すなわち『唯一の目的』政策、新型ＩＣＢＭ、ミサイル防衛に関しては、これまでのバイデン大統領の発言などからして進展が期待される課題であり、一定の困難も予想されるが、核軍縮に向けての彼の積極的な行動が期待される」としている。

もちろん、私としても核軍縮が進展することは期待している。核兵器による攻撃に対する反撃としてのみ核兵器を使用する（唯一の目的）とか、ICBMの役割を減少するとか、ミサイル防衛は核軍拡競争を招くので程々にするにするという政策に反対するものではない。ただし、それだけでは「核兵器のない世界」は実現しないから、そのような政策だけでは中途半端だろうと思っている。

いずれにしても、バイデン政権がどのような政策をとるかについては検討しておかなければならない課題である。そういう意味で、先生のこの論稿は大いに参考になる。そこで、ここでは、先生の整理に沿ってバイデン政権の核政策を確認したうえで、その政策の特徴を整理し、コメントを加えることとする。

バイデンの核政策についての紹介

黒澤論稿は、バイデン政権の核政策について、以下のとおり紹介している。

第1。バイデンはオバマ政権時代には副大統領として核軍縮の進展に努力し、イラン核合意の成立および新START条約の成立に貢献している。またオバマ大統領の「唯一の目的」政策に賛成していた。

第2。バイデンは核兵器に関する質問に以下のように回答している（一部省略）。

①「核戦争に勝者はいないし、決して戦われてはならないというレーガン元大統領の声明に同意するか」に対してイエス。

②「新START条約の延長に米国は賛成するか」に対してイエス。

③「朝鮮半島の非核化を交渉するために北朝鮮との外交の継続を支持するか」に対してイエス。

④「トランプ政権の2018年の核態勢見直しで要請された新たな低威力核兵器を支持するか」に対してノー。

⑤「核兵器を第一に使用する権利を保持している現在の政策を見直すべきか」に対してイエス。

⑥「攻撃兵器システムと防御兵器システムの間に関連があることに同意するか」に対してイエス。

⑦「効果的であると証明されるまで、国家ミサイル防衛システムの一層の配備を中止すべきか」に対してノー。

第3。バイデンは2020年初め、核軍縮に関して「大統領として、新たな時代のために軍備管理への取組みを再び約束する」と述べて、以下の4点を列挙している。

①イランがその合意の遵守に復帰するならば協定に再び参加する。
②非核の北朝鮮を前進させるため、同盟国および中国を含む他の諸国と共に交渉を強化する。
③新START条約を延長し、新たな軍備管理取決めのための基礎とする。
④核兵器の役割を低減する。核兵器の「唯一の目的」は核攻撃を抑止することと、もし必要ならそれに報復することとする。

第4。2020年7月に採択された民主党の核軍縮政策。

①核兵器の「唯一の目的」は核攻撃を抑止すること、そしてもし必要ならそれに報復することである。
②核兵器への過度の依存と過剰な出費を削減しつつ、強力で信頼しうる抑止力を維持する。
③新しい核兵器を建造するというトランプ政権の提案は不必要
④核不拡散条約を強化する。爆発的核兵器実験のモラトリアムを維持する。国連武器貿易条約と包括的核実験禁止条約を批准する。新START条約を延長する。
⑤核兵器を検証可能な方法で制限し削減するためにロシアと協力する。
⑥中国のような新たな主要国の出現を反映させる軍備管理協定を交渉し、新たな技術を獲得し、世界を核の崖っぷちから戻すために努力する。

第5。バイデンは2020年8月6日、広島被爆75周年に関する声明を発出し「今日は広島の厳粛な記念日であり、我々は核兵器の脅威のない世界という究極の目標に改めて取り組まなければならない。このことは新START条約の延長に合意することにより始まる。しかしそれは終わりではない。軍備管理および不拡散における米国のリーダーシップを回復させる。核およびその他の世界的な脅威から米国市民の安全を守るための同盟を強化する。そして、広島および長崎の惨事が決して繰り返されないように、核兵器のない世界に近づけるよう努力する」と述べている。

なお、2021年3月、バイデン政権は「暫定的な国家安全保障戦略ガイダンス」を発出し、核兵器に関して、高価な軍備競争を停止させ、軍備管理における我々のリーダーとしての信頼性を再建しなければならない。新たな核軍備管理協定を追求する。安全保障戦略における核兵器の役割を低減する。戦略的安定性に影響する一連の新たな軍事技術の発展につきロシアと中国との有意義な対話に取り組むなどと述べている。

バイデン政権の核に対する基本的スタンス

ここに現れているバイデン政権の核兵器観は次のように整理できるだろう。

①「核兵器のない世界」という究極の目標に取り組む。
②「核戦争に勝者はないし、決して戦われてはならない」という声明に賛成。
③世界を「核の崖っぷち」から戻し、広島・長崎の惨事を繰り返さない。
④軍備管理および不拡散における米国のリーダーシップを回復させる。
⑤核不拡散条約（NPT）を強化する。爆発的核実験はしない。包括的核実験禁止条約（CTBT）の批准に努力する。
⑥新START条約を延長し、核兵器を検証可能な方法で制限し削減するためにロシアと協力する。
⑦核兵器の役割を低減する。核兵器の「唯一の目的」は核攻撃を抑止すること、そして必要ならそれに報復すること。
⑧核兵器への過度の依存と過剰な出費を削減しつつ、強力で信頼しうる抑止力を維持するために努力する。
⑨核の脅威から米国市民を守るため同盟を強化する。
⑩攻撃兵器システムと防御兵器システムの間に関連は認めるが、ミサイル防衛システム（ABM）は中止しない。
⑪イランとの合意に再び参加する。
⑫非核の北朝鮮という共通の目的を前進させるため交渉を強化する。

⑬トランプ政権の新しい核兵器を建造するという提案には反対する。

バイデン政権の核政策の特徴

バイデン政権の核政策の特徴は次のように整理できるであろう。第1、核戦争はしない。「核兵器のない世界」を目標とする。第2、軍備管理・不拡散のリーダーシップをとる。検証可能な核兵器削減に取り組む。核不拡散条約（NPT）は強化する。第3、核兵器の目的を核攻撃の阻止と報復に低減する。過度な依存と過度な出費はしないけれど抑止力は維持する。第4、米国市民の安全を守るための同盟を強化する。ミサイル防衛システム（ABM）の配備は中止しない。第5、イラン、北朝鮮とも対話は続ける。第6、トランプ政権の「使える核兵器」の開発は継承しない。

核戦争はしない、「核兵器のない世界」を目標とする、との意味

「核戦争に勝者はない。核戦争を戦ってはならない」という声明は、1985年、レーガン米国大統領（当時）とゴルバチョフ・ソ連共産党書記長（当時）の共同声明である。このことは、今年のバイデン大統領とプーチン・ロシア大統領との間の声明でも確認されている。「核戦争に勝者はない」ことは少しでも核兵器のことを知っている人からすれば当たり前のことであって、わざわざ強調するほどのことではない。核兵器の応酬が「相互確証破壊」をもたらすことは核兵器国も承知していることである。

また、広島・長崎の惨事（核兵器禁止条約の用語でいえば、「容認しがたい苦痛と被害」、「壊滅的人道上の結末」）を繰り返さないために、そして「核の崖っぷち」（別の言葉でいえば「終末」）を避けるために「核兵器のない世界」を求めるというのであれば、さっさとなくせばいいだけのことで、「究極的」などという修飾語は無意味どころか有害である。

そもそも、「核戦争は戦ってはならない」というのであれば、そのもっとも根本的解決は核兵器をなくすことである。これは単純明快な理屈である。だから、核兵器禁止条約はそのことを確認している。にもかかわらず、バイデン政権は核兵器禁止条約を無視しているのである。バイデン政権は、「核戦争は戦ってならない」とか「核兵器のない世界」を求めるというけれど、核兵器の廃絶は提案していないことを忘れてはならない。

軍備管理・不拡散のリーダーシップをとる、検証可能な核兵器削減に取り組む、核不拡散条約（NPT）は強化する、との意味

地球上に最も核兵器が多かったのは1986年である。当時、約7万発の核兵器が存在していた。そのほとんどが米国とソ連（当時）のものであった。それが今では1万3000発台に減少している。先のレーガン・ゴルバチョフ声明のあと、両国は核兵器の削減に取り組んできた。しかもそれは相互の検証を伴うものであった。両国は政治的合意と条約を守ったし、削減のための技術や検証方法も確立されているのである。削減は決して不可能ではなかったのである。そのことは、今

後、核兵器を廃絶していくうえで、貴重な経験として生かされるであろう。ぜひ、引き続き核兵器削減のリーダーシップを発揮してほしい。

また、NPT6条は、核軍拡競争の停止、核軍備の縮小、全面的かつ完全な軍縮交渉を規定している。この規定を現実化すれば核兵器は存在しないことになる。バイデン政権が、そのことを実践するというのであれば、それに反対する理由はない。有言実行を期待するだけである。

核兵器の目的を核攻撃の阻止と報復することに低減する、過度な依存と過度な出費はしないけれど抑止力は維持する、との意味

核兵器の目的を核攻撃の阻止と報復に低減するという意味は、核兵器を先に使用しないということを意味している。このバイデン政権の政策について、黒澤論稿は「米国の核兵器の『唯一の目的』は核攻撃を抑止することであり、そしてもし必要であるならばそれに報復することである」という内容であり、「唯一の目的」の後に、核攻撃に報復することであると述べられ、核兵器の第二使用の必要性が述べられている。内容的には第一不使用を含むものとなっている、としている。

いずれにしても、先に使用はしないけれど、使用はためらわないとしているのである。当然、核兵器を保有し続けることが前提なのである。過度に依存しないだけで、核抑止力は維持するという宣言である。誰がどのような基準で「過度かどうか」を判断するかは触れられていないし、そもそもそんな基準は有って無きがごときものであろう。結局、バイデン政権は、核兵器をなくすどころ

か保有し続けるとしているのである。この政策が展開される限り、私たちは、核の使用による「容認できない苦痛と被害」や「壊滅的人道上の結末」の危険に晒され続けることになる。これがバイデン政権の核政策の最大の特徴である。この点で、バイデン政権は私たちと強く対立することになる。

米国市民の安全を守るため同盟を強化する、ミサイル防衛システム（ABM）の配備は中止しない、との意味

米国市民の安全を守るために同盟を強化するとは、NATOや日米安保、米韓安保などの軍事同盟を強化するという意味である。攻撃的武器と防御的武器との間の関連があることは認めるけれど、ミサイル防衛（ABM）は見直さないとしている。自国のミサイルが攻撃的武器として無力となるようであれば、それを避けるための武器を開発したくなるのは当然である。ミサイル防衛の強化は軍拡競争を激しくするだけである。それは理屈というだけではなく、現在の軍拡競争の現実を見れば明らかである。

要するに、バイデン政権は、軍事同盟を強化し、軍拡競争にも負けないぞとしているのである。トランプ政権の政策に反対だなどというけれど、軍事力依存という意味では五十歩百歩である。両政権の間に大きな違いを見出そうとしても、それは幻想であろう。

イランや北朝鮮との対話は続ける、との意味

イランや北朝鮮と対話を続けるというのであれば、ぜひそうしてほしいと思う。他国に軍隊を派遣して政権を転覆し、人々の生活に困難をもたらすようなことなど絶対に許されないことだ。そのような行為が何をもたらすかは、現在のアフガニスタン情勢を見れば明らかである。そして、私は、とくに、北朝鮮との関係でのバイデン政権に次のような危惧を覚えている。

バイデン氏は、トランプ氏とのテレビ討論で「トランプ氏は、（核開発に突き進んだ）北朝鮮に正当性を与えた」、「トランプ氏は、悪党を仲間だといっている」と発言した。さらに、欧州諸国のナチス・ドイツへの宥和政策を念頭に「われわれはヒトラーが欧州を侵略するまで友好関係にあった」と述べ、トランプ氏の対話重視の北朝鮮政策を批判している。そのうえで、金正恩氏と会談する条件として「核能力の引き下げに同意すること」を挙げ、「朝鮮半島を非核地帯にすべきだ」としている（２０２０年10月26日ワシントン時事）。

バイデン氏は、トランプ氏の対北朝鮮政策に批判的であるだけではなく、金氏をヒトラーになぞらえ「悪党」だとしていたのである。金氏は身構え、米朝間に緊張がもたらされるであろう。バイデン氏はトランプ氏との違いを際立たせるために語っているかもしれないけれど、北朝鮮敵視は明らかである。北朝鮮がバイデン氏の働きかけに簡単に乗るとは思われない。私はこういうバイデン

氏の言動に反対である。

私は北朝鮮の核もミサイルも廃棄してほしい。けれども、北朝鮮を脅したり、制裁しても効果がないだろうと思っている。効果がないことは現実が物語っているからである。そもそも、脅かせば人は動くという考えが甘い。北朝鮮には、国土もあれば政府もある。約2515万5000人が生活している（2015年、国連経済社会局人口部）。その事実を認め、国連憲章の主権平等の原則（第2条1項）に基づいて対等な国家間の関係を築き、粘り強い交渉を継続することこそが、問題の根本的解決につながるであろう。残念なことに、バイデン氏はそうは考えていないようである。

けれども、私は、あえて、彼に期待したい。「朝鮮半島の非核化」をいうだけではなく、実現してほしいのである。朝鮮半島の非核化とは、北朝鮮が核兵器を放棄するだけではなく、日本や韓国に差し掛けられている米国の「核の傘」をなくすことも意味している。そして、米国による北朝鮮への核兵器の先制不使用宣言や、非核兵器攻撃に対する核兵器を使用しない宣言などが含まれるべきである。それは、米国にしかできないことである。

私は、バイデン氏に、かつての上司であるオバマ大統領の「核兵器を使用したことがある唯一の核保有国として、米国には行動する道義的責任があります。米国だけではこの活動で成功を収めることはできませんが、その先頭に立つことはできます」というプラハ演説を思い出しながら執務にあたってもらいたいと思う。

まとめ

バイデン政権の核政策の全貌はまだ十分には見えていない。けれど、ここまでに述べてきた事情からして、その輪郭は把握できるであろう。バイデン政権は核抑止論に依拠していることと、それなりの形で核軍縮に取り組むという姿勢は見せているということである。核兵器に依拠しつつ核兵器の削減を試みるという作業はそれなりに大変だろうと思う。根本的なところに矛盾が存在するからである。核兵器に依拠することをやめ、核兵器廃絶の方向に舵を切った方がよほど楽だろうと思うし、被爆者をはじめ私たち市民社会からの喝采も受けられるであろう。にもかかわらず、その方向転換ができないのは核抑止論にとり憑かれているからである。

そうすると私たちの任務は、その核抑止論という亡霊を退治し、核兵器国に理性を確立することである。あわせて、彼らの核軍縮政策に、たとえわずかでも前進面があれば、その実現を推奨することである。たとえば、核兵器を第一使用しないとの政策転換に日本政府は反対している。その日本政府の反対を抑え、バイデン政権に核兵器の役割の低減政策を実現してもらうことである。すべての核兵器国が相互の先行不使用を約束すれば、核兵器の意図的な使用はなくなるのだから、その分だけ核兵器応酬の危険性は軽減する。

また、NPTを強化するというのであれば、そのことを励ますことも検討されるべきであろう。私は、核兵器の必要性と有用性を認める核抑止論は虚妄と危険性の塊だと思っている。けれども、

「核兵器を削減する」、「その役割を低減する」という提案に頭から反対することもしないでおきたいと思う。ただし、そこに少しでも「核兵器のない世界」に向けての前進が見て取れることが前提である。

バイデン政権が、国内の保守派や同盟国にみられる強固な核兵器依存論を乗り越えて、核兵器の役割を低減するために、「唯一目的」政策の実現、ＩＣＢＭの削減、ＡＢＭ条約の実現などに取り組んでほしていいと思う。であるからといって、核抑止論依存に対する批判を緩めるつもりはない。「核兵器のない世界」を実現したいのであれば、核抑止論の呪縛からは一刻も早く免れるべきだからである。

（２０２１年８月20日記）

３　台湾有事と核兵器使用の危険性

本稿のテーマ

本稿は、台湾有事で核兵器使用が想定されることについての小論である。この核兵器使用は、台湾海峡だけではなく沖縄や日本本土での使用も含まれているが、中国大陸や米国本土は除外される。米中が台湾をめぐって全面対決をすれば大陸間弾道弾などの応酬もありうるけれど、両国はそのような自殺行為には及ばないであろう。米国は台湾のために自国への核攻撃を誘引しないだろうし、中国も本土への核攻撃のリスクを冒さないだろうからである。また、台湾での使用もあり得ないであろう。中国にとって台湾は自国の領土だし、米国にとっては支援対象国だからである。だから、核兵器使用の危険性は、台湾海峡と沖縄を含む日本領域ということになる。

「そんなバカな」と考えている人もいるだろうけど、1950年代、米国は核兵器使用を計画していたし、現在も、核兵器を使用しないとはしていないし、実戦で使用可能な「小型核兵器」の開発もしている。他方、当時、中国は核兵器を持っていなかったし、保有した1964年以降も「先制不使用」を宣言していたけれど、現在はその政策を変更しているのである。要するに、米中という核兵器保有国が、台湾海峡をはさんで対峙しているのである。日本、特に沖縄はその最前線である。

加えて、核兵器は意図的な使用だけではなく、機械の不具合、人為的なミス、誤情報で発射されることもある。私たちは、台湾をめぐる軍事紛争を原因とする「容認できない苦痛と被害」や「壊滅的人道上の結末」に直面しているのである。

台湾をめぐる政治状況

戦争はある日突然起きるものではない。それなりの背景事情と当事国の意図があるから起きるのである。戦争は政治の暴力的な発現であり、政治は各種の欲望や大小のプライドの衝突だから、戦争の原因は尽きることはない。戦争は「大義名分」だとか「聖戦」などがいわれるけれど、殺傷力と破壊力の強弱で決着をつけるという野蛮で危険な行為である。その最終場面が「相互確証破壊」であり「終末」である。人類が自ら生み出した核兵器によってその終焉を迎えるという「笑えない喜劇」がそこにある。そんな事態は絶対に避けなければならない。少し考えてみよう。

バイデン米国大統領

バイデン氏は、2021年4月28日の施政方針演説で習近平中国国家主席について次のように述べている（2021年5月5日付『日本経済新聞』の訳）。

彼は本気で世界で最も重要で影響力のある国になろうとしている。彼は、民主主義はコンセンサスを得るのに時間がかかりすぎ、21世紀には専制主義に対抗し得ないと考えている。私は習主席に「私たちは競争を歓迎する。対立を望んでいるのではない」と話した。ただ、全面的に米国の利益を守ることも明確にした。私はまた習主席に「紛争を始めるためでなく防ぐために、欧州での北大西洋条約機構（NATO）と同じように、インド太平洋地域で強力な軍事プレゼンスを維持する」とも伝えた。そして、米国は人権と基本的自由、同盟国へのコミットメントから離れることはない

と話した。また彼に指摘した。基本的人権が侵害された場合、責任ある米大統領は黙ってはいられないと。

そして、米国は歴史上最も唯一無二の存在だといい切っている。

習近平・中国共産党総書記

習氏は、7月1日、中国共産党100周年記念講演で、台湾問題について次のように語っている（中国大使館HP）。

台湾問題を解決し、祖国の完全な統一を実現することは、中国共産党の終始変わらぬ歴史的任務であり、すべての中華の子女の共通の願いでもある。いかなる者も、国家の主権と領土保全を守る中国人民の強固な決意、断固たる意志、強大な能力を過小評価してはならない。

そして、

中華民族は5000年余りの歴史を有し、中国共産党は100年にわたる実践と70年余りの執政の経験を有しており、われわれは人類文明のあらゆる有益な成果を積極的に参照し、あらゆる有益

な提案と善意の批判を歓迎するが、「教師面」をした居丈高なお説教は断じて受け入れない。強い国には強い軍がなければならず、軍が強くてはじめて国家は安泰となる。人民の軍隊を世界一流の軍隊につくりあげ、より強大な能力、より確実な手段で国家の主権、安全保障、発展の利益を守らなければならない。中国共産党は引き続き平和を愛するすべての国・人民と共に、平和・発展・公平・正義・民主・自由という全人類共通の価値を発揚する。覇権主義と強権政治に反対する。

としている。

日本の態度

4月16日の日米首脳共同声明「新たな時代における日米グローバル・パートナーシップ」は台湾海峡について次のようにいう。

日米両国は、台湾海峡の平和と安定の重要性を強調するとともに、両岸問題の平和的解決を促す。日本は同盟及び地域の安全保障を一層強化するために自らの防衛力を強化することを決意した。米国は、核を含むあらゆる種類の米国の能力を用いた日米安全保障条約の下での日本の防衛に対する揺るぎない支持を改めて表明した。日米同盟は揺るぎないものであり、日米両国は、地域の課題に対処する備えがかつてなくできている。

米中両国と日本の態度の特徴

中国は、台湾問題を解決することは「祖国の統一であり」、中国共産党の「歴史的任務」であるとしている。加えて、偉そうな説教を聞くつもりはないし、人民解放軍を世界一流の軍隊にするとしている。米国は、台湾関係法に基づき台湾支援を約束しているが、加えて、インド太平洋地域での強力な軍事プレゼンスを維持するとしているのである。日本は日米同盟と地域の安全保障のために自らの防衛力を強化するとしている。「歴史上唯一無二の存在」と自負する国家と「5000年以上の輝かしい歴史」を持つ国家が衝突しているのである。そして、日本は「唯一無二の国家」と強固な同盟関係にある。憲法9条など完全に無視されているのである。

さらに見逃せないのは、米国の「核を含むあらゆる能力」に触れていることである。米国は旧ソ連との対抗の中で「相互確証破壊」を容認していた。自国の敗戦より世界の終わりを選択していたのである。米国はそれをいまだ引きずり、日本はその「核の傘」の下での安全保障政策を選択している。核兵器依存は解消されず、その使用の危険は残っているのである。これは、本当に危険な状況である。核兵器の意図的使用も偶発的使用も起こりうるからである。意図的使用の計画と意図せざる発射について触れておこう。

意図的発射の危険性

『ペンタゴンペーパーズ』の内部告発者ダニエル・エルズバーグ氏は、『世界滅亡マシン　核戦争計画者の告白』（岩波書店、２０２０年）の中で書いている。１９５４から55年、58年。どちらの危機でも、攻撃を退け、沖合の島々、金門島、馬祖島へのアクセスを維持するために、大統領が米国の核兵器使用を検討する機会があった。１９５８年初頭。マクドール巡航ミサイル用核弾頭が台湾と韓国の烏山の両方に到着していた。

国際問題研究者の新原昭治氏は米国の外交文書を読み解いた『密約の戦後史』（創元社、２０２１年）で次のようにいう。１９５４年から55年、58年に起きた二度にわたる台湾海峡紛争で米軍は核兵器使用計画を立てた。その際、日本は核戦争基地として位置づけられた。そして、台湾海峡に動員される米軍の核戦力は、沖縄を含む日本に駐留する米空軍戦術航空部隊が中心だった。そして、一部の部隊は台湾に移動したけれど、日本の基地で出撃命令を待つ部隊もあった。米国は、核兵器使用計画を本気で立て、兵員の訓練もしていたのである。

核ミサイルの誤発射

ＮＨＫのディレクター松岡哲平氏は『沖縄と核』（新潮社、２０１９年）で、１９５９年6月19日、沖縄の米軍基地で起きたナイキミサイルの誤発射について書いている。敵機からの攻撃の可能性があるという警報があり、核ミサイルは発射台にセットされていた。その時、大きな爆発が起きた。地面に３人の兵士が倒れた。ナイキミサイルが海に突っ込んでいた。核ミサイルは発射されていたのである。

核兵器応酬の危険性

米国は核兵器を使用しようとしていただけではなく、事故ではあるが、現実に発射されたことがあったのだ。当時、中国は核兵器を保有していないので、米国が核兵器を使用したとしても核による応酬はあり得ない。けれども現在は違う。中国は、数は米ロに比べれば圧倒的に少ないけれど（アメリカ5550基、ロシア6255基、中国350基）、核兵器保有国であるし、核兵器禁止条約には背を向けている。そして、先制不使用政策を投げ捨てていることは前に述べたとおりである。加えて、「唯一の戦争被爆国」という日本政府の姿勢に対して「被害者面するな」としている。さらには、核兵器を増やしている（この7年間で100基増加）。NPT6条は無視され、核軍拡競争が激化しているのである。核兵器使用はタブーではなく、実戦での使用の危険性が高まっているのである。

台湾問題の平和的解決などといわれているけれど、その陰では、核軍拡競争が進行しているのである。日本もその方向に同調しているのである。こうして、台湾問題を軍事力で解決しようとすることは、この日本にまたもや「核被害」がもたらされるかもしれないのである。その危険性を無視したまま台湾問題を語ることは許されない。

台湾をどうするかは台湾の人たちに任せればいいのである。それが、自由であり民主であり正義である。覇権主義と強権主義に反対するとはそういうことであろう。

（2021年9月15日記）

4　「中国をこのままにしておいていいのか」を考える
――暴支膺懲を繰り返してはならない――

中国についての質問

このところ、何人かの人から「中国をこのままにしておいていいのか」、「9条は役に立たないのではないか」という趣旨の質問を受けます。もちろんそれは「中国の行動を制止すべきだ」、「軍事力の強化が必要だ」という気持ちを反映したものです。質問者たちは、ウイグル人に対する人権侵害や香港での民主化弾圧、尖閣列島のある東シナ海や南シナ海での既存の秩序を実力で変えようとする中国に対する批判を持っているのでしょう。

私も現在の中国の行動は問題だと思っています。ウイグル人に対する生命や自由に対する侵害は決して国内問題ではありません。基本的人権は普遍的価値だからです。また、香港の人々が求めていることは主権者として政治に参加したいということであって、それが否定される理由はありません。政治的決定に参加することは人権の一つ（参政権）であり民主主義の原理だからです。さらに、国際秩序を実力で変更することは、いかなる国にも認められていません。それは現代国際法の到達点です。中国政府、そして、その基盤である中国共産党のこれらの行動は容認できないし改善されなければなりません。

ではどうするかです。改憲して軍事力を強化すれば事態は好転するでしょうか。むしろ、よりひどいことになることは明らかです。日米が軍事力を強化すれば中国も強化するでしょうし、逆もいえるでしょう。安全保障を軍事力に頼れば、軍拡競争が避けられず、むしろ、安全が阻害されることになるのです。これが「安全保障のジレンマ」という現象です。そして、戦争勃発の危険性は高まるのです。

しかも、米中は核兵器保有国です。もし、核戦争になれば、新たな被爆者が生ずるだけではなく、地球環境に壊滅的な影響を与え、人類社会の「終末」をもたらすかもしれないのです。核兵器禁止条約がいう「容認しがたい苦痛と損害」や「壊滅的人道上の結末」がもたらされるのです。

武力の行使は絶対に避けなければなりません。憲法前文にあるように、政府の行為によって、再び戦争の惨禍がもたらされてはならないのです。私たちは、戦争や武力の行使という選択肢を消さなければなりません。それは、自らの滅亡をもたらすことになるからです。私たちは「核の時代」に生きていることを忘れてはなりません。核兵器の応酬になれば「高みの見物」をする場所はないのです。

そのためには、今、私たちは何から始めればいいのでしょうか。まず、この国で何が起きようとしているのかを知ることです。現状を正確に理解しないままに行動することは愚かで危険だからです。

そこで、２０２１年4月16日の日米首脳共同声明を手がかりに日本政府は何を考えているのかを確認してみましょう。政府の行為によって戦争の惨禍が起きないようにするためには、政府の行動を監視しなければならないからです。

日米同盟は何のためにあるのか

この首脳声明は日米同盟について様々な言い方をしています。世界全体の平和と安全の礎としての日米同盟。消え去ることのない日米同盟。両国の国民の安全と繁栄を可能にする確固たる同盟などです。「**争いの後に結ばれた日米同盟は、日米両国にとっての基盤となった。世界は幾度も変化したが、我々の絆はより固く結ばれた**」という認識も示されています。

何とも大げさな言い方がされていますが、確認しておきたいことは、日米同盟は両国の国民の安全と繁栄のためというだけではなく、世界全体の平和と安全の礎とされていることです。声明は「**今日、日本と米国は、インド太平洋地域、そして世界全体の平和と安全の礎となった日米同盟を新たにする**」と宣言しています。新たな日米同盟の誕生だというのです。

日米安全保障条約（安保条約）の前文は「両国が極東における国際の平和及び安全の維持に共通の関心を有することを考慮し」としていますが、この声明は、日米同盟の目的は極東だけではなく世界全体の平和と安全とされているのです。日米安保の世界化です。

そして、条約10条が「この条約が十年間効力を存続した後は、いずれの締約国も、他方の締約国に対しこの条約を終了させる意思を通告することができ、その場合には、この条約は、そのような通告が行なわれた後一年で終了する」としていますが、日米同盟は未来永劫続くかのように取り扱われているのです。

日米同盟は地域的にも時間的にも日米安保条約が想定していた範囲を大きく超えていることを確認しておきましょう。

そして、この日米同盟の基礎にあるのは普遍的価値と日米両国の共通の原則とされています。

普遍的価値と共通の原則

声明は次のようにいいます。

自由、民主主義、人権、法の支配、国際法、多国間主義、自由で公正な経済秩序を含む普遍的価値及び共通の原則に対するコミットメントが両国を結び付けている。

どれが普遍的価値で何が共通の原則かは区別されていませんが、いくつかの政治原則と経済秩序が列挙されています。ただし、声明は、日米両国の人権状況や民主主義の実情、法の支配の現状、アフガニスタンやイラクなどへの軍事攻撃、米国ファーストの外交政策、自由な経済秩序がもたらしている不都合な真実は完全に無視しています。そういう身勝手さは目につきますが、自由や民主主義、人権尊重や法の支配、国際法や多国間主義に反対する理由はないでしょう。だから、私は、それらを普遍的価値というのであれば、日米両国政府にも恥ずかしくない行動をとってもらいたいと思っています。

また、公正な経済秩序というのはどういう意味なのか定義されていないので不明ですが、グローバルな通商及び投資の拡大は含まれているようです。自由な貿易と金融ということでしょう。けれども、自由な経済活動がもたらしている貧困や格差についての配慮は何もなされていないようです。そもそも、それは関心事ではないのでしょう。

自由で開かれたインド太平洋を形作る日米同盟

声明はこの項目について、次のようにいっています。

普遍的価値及び共通の原則に基づく地域及びグローバルな秩序に対するルールに基づくアプローチ、さらには、これらの目標を共有するすべての人々との協力に改めてコミットする。……日米同

盟は、普遍的価値及び共通の原則に対するコミットメントに基づく自由で開かれたインド太平洋、そして包摂的な経済的繁栄の推進という共通のビジョンを推進する。

カタカナ英語と普遍的価値と共通の原則が何度も出てきますが、要するに、自由で開かれた世界とインド太平洋地域を確保し、経済的繁栄を推進したいということのようです。私には、誰にも邪魔されないで金儲けができるビジョンを推進すると聞こえてなりません。

そんな私の受け止め方はともかくとして、声明は、**日米同盟は揺るぎないものであり、日米両国は、地域の課題に対処する備えがかつてなくできている**としています。

では声明がいう地域の課題とは何でしょうか。また、対処する備えとはどのようなものでしょうか。ゆるぎない日米同盟は何をしようというのでしょうか。次に見てみましょう。

地域の課題

声明では、インド太平洋地域及び世界の平和と繁栄に対する中国の行動の影響について次のように述べています。

経済的なもの及び他の方法による威圧の行使を含む、ルールに基づく国際秩序に合致しない中国の行動を懸念する。

東シナ海におけるあらゆる一方的な現状変更の試みに反対する。尖閣諸島に対する日本の施政を損おうとするいかなる一方的な行動にも反対する。

南シナ海における、中国の不法な海洋権益に関する主張及び活動に反対し、自由で開かれた南シナ海における強固な共通の利益を再確認する。

台湾海峡の平和と安定の重要性を確認し、両岸問題の平和的解決を求める。

香港及び新疆ウイグル自治区における人権状況への深刻な懸念を共有する。

共通の利益を有する分野に関し、中国と協働する必要性を認識する。

声明は、インド太平洋地域及び世界の平和と繁栄という観点から見て、中国の行動に反対するし、深刻に懸念するとしているのです。

ところで、声明はこのように懸念や反対の表明をしているだけですが、2022年1月7日の日米安全保障協議委員会（2＋2）の共同発表は「**閣僚は、ルールに基づく秩序を損なう中国による現在進行中の取組は、地域及び世界に対する政治的、経済的、軍事的及び技術的な課題を提起するものであるとの懸念を表明した。閣僚は、地域における安定を損なう行動を抑止し、必要であれば対処するために協力することを決意した**」としているのです。

要するに、日米両国は、中国が国際ルールを無視して、地域の他国に対して威圧を加え、日米両国と国際社会に対して政治的、経済的、軍事的及び技術的な課題を提起しているとしているのです。あたかも中国を「無法者」のように名指ししているのです。当然、中国は、日米両国は中国敵視政策に転換したとみなすでしょう。中国の行動に問題があることは事実ですが、中国は米国や日本を「無法者」扱いしたことはありません。「首脳声明」や「共同発表」は中国に喧嘩を売っているようなものです。

声明には「新たな時代のコミットメントを誓う」や「新たな時代における同盟」など「新たな時代」が強調されています。それは対中政策を変えたという意味なのです。では、日米両国はどのような対処策を取ろうとしているのでしょうか。

対処する構え

声明は次のようにいっています。

菅総理とバイデン大統領は、このビジョン（自由で開かれたインド太平洋、そして包摂的な経済的繁栄を推進するというビジョン）**をさらに発展させるために日米同盟を一層強化する。……日本は同盟及び地域の安全保障を一層強化するために自らの防衛力を強化する。米国は核を含むあらゆる種類の米国の能力を用いた日本の防衛に対する揺るぎない支援を表明する。……日米両国は、困難を増す安全保障環境に即して、抑止力及び対処力を強化する。サイバー及び宇宙を含むすべての領域を横断する防衛協力を深化させる。そして、拡大抑止を強化する。**

ここでは、日米同盟の強化、日本の軍事力の強化、米国の拡大抑止（核の傘）の強化、サイバー・宇宙を含むすべての領域での軍事協力の進化などが約束されています。核を含む軍事力強化の宣言です。日米両国が核兵器禁止条約に敵対する理由はここにあります。核兵器を全面的に禁止する条約など許せないのです。

なお、声明がいう抑止力と対処力とは、防衛力すなわち軍事力のことです。抑止力というのは相手方に攻撃させないようにするための戦力、対処力というのは相手が攻撃してきた場合に反撃する戦力のことをいいます。戦力とか軍事力と言わないのは印象操作です。改憲を急ぐ理由はここにあるのです。

そのことは、次のような２＋２の共同発表を見れば理解できると思います。

日本は、戦略見直しのプロセスを通じて、ミサイルの脅威に対抗するための能力を含め、国家の防衛に必要なあらゆる選択肢を検討する決意を表明した。

閣僚は、とりわけ陸、海、空、ミサイル防衛、宇宙、サイバー、電磁波領域及びその他の領域を統合した領域横断的な能力の強化が死活的に重要であることを強調した。

閣僚は、欧州のパートナーや同盟国による、インド太平洋における更なる関与を歓迎し、多国間演習や展開の拡大に支持を表明した。

閣僚は、キャンプ・シュワブ辺野古崎地区及びこれに隣接する水域における普天間飛行場代替施設の建設継続へのコミットメントを強調した。

日米は、すべての領域を横断する防衛能力を進化させ、拡大抑止を強化する。二国間だけではなく多国間の軍事訓練を行う。辺野古基地を早期に建設するとしているのです。陸海空だけではなく、宇宙やサイバー空間における武力衝突を想定し、そのための訓練も行うとしているのです。現に、日米だけではなく、インド、フィリピン、ベトナム、カナダ、オーストラリアやニュージーランド、オランダ、イギリスやフランスといった国の軍隊との軍事演習が繰り返されています。対抗して、中国とロシアの軍隊も日本列島を周回する形でパトロールをしています。事態は私たちの想定を超えて進行しているのです。

また、沖縄県民の意思も軟弱な地盤も無視して基地建設が強行されている背景にはこのような事情が存在しているのです。日米同盟がすべてに優先するのです。

火種は発火するのか

このように、日米両国は中国を「無法者」として敵視し、武力衝突の準備を整えているのです。では、日米と中国が戦争になる可能性はあるのでしょうか。いくつかの場面を想定してみましょう。ウイグル人の人権を実現するために日米が中国に武力攻撃をするというのはどうでしょうか。

ありえないでしょう。香港民主派支援のための出兵はどうでしょうか。ありえないでしょう。「人道的介入」とか「民主主義的介入」ということで、米軍やNATO軍が展開したこともありますが、中国を相手にその作戦はないでしょう。犠牲は払うことになるけれど実利がないからです。

ある日突然、中国が日本に攻撃を仕掛けるというのはどうでしょうか。尖閣諸島で小競り合いはあるけれど、これが日中戦争の引き金になるなどと考えている人はいないでしょう。無人の岩礁をめぐって正規軍が戦闘するなどというのは、いかにも馬鹿げているからです。そもそも、中国が日本に対し攻撃を仕掛けようとしている証拠は誰も提示していません。尖閣列島での違法行為には海上保安庁と外務省が対応すべきでしょう。

台湾での有事はあるのか

台湾をめぐってはどうでしょうか。台湾が大陸に侵攻するというのは非現実的でしょう。それは自殺行為だからです。中国が台湾に対して武力侵攻するというのはどうでしょうか。中国は台湾を中国の一部だとしています。中台問題は国内問題だという言い方です。武力で統一することはないとはいっていませんが、中国人同士では戦わないともいっています。だから、問題は、中国が台湾に武力攻撃を仕掛けた場合どうするかという仮定の話になります。これを中国の内戦と見るか、日米への脅威と見るかです。中国の武力行使が許されないものであるとしても、日本の安全が脅かされたと評価するのは、安倍晋三元首相のような好戦論者はともかくとして、牽強付会でしょう。もちろん、台湾の側に立って戦闘に参加しなければならない法的義務はありません。米国には「台湾関係法」がありますが、これは日米同盟のような国家間の軍事同盟ではありません。そもそも、日本も米国も台湾を独立した国家としていないのです。

中国が台湾を武力で統一しようとしているという確固たる根拠もないままに、しかも、それが日本にどのような影響を与えるかの検証もないままに、軍事力強化と戦争準備が進行しているのです。私たちはその動きを止めなくてはなりません。

インド太平洋地域の安全

では、南シナ海における中国の活動に反対し、自由で開かれた南シナ海における強固な共通の利益を再確認する、ということはどうでしょうか。中国が、南シナ海の岩礁の領有権を主張し、軍事基地を建設していることは周知のとおりです。中国はベトナムやフィリピンと軋轢を引き起こしていますし、常設仲裁裁判所の判断にも従わないとの姿勢も示しています。中国のこのような態度が許されないことはそのとおりです。

日米両国は、そのような事態を踏まえ「ルールに基づく国際秩序に合致しない中国の行動を懸念する」とするだけではなく、「自由で開かれたインド太平洋と包摂的な経済的繁栄を推進するというビジョン」を発展させるために「すべての領域を横断する防衛能力を進化させ」、「拡大抑止を強化し」、「二国間及び多国間の軍事訓練を行い」、「辺野古基地を早期に建設する」としているのです。

中国脅威論の意味すること

このように見てみると、日米両国は、中国の国内外での問題行動を列挙して中国脅威論を煽り立て、日米同盟強化と日本の軍事力増強を進めているのです。日米同盟と日本の軍事力は、中国の人権状況や香港問題の解決には何の役にも立ちません。中国が台湾に武力統一を仕掛けた場合に日米が参戦すれば大戦争になります。日米両国は大戦争をしたいのでしょうか。私は、偶発的衝突も含めて、武力衝突を恐れていますが、軍事力増強は「インド太平洋地域、そして世界全体の平和と安全の礎となった日米同盟を新たにする」ためだと考えています。日米は、台湾有事のあるなしにかかわらず、軍事力増強を企図しているのです。

それは、日米両国の共通の原則を認めない国家との軍事衝突に備えるためです。中国という新たに台頭した覇権国に対して、米国という衰退しつつある覇権国が日本という子分を従えて新覇権国を叩くという構造です。「核の時代」に覇権を軍事力で争えば、すべてが失われることになります。それが核兵器の特性です。武力での覇権争いは「時代遅れ」になっているのです。

また、共同声明は次のようにいいます。

我々は共に、自由民主主義国家が協働すれば、自由で開かれたルールに基づく国際秩序への挑戦

に対抗しつつ、新型コロナウイルス感染症及び気候変動によるグローバルな脅威に対処できることを証明することを誓う。

判りにくい日本語ですが、ここでは自由民主主義国家の協働が説かれています。その協働で「自由で開かれたルールに基づく国際秩序に挑戦」する勢力（たとえば中国や北朝鮮）に対抗しつつ、「新型コロナ」や「気候変動」に対処しようというのです。「新型コロナ」や「気候変動」は自由民主主義国家だけで解決できる問題ではありません。政治体制や経済システムの違いで対立していては解決できない全人類的な課題なのです。共同声明はそのことを無視しているのです。何とも非科学的で偏狭な姿勢ではないでしょうか。私は、このような姿勢に日米両国首脳の欲にまみれた幼稚さを見てしまうのです。

共同声明は、普遍的価値だとか自由で開かれたルールだとかの文言をちりばめていますが、一皮むくと、軍事力にものを言わせて我欲を実現しようとする時代遅れの代物なのです。

核兵器という究極の暴力に依拠しながら、飽くことのない利潤追求の姿勢をそこに見てとれるのではないでしょうか。

ところで突然ですが、私はこの中国を出汁にして軍事力の強化を図る姿勢に暴《ぼう》支《し》膺懲《ようちょう》という言葉を思い出しています（もちろん、実体験ではありませんが）。

暴支膺懲というスローガン

暴支膺懲は、満州事変、日中戦争、太平洋戦争と続く15年戦争の時代に、大日本帝国陸軍が編み出した反中国宣伝スローガンです。念のため確認しておくと、当時の中国は共産党政府ではなく国民党政府です。意味は「暴戻《ぼうれい》支那《しな》を膺懲《ようちょう》する」の短縮形で「横暴な中国を懲らしめよう」ということです。軍部が国民の戦争熱を煽るために利用したのです。当初、日本は「戦果」を挙げていましたが、結局、「国共合作」の抵抗にあい、中国大陸を支配することはできませんでした。大日本帝国の暴支膺懲はあえなく頓挫したのです。１９４９年、中国共産党は中華人民共和国を樹立し、国民党は台湾に逃れることになります。

暴支膺懲の行き着いた先と私たちの課題

当時、大日本帝国は鬼畜米英《きちくべいえい》も叫んでいました。その鬼畜の一つ米国は日本に原爆を投下しました。投下直後、米国大統領トルーマンは「太陽のエネルギー源となっている力が、極東に戦争をもたらした者たちに対して放たれた」と声明しました。暴支膺懲を叫んでいた者たちに対する報復が原爆投下の理由の一つとされたのです。

原爆は非戦闘員にも「容認しがたい苦痛と被害」をもたらしました。東京地方裁判所は、当時の国際人道法に照らしても違法だったと判断しています。無防守都市に対する無差別爆撃は許されないとしたのです。原爆使用は許されることではありません。けれども、原爆投下が日本の植民地支配からの解放をもたらしたとの意見もあるのです。日本を加害者とする植民地支配を受けた人たちの声です。

いずれにしても、原爆は、武力で欲望を実現しようとした者たちに対しても、そうでない人に対しても、無差別で、残虐で永続的な被害をもたらしたのです。これが、暴支膺懲の行き着いた先です。

そういう過去があるにもかかわらず、またもや、中国敵視と武力衝突の準備が進んでいるのです。ただし、当時と大きく異なる事情があります。1つは、現在、日米が同盟を組んで中国共産党を敵視し懲らしめようとしていることです。もう1つは、米国も中国もその数は大きく異なりますが核兵器を持っているということです。そして、安保法制で歪められているとはいえ日本国憲法9条が存在することです。

逆に、共通していることは、武力で物事を解決しようとする勢力が大手を振っていることです。このような過去を持ち、現在を生きている私たちが、どのような選択をしなければならないのかは明らかではないでしょうか。武力で自国の意思を貫徹しようとすれば、どのような結末が待っているかを、私たちは経験しているのです。しかも、「核の時代」にあっては、より壊滅的な人道上の結末がもたらされるのです。そのことは核兵器禁止条約が明言しています。武力の行使は絶対避けなければならないのです。

憲法9条はその最も有効な防波堤です。核兵器禁止条約の普遍化も求められています。そして、私たちは武力によらない安全保障を確立しなければならないのです。それを考えてみましょう。

武力によらない解決を

暴力は死傷と破壊と絶望をもたらします。だから、人類は暴力を禁止し、そのタブーを破る者には制裁を加えてきました。私的決闘も禁止しました。それが法であり裁判です。けれども、世界は一つの国家ではありません。それぞれ別の価値と論理と制度で運営されています。だから、現時点では、裁判という法的解決は困難です。国際司法裁判所は存在しますが、各国政府が各国人民に対して行使できるような強制管轄権を持っているわけではありません。だから、まだ、国際社会では殺傷力と破壊力が幅を利かしているのです。

国際社会では、決闘を禁止したような知恵は働かないのでしょうか。そんなことはありません。戦争を繰り返していたヨーロッパでも東南アジアでも国家間の武力闘争は減っています。

たとえば、ASEAN（東南アジア諸国連合）を見てみましょう。ASEANは、1967年の「バンコク宣言」によって設立された東南アジアのブルネイ、カンボジア、インドネシア、ラオス、マレーシア、ミャンマー、フィリピン、シンガポール、タイ、ベトナムの10か国で構成されています。1967年当時、東南アジアは「分断と敵対」に支配されていました。ベトナムは南北に分断され、米国との戦争の渦中にありました。東南アジアの多くの国が、戦争、干渉、外交紛争、国境、領土紛争などを抱え、域内10か国では戦火の絶えない日々が続いていたのです。それが、現在では武力紛争がない地域になっているのです。

その成功の秘訣は「ＡＳＥＡＮの域内では、様々なレベルの会合が年１０００回行われていること」だといわれています。それだけ話し合いが行われれば、相互理解と相互信頼が進み、紛争が起きても戦争にはならないそうです。普通の人は「話せばわかる」のです。

もちろん、ＡＳＥＡＮも問題を抱えています。加盟国間もそうですし、加盟国にも様々な問題があります。ミャンマーでは軍事クーデターが起き、軍部が政権を握って暴力的支配をしています。各国はミャンマーを会議から排除しています。どの国にも人権や民主主義をめぐっての葛藤はあります。さらには、日米や中国もＡＳＥＡＮ諸国を味方につけようと策略を巡らせています。ＡＳＥＡＮがバラ色ということではありません。けれども、１９６７年当時よりも平和で安定した地域になったことは間違いないでしょう。それを北東アジアでも参考にすることが求められています。

結び

共同声明は、中国と北朝鮮を名指しで非難しています。日米の価値観と違うという理由です。国際社会がすべて同じ価値観の国家で構成されるということはありえないでしょう。個人は多様性に富んでいるし、それぞれの社会の発展の度合いは違うからです。

共同声明が繰り返しいう普遍的価値や共通の原則も、仮にそれが人道と正義にかなうものであったとしても、押し付けてはならないでしょう。共同声明は、日米両国の間には普遍的な共通の価値があるとしていますが、自民党は、日本国憲法は米国に押し付けられたものだから変えようとしています。自民党も「押し付け」は嫌いなのです。中国共産党も「教師面でものをいうな」と米国に反発しています。

国連憲章は「すべての加盟国の主権平等原則に基礎を置く」としています。また「すべての加盟国は平和的手段によって……解決しなければならない」としていますし、武力の行使や武力による威嚇も禁止しています。これらは決して難しい注文ではないでしょう。相互にリスペクトして、殴り合いではなく、話し合いで決めろとしているだけだからです。

話し合いで解決されると、失業する軍人、金儲けの機会がなくなる軍事産業、威張ることができなくなる政治家、したり顔をできなくなる専門家、煽り立てる材料がなくなるマスコミも出てくるでしょう。彼らの抵抗は激しいものになるでしょう。そのことは「野党共闘」に対する激しい攻撃を見ればわかりやすいのではないでしょうか。

けれども、私たちは、そのような人たちだけではないことも知っています。気候危機に立ち向かう人、貧困や格差の解消を求める人、反核平和運動に献身する人、9条の擁護と世界化を進める人、差別や冤罪と戦う人、社会的弱者を支える人、ジェンダー平等や性の多様性を求める人、食料自給率を上げようとする人などなどです。

今、私たちは、中国や北朝鮮に恐怖や不安感を抱く人たちや9条に疑問を持つ人たちとの対話や論争が求められています。不安や疑問を煽り立てる言説があふれているからです。その中で私たちは鍛えられるし、新しい時代を築く力が蓄えられるのです。100年前、この国では天皇制を批判し、戦争に反対し、国民や労働者の権利を主張し、私有財産制に疑問を投げかけることは犯罪とされていました。けれど、現在は、堂々と語り行動することが可能なのです。歴史はそのように進歩しているのです。国家も社会も私たちが主人公なのです。悔いのないように楽しく生きることにしましょう。

（2021年12月8日記。『反核法律家』2022年春号掲載）

5　バイデンとトランプの対中国政策は変わらない

――米国で進む対中国戦争準備――

はじめに

今年（2022年）秋、米国では中間選挙が予定されています。バイデン政権の中間総括が行われることになります。共和党は、各州で黒人やヒスパニックなどの投票権を妨害する法律を制定し、中間選挙での勢力拡大を図っています。そして、それだけでは足りないとして、トランプ前大統領の影響力に依存しようとしているようです。「トランプなしに我々はやっていけない」と有力な上院議員も語っているそうです。「トランプ・ブランド」は良きにつけ悪しきにつけ、大きな影響力があるようで、トランプに忠誠を誓う動きを「トランピズム（トランプ主義）の極性化現象」という人もいます。[*1]

他方、バイデン政権は経済政策の面で、直接給付の追加、失業手当の上積み、児童手当の創出など民主党内の左派が驚くほど左旋回しているようです。けれども、有権者が、中間選挙でバイデン政権に期待できないという選択をすれば、トランプ派支持に雪崩を打つのではないかとの予測もあります。[*2]

いずれにしても、米国国内の分断と対立は深刻なようです。けれども、両派の間に違いがない政策があります。それは対中国政策です。

トランプ政策を継続

バイデン大統領に指名されたブリンケン国務長官は、「トランプ氏が、中国に対して強硬姿勢をとったことは正しかった。我が国の対外政策に有益であった」と言明しています。トランプ政権時代の対中国政策を継承するという姿勢です。トランプ政権は、それまでの「関与政策」から強硬路線に転換し、中国を「競争相手」と規定しました。[*3] そして、バイデン政権は、昨年の暫定版国家安全保障戦略で、「新たな脅威」として中国を筆頭に挙げ「中国は安定し開かれた国際システムに継続的に課題を突きつけるために、自国の経済力・外交力・軍事力・技術力を組み合わせる能力を保持し得る唯一の競争相手である」としていました。[*4] この姿勢は、2月11日公表された「インド太平洋戦略」でも確認されています。そこでは、中国が「世界で最も影響力のある大国になろうとしている。インド太平洋が最も顕著だ」と指摘し、「今後10年間の米国の努力次第で、中国が（既存の）ルールや規範を改めるのに成功するかどうかを決する」と強調されています。[*5]

米国議会の動き

昨年、米国上院外交委員会に、民主・共和超党派によって「2021戦略的競争法案」が提出され、ほぼ全会一致で可決され、同法案と半導体、通信、AI等の振興を推進する「エンドレス・フロンティア法案」等が一つの法案にまとめられ（「米国イノベーション・競争法案」）本会議で可決されています。

その法律では、対中国制裁・規制強化方針の完全な履行、規制についての同盟国・パートナー国との意見交換の義務づけ、ウイグル人権法の制裁対象行為規定の改正強化、大学等への100万ドル超の資金提供、グローバル・サプライチェーンの多様化支援、中国共産党の影響力への対抗基金の設置、台湾は米国の戦略上不可欠な要素として台湾政府には他国政府と同じ基準で関与、核・ミサイル等の軍備に関する永続的な安全保障戦略等が盛り込まれています。[*6] 日本に関しては、長距離精密打撃兵器の開発、防空、ミサイル防衛能力への支援、日米豪間での防衛関係の強化等が含まれています。*7

米国では、超党派の共同歩調で、対中国「国家総動員体制」が整えられつつあるようです。米国民の中国に対する感情は悪化しているので、民主党も共和党も、中間選挙を考えれば対中国強硬路線の強化しか選択肢がないのでしょう。

同盟国日本との意見交換

その米国の方針に基づいて、今年1月、2+2の会議（外務・防衛の大臣協議）が行われました。そこでは中国について次のように語られています。

ルールに基づく秩序を損なう中国は、地域及び世界に対する政治的、経済的、軍事的及び技術的な問題を提起している。地域における安定を損なう行動を抑止し、必要であれば対処するために協力する。

抑止力や対処力とは軍事力です。そして、日本の軍事力の強化と米国の核抑止力については次のように語られています。

日本は、国家の防衛を強固なものとし、地域の平和と安定に貢献するため、防衛力を抜本的に強化する。米国は、インド太平洋における態勢と能力を最適化する。米国は、核を含むあらゆる能力を用いた日米安全保障条約の下での日本の防衛に関与する。

そして、両国閣僚は次のように誓うのです。

閣僚は、自由で開かれたインド太平洋地域への関与を強く再確認し、地域の平和、安全及び繁栄の礎としての日米同盟の不可欠な役割を認識した。閣僚は、国力のあらゆる手段、領域、あらゆる状況の事態を横断して、未だかつてなく統合された形で対応するため、戦略を完全に整合させ、共に目標を優先づけることによって、同盟を絶えず現代化し、共同の能力を強化する。

要するに、中国は地域における安定を損なう行動に出ていると決めつけて、これを抑止し対処するために、日本は防衛力を抜本的に強化し、米国は核を含む能力でインド太平洋地域に関与するとしているのです。

さらに、次のような合意も行われています。

画期的な日豪円滑化協定の署名、日本による初めての豪州の艦船に対する武器等防護任務及び日

米それぞれの豪州との安全保障・防衛協力を支持する。英国、フランス、ドイツ及びオランダなど欧州のパートナーや同盟国による、インド太平洋における更なる関与を歓迎し、多国間演習や展開の拡大を支持する。

日米は、オーストラリアやＮＡＴＯ諸国と連携しながら、中国と軍事的に対抗すると宣言しているのです。日本は、自国の防衛のためだけではなく、地域の平和と安定に寄与するために軍事力を抜本的に強化するとしているのです。「専守防衛」ではないのです。これが、敵基地攻撃能力や軍事費の増大がいわれ、改憲が進められている背景事情です。

大日本帝国の時代、この国は「大東亜共栄圏」を創出するとしてアジアに侵略しました。今度は、「インド太平洋地域の平和と安定」のために軍を出そうというのです。自由と民主主義という価値観を共有する同盟国が、権威主義をとる国と対抗するという口実で、自らの繁栄のために、「熱い戦争」を準備しているのです。

中国から見れば

このような姿勢が中国の反発を引き起こし、軍拡競争を激しくし、この地域を不安定化することは明らかでしょう。台湾、ウイグル、香港、尖閣等がいわれていますが、事態はもっと全面的な対立なのです。ちなみに、ストックホルム国際平和研究所によれば、２０２０年の中国の軍事費は2520億ドル。中国包囲網である米日印豪4か国（QUAD）の軍事費は9275億ドルです。世界全体の46・6％を占めています。[*8] さらにNATOも敵対しているのです。中国からすればこの態勢は大きな脅威と映っているでしょう。軍備増強を図り、国内体制の引き締めに入るでしょう。

14億人の人民と9000万人を超える中国共産党が[*9]黙って白旗を掲げるとは誰も考えないでしょう。偶発的な衝突や謀略が「熱い戦争」の発火点となることは歴史的にいくらもあったことです。大日本帝国にもアメリカ帝国にもその「前科」はあります。そして、盧溝橋事件を起こした大日本帝国は中国に敗れ、トンキン湾事件を起こしたアメリカ帝国はベトナムに敗れています。それでも戦争は遂行されたのです。

戦争で得をするのは誰か、苦しむのは誰か

このような問いはほとんど無意味です。その解答はあまりにも自明だからです。2016年に稲田朋美氏が防衛大臣になったとき、彼女は三菱重工業、川崎重工業、三菱電機、IHI、日立製作所などの株を夫名義で購入しました。いずれも防衛装備庁の契約金額上位の企業です。安倍政権は、稲田氏が行革担当相として在任中の2014年4月に新たな防衛装備移転三原則を設け、それまで禁じていた武器輸出を事実上解禁しました。[*10] 稲田氏は金儲けのチャンスを狙ったのです。

けれども、それは決して彼女の抜け駆けではありません。2015年9月15日、日本経団連は

「防衛産業政策の実行に向けた提言」を発表しています。武器・弾薬などの装備品の輸出を国家戦略として推進すべきだという提言です。その4日後、自公政権は「安保法制」を強行採決します。榊原定征経団連会長（当時）は「安全保障法制が成立したことを歓迎したい」とコメントするのです。[*11] 日本の財界あげての策略なのです。日本にも「死の商人」やそのパシリや太鼓持ちは存在するのです。

もちろん最もほくそ笑むのは米国の軍産複合体です。[*12] 私が彼らを軽蔑し嫌悪する理由は、彼らは単に金儲けを目論むだけではなく、殺傷と破壊が不可欠のものであり、あたかも正義にかなうこととして、人々を死地に追いやるからです。

ウイグルの人権状況や香港の民主主義が戦争で好転するはずはありません。そもそも、人権や民主主義は軍事力と対極にある課題だからです。中国の海洋進出や尖閣での挑発に軍事力で対抗しても事態はかえって複雑化するだけです。むしろ、沖縄や南西諸島を戦場にし、堪えがたい苦痛と被害をもたらすことになるでしょう。

国家安全保障の代替手段はあります。人間には言葉があるからです。たいていのことは「話せばわかる」のです。[*13] 殺し合いで決着づけることは最悪の愚行です。武力衝突など、核兵器の応酬のあるなしにかかわらず、絶対に避けなければならないのです。

（2022年2月12日記）

脚注

＊1　本田浩邦「アメリカの政治・イデオロギー」（『経済』２０２1年8月号）
＊2　同右
＊3　米国は、中国の台頭と戦後国際秩序への統合を支持することにより中国が自由主義化すると考えていたが（関与政策）、その期待に反してきたので、中国非難と対抗措置（強硬策）をとるようになった。中国が思い通りにならなくなったので中国を叩こうという方針転換。
＊4　宮崎礼二「バイデン政権の対中国政策」（『経済』前掲）
＊5　https://www.nikkei.com/article/DGXZQOGN115IN0R10C22A2000000/
＊6　https://www.cistec.or.jp/service/uschina/37-20210428.pdf
＊7　宮崎・前掲
＊8　同右
＊9　２０２1年6月5日時点で中国共産党の党員数は９５１4万８０００人、党の末端組織数は４８６万４０００。人民網日本語版２０２1年7月1日付
＊10　しんぶん赤旗２０１6年9月27日付
＊11　佐々木憲昭『日本の支配者』（新日本出版社、２０１9年）
＊12　ロッキード・マーチン、ボーイング、レイセオン、ノースロップ・グラマン、ジェネラル・ダイナミクスは米国5大軍需産業といわれている。

＊13　２０１１年、オバマ大統領（当時）は、新戦略兵器削減条約（新ＳＴＡＲＴ）を発効させる際に、米国軍産複合体と議会の猛烈な反対を弱めるために、小型核爆弾による「使える核」の開発を始めた。小型核爆弾とはヒロシマ型原爆の15分の1から7・5分の1威力（ＴＮＴ換算1キロトンから2キロトン）の核弾頭。以来、米国は小型核の開発を続けている。山脇友宏「トランプ政権と軍産複合体・下」（『経済』２０１８年11月号）

第3部

核兵器廃絶のために

1　核兵器5か国首脳共同声明の虚妄

２０２２年1月3日、米、ロ、中、仏、英5か国の首脳が、**核戦争の防止と軍拡競争の回避に関する核兵器国5か国首脳の共同声明**を発出した。こういう声明を5か国首脳が共同で出すのは初めてだという。その意味を考えてみたい。

声明の概要

声明の冒頭は「**我々は、核戦争は勝つことができず、決して戦ってはならないことを確認する。核兵器の使用は広範な影響を及ぼすので、核兵器が存在する限り、防衛目的、侵略の抑止、戦争の防止のために役立てることを確認する。我々は、このような兵器の更なる拡散を防止しなければならない**」とされている。

続けて「**我々は、核の脅威に対処する重要性を再確認し、二国間および多国間の核不拡散、軍縮、軍備管理に関する合意を維持し遵守する。我々は、核不拡散条約**（ＮＰＴ）**第6条を含む義務にコミットしている**」としたうえで、「**我々は、核兵器の意図しない使用を防止するための国内措置を強化する。我々のいかなる核兵器も相互に、あるいは他のいかなる国家にも向けられていない**

ことを再確認する」としている。

結びは「我々は、すべての国にとって安全性が損なわれない『核兵器のない世界』という究極の目標に向けて、軍縮の進展により安全保障環境を構築するために、すべての国と協力していく。我々は、すべての人を危険に晒す軍拡競争を防ぐために、二国間および多国間の外交的アプローチを引き続き模索する。我々は、相互に尊重し、互いの安全保障上の利益と懸念を認識した上で、建設的な対話を追求する」とされている。

「核戦争は戦ってはならない」の意味

声明では、**核戦争は戦ってはならない。核軍拡競争はすべての人を危険に晒す**としている。そのことはあまりにも当然のことであって「何を今さら」というところである。

核戦争に勝者はないし、戦ってはならないという合意は、1985年のレーガン米国大統領（当時）とゴルバチョフソ連共産党書記長（当時）との間で確認されていたことだし、昨年の米ロ首脳会談でも再確認されている。核軍拡競争が人類社会を危険に晒すことは誰でも知っている。だから、NPTや核兵器禁止条約が存在し、米ソ（ロ）間での核軍縮交渉も行われたのである。そして、1986年当時の7万発の核弾頭数に比べれば、1万3000発台まで減少してきているのである。

それでもなお、全人類にとって危険な状態が続いているので、どうするかが問われているのである。にもかかわらず、声明は当たり前の口上を述べているだけなのである。もし、本気で「戦ってはならない」というのであれば、核兵器をなくす方策こそが語られるべきであろう。核戦争ができるのは核兵器国だけなのである。声明はそのことに触れないだけではなく、むしろ、核兵器の必要性を強調しているのである。

核兵器は抑止力

声明では「**核兵器の使用は広範な影響を及ぼすため、核兵器は、防衛目的、侵略の抑止、戦争の防止のために役立てる**」としている。「**広範な影響**」というのは禁止条約がいう「**壊滅的人道上の結末**」の生ぬるい言い方であろう。声明はそれを知りながら、核兵器に依存するというのである。5か国は核兵器を使用するとの意思を持っているのである。そうでなければ戦略論としては成り立たないであろう。結局、声明は国家安全保障のために核兵器使用を選択しているのである。そのことは「**すべての国にとって安全性が損なわれない『核兵器のない世界』という究極の目標に向けて、軍縮の進展により安全保障環境を構築する**」や、「**相互に尊重し、互いの安全保障上の利益と懸念を認識した上で、建設的な対話を追求する**」という部分にも表れている。核兵器廃絶は究極の目標とされているのである。

1980年の国連事務総長報告「核兵器の包括的研究」は、**国家安全保障のために核兵器の使用を不可欠の要素とする理論は、国連憲章の理念である「法を通しての平和」と両立しがたい**としていた。[*1]

声明は、この報告などなかったかのように振舞っているのである。

また、2010年のNPT再検討会議では「**核兵器の完全廃棄が核兵器の使用あるいは使用の威嚇を防止する唯一の保証であることを再確認する**」と合意されている。この合意には5か国とも参加していた。今回の声明はそのことも忘れているかのようである。

戦ってはならない核戦争の危険をなくすための抜本的な方法は核兵器をなくすことだということは誰にでもわかる理屈である。5か国の首脳はそんなことも理解できていないのであろうか。

NPTは6条も含め遵守している?

声明は「**我々は、核不拡散条約**（NPT）**第6条を含む義務にコミットしている**」としている。6条は、核軍拡競争の停止、核軍縮に関する効果的な措置、国際的管理の下での完全な軍縮に関する条約についての交渉義務を規定しているが、声明は、この条文にもコミットしているというのである。もし、彼らがこの条文のとおりに振舞っているのであれば、そもそも核兵器禁止条約は必要なかったであろう。岸田文雄首相も「**NPTの下での核軍縮の進展のなさは、核兵器禁止条約の採択にもつながりました**」としているところである。[*2]この声明はこの間の事実経過を曲げているのである。

ただし、5か国がすべての合意を無視しているということではない。二国間あるいは多国間の条約が遵守されているケースももちろんある。「**合意を遵守する**」ことは国際法上だけではなく人間社会の厳然たる掟であって、偉そうにいうほどのことではない。

また「**核兵器の意図しない使用を防止するための国内措置を強化する**」などというのは余りにも当然であろう。猛犬をつないでおくのは飼い主の義務である。

軍縮交渉は可能か

声明は「**軍縮の進展により安全保障環境を構築するために、すべての国と協力していく**」などとしている。けれども他方では、核兵器の増加や機能向上のために多額の予算を計上し、核兵器使用の敷居を下げている。北朝鮮やイランにはあれこれ注文しているけれど、自国の核兵器にはしがみついている。ウクライナや台湾では軍事的対決を強めている。東シナ海や南シナ海での覇権主義的振る舞いに及ぶ国もある。安全保障環境を悪化させているのは彼らである。

「軍縮の進展」や「安全保障環境の構築」などと、どの口がいうのかと思えてならない。もしそれをいうなら、せめて、すべてのＩＣＢＭから核弾頭を外してからにして欲しい。

まとめ

そもそも、核兵器で対峙しながら（米ロは警報即発射態勢にあるし、米中の対立も厳しい）、安全保障環境を整えることは事柄の性質上無理である。にもかかわらず、こんな声明を出すのは何か思惑があるに違いないと考えるのが自然であろう。私は、彼らが自分たちも核軍縮に気を配っているという顔をしておきたいからであろうと推察している。悪者になりたくないのであろう。彼らは一皮むけば小心者なのかもしれない。

今年3月には、核兵器禁止条約の第1回締約国会議が予定されている。署名国や批准国以外でもスイス、スウェーデン、フィンランドなどがオブザーバー参加を表明しているし、NATO加盟国のドイツやノルウェーも参加しようとしている。[*3] 5か国からすれば、何か置いていかれるような焦りを感じているのであろう（実際そうなのだけれど）。核兵器禁止条約発効の効果がこういう形で表れているのである。

核兵器が使用されれば「壊滅的人道上の結末」や「広範な影響」がもたらされることについては、すべての国家が認めていることである。そのような事態を引き起こさない唯一の確かな方策は核兵器を速やかに廃絶することである。そのことも誰もが認めざるを得ないことである。今回の5か国共同声明は、彼らの意図とは逆に、その論理則を改めて確認する機会となっているのである。

私は、そこにだけ、共同声明の意味を認めている。

（2022年1月5日記）

脚注

＊1 国連事務総長報告『核兵器の包括的研究』（服部学監訳、連合出版、1982年）、113頁

＊2　２０２１年12月9日、第３回核軍縮の実質的な進展のための1・5トラック会合に際しての岸田総理挨拶

＊3　締約国会議の議長に予定されているオーストリアのアレクサンダー・クメント外務省軍縮局のコメント。しんぶん赤旗２０２２年1月1日付

2　岸田首相の核兵器廃絶論の虚妄

岸田文雄首相は核兵器廃絶をライフワークだといっている。それを垂れ流しているマスコミもある。彼は「核兵器のない世界」を本気で実現しようとしているのであろうか。それを検証してみよう。

核廃絶をいう首相

岸田首相はその著書『核兵器のない世界へ』の中で「**戦後から75年。多くの被爆者がこの世を去る中で、戦争の記憶も被爆の実相も急速に色あせつつある。人類は再び悪魔の業火に手を伸ばしか**

ねない。……私たちは『核兵器のない世界』の実現に取り組まなければならない」などとしている。ここだけ読めば、被爆者に寄り添う首相のようである。

ＮＨＫは、反核活動家の坪井直さんの訃報を報道する際に「**坪井さんとは、核なき世界を目指してさまざまな場面でご協力をいただきました。坪井さんの想いを胸に刻み、前へ進む覚悟です**」との首相のツイッターを紹介している。これでは、坪井さんと首相が同じような核兵器廃絶論者だと受け止められてしまうであろう。

現時点での妨害分子

けれども、首相は核兵器禁止条約に反対しているのである。核兵器廃絶をいいながら、核兵器を全面的に禁止しその廃絶のための条約には反対しているのである。結局、首相は「すぐに核兵器廃絶はしない」としているのである。現時点では、首相は核兵器廃絶論者ではなく、核兵器廃絶の妨害分子なのである。首相が自分を坪井さんと同様の核兵器廃絶論者であるかのように振舞うことは詐欺的だし、そこを指摘しないまま報道するのは不適切である。いずれにしても許されることではない。首相もＮＨＫもその態度を改めるべきである。けれども、首相にそのような気配はない。どうしてそのような不誠実が可能なのだろうか。それを考えてみよう。

首相の核兵器観

氏はその著書で次のようにいう。

▼「核兵器を無くしたい」という思いは人一倍だ。しかし「直ちに廃棄しろ」といっても多くの国家が「はいそうですか」とはならない。

▼「核の傘」は、中国やロシア、北朝鮮などから身を守るための護身術。

▼「核の傘」は米国が日本に対して提供する抑止力。

▼日本は、非核三原則を国是として掲げながら、冷戦時代は旧ソ連、冷戦後は中国や北朝鮮の核の脅威に備えるため、米国の「核の傘」に依存するというのが国家戦略。

要するに、中国、ロシア、北朝鮮と対抗するために米国の核兵器が必要だということである。首相は政府同様に核兵器を「守護神」としているのである。氏のこれまでの政治的経歴（外務大臣、自民党政調会長など）からして当然のことであろう。なお、日本政府の核に関する国家戦略は、①非核三原則の順守、②核兵器の究極的廃絶、③米国の「核の傘」に依存、④核の「平和利用」の四原則である。

首相の議論の特徴

氏は核兵器を抑止力としている。核抑止が現実的に機能しているかどうかを検証する方法はない。また、抑止が破綻することもありうるし、核兵器が意図的ではなく使用される危険性も否定できない。核兵器禁止条約は、その危険性に着目して核兵器廃絶が必要だとしているのである。氏はこの事実を完全に無視している。ヒロシマを知っているというのであれば、いかなる理由があっても核兵器使用を避けるのが本来であろうが、氏はそうはしていない。「悪魔の業火」が人々を襲うことを容認しているのである。私はそういう人を核兵器廃絶論者とは呼ばない。むしろ、核兵器依存論者というべきであろう。ここでは、その発想の出自を考えてみよう。

「吉田ドクトリン」賛歌

岸田首相は吉田茂元首相を「傑出した政治指導者の一人」と評価している。その理由は、吉田が日本防衛を米国に任せたことと、その選択が「米国市場」が日本に提供され、「米国資本」も導入され、日本の奇跡的な高度成長をもたらしたからだという。「日本は核とドルの下で生きていく」という「吉田ドクトリン」に最大限の評価を与えているのである。そして、この「日本国の命運を米国の核とドルに委ねる」という基本姿勢は、現在も、何も変わっていない。岸田氏の著書は、そのことを私たちに判りやすく教えてくれているのである。

米国では、戦争を商売とする軍人、金儲けの機会とする軍事産業、その使い走りをする議員、それを支持する愚かで野蛮な選挙民がいまだ力を持っている。軍産複合体の支配である。その潮流に抵抗せずむしろ迎合する勢力は、この国にもいる。それが「核とドルに依存する」という意味である。私は、岸田氏や日本政府が核兵器と縁を切ろうとしないのは、ここに原因があると考えている。「米国に逆らうものは核で脅し、武力を行使してでも従わせる」という選択には、核兵器が必要なのである。

むすび

現在、政府は「禁止条約は国民の命と財産を危うくする」として、禁止条約への署名・批准は拒否しているし、締約国会議へのオブザーバ参加にも消極的である。

にもかかわらず、岸田氏は核兵器廃絶をいうのである。それは、核兵器がもたらす「容認できない苦痛と被害」や「壊滅的人道上の結末」、そして国民の反核感情を無視できないからであろう。けれども、氏は「核とドルの支配」を全面的に受け入れているので、米国の核兵器を否定する禁止条約を容認することはできないのである。だから「二枚舌」を使わなければならなくなるのである。それが首相の正体である。

私たちは、核兵器廃絶を未来永劫の理想ではなく、喫緊の現実的課題とするリアリストである。被爆者の願いに応えるためにも、また、私たちと次世代の未来のためにも、核廃絶の掛け声だけでない行動が求められている。
けれども、その戦いは「核とドルの支配」を全面的に受け入れている政治勢力との戦いでもあることを忘れてはならない。

（2021年11月11日記。『自由法曹団通信』2021年12月11日号に掲載）

3 日本政府は、なぜ、核兵器禁止条約を敵視するのか
――岸田首相の「核兵器のない世界」の実像――

第1回締約国会議の開催

2022年6月21日から23日、ウィーンで、核兵器禁止条約第1回締約国会議が開催された。締約国65か国（現在は66か国）中49か国とNATO加盟国であるドイツ、ベルギー、オランダ、ノルウェー、加盟申請中のフィンランド、スウェーデン、そして政権交代があったオーストラリアを含む34か国がオブザーバー参加している。それ以外に核兵器の使用や実験の被害者を含む85の非政府組織も参加している。

日本からは、被爆者や広島と長崎の市長は参加しているが、日本政府は参加していない。

政府が核兵器禁止条約に参加しない理由

政府が禁止条約に参加しない理由は次のように整理できる。

「我が国を取り巻く大変厳しい安全保障環境を踏まえれば、安全保障に万全を期するためには、日米安全保障体制の下で、米国の抑止力を維持することが必要。核兵器禁止条約は、現実の安全保障の観点を踏まえて作成されたものとはいえない」、「核兵器のない世界を実現するためには、核兵器国が実際に核兵器を削減することが必要だが、核兵器国は核兵器禁止条約を支持しておらず、これに参加していない」、「核兵器を直ちに違法化する禁止条約に参加することは、米国による核抑止の正当性を損なうものであり、国民の生命・財産を危険にさらすことになる」

ということである。わが国の安全保障のために米国の核兵器が必要なのに、それを否定する条約は国民の命と財産を危うくするというのである。これは禁止条約「反対」というよりも「敵視」であろう。これが政府の核兵器依存政策である。この姿勢は、あとで述べるように、唯一の戦争被爆国の政府が核兵器先制不使用政策に反対するという「笑えない喜劇」のような態度として現れることになる。ここではまず、現首相の言説を確認してみよう。

岸田首相の核兵器観

岸田首相は、自分は広島出身の政治家なので、「核兵器のない世界」の実現を自分のライフワークにしているという。たとえば、こんなことをいっている（『核兵器のない世界へ――勇気ある平和国家への志――』２０２０年、日経ＢＰ）。

「使える核」に手を伸ばした人類。「核のハードル」が着実に下がっている。戦後から75年の歳月が流れ、多くの被爆者がこの世を去る中で、戦争の記憶も被爆の実相も急速に色あせつつある。人類は再び悪魔の業火に手を伸ばしかねない。こうした状況を少しでも改善するために、私たちは知恵を出し合って「核兵器のない世界」の実現に取り組んでいかなければならない。

私としても、この岸田首相の核をめぐる情勢認識は同意できるところである。ここに着目すれば、あたかも岸田氏は核兵器廃絶論者のように見えるのである。けれども、彼は、核兵器禁止条約については次のようにいうのである。

岸田首相の核兵器禁止条約についての評価

「核兵器禁止条約は保有国と非保有国の対立を一層深刻化させるだけだ」

「直ちに廃棄しろといっても多くの国家がはいそうですかと応じるわけではない」

彼は「核兵器のない世界」の実現はライフワークだというけれど、禁止条約には反対なのである。その理由は、「核の傘」は中国やロシア、北朝鮮など核兵器に執着する国からその身を守るための現実的、かつ、必要最低限度の「護身術」だ、ということである。彼は、自公政権下での外務大臣や自民党の政務調査会長を歴任した人だから、政府の核政策と違う見解を持っているはずがないので、この禁止条約敵視論は別に不思議ではない。にもかかわらず、彼は、次のようにもいうのである。

岸田首相の「志」

核兵器はこの地上からすぐに無くなるものではない。核廃絶は人類にとって未来永劫、不可能な夢物語なのかどうか、その答えはまだ分らない。しかし、私は「その果てなき夢」をあきらめてはいない。

彼の「核兵器のない世界」の実現というライフワークは、実現可能かどうかわからない「夢物語」かもしれないのである。彼が高く評価するバラク・オバマ元米国大統領は、プラハで、「核なき世界」を呼び掛けた際に「自分が生きている間に実現するかどうか分らない」としていたけれど、岸田氏の「核兵器のない世界」はそれよりも曖昧な目標のようである。それが、岸田氏の「志」である。

ただし、それは、核武装を説く政治家や核兵器廃絶など全く興味のない政治家に比べれば、「良心的」といえばそうなのかもしれない。けれども、私たちは、彼が禁止条約を敵視していることを忘れてはならないであろう。そのことは、今回の第1回締約国会議の到達点と比較すればより明らかになるであろう。

ウィーン宣言

締約国会議では「核兵器禁止条約第1回締約国会合ウィーン宣言――核兵器のない世界への私たちの誓約――」と条約具体化に向けた「ウィーン行動計画」が発出された。ここでは、「ウィーン宣言」と岸田首相の言説を対比することにしたい。

待っている余裕はない

宣言は、禁止条約の発効で、核兵器は生物・化学兵器と同様に明示的かつ包括的に禁止されるようになったので、大量破壊兵器に対する国際的な法体系のギャップが埋められた。すべての国家が国際人道法を遵守する必要性を再確認するとしたうえで、「**核兵器の存在が全人類にもたらす危険性は非常に深刻であり、核兵器のない世界を実現するために直ちに行動を起こすことが必要**」、「**こ**

れが、いかなる状況下でも核兵器が再び使用されないことを保証する唯一の方法」、「**私たちには待っている余裕はない**」としている。

生物兵器や化学兵器については、その使用禁止と廃絶を目的とする条約が存在するけれど、核兵器についての同様の条約は存在しなかったが、禁止条約の発効で、その「法的ギャップ」が解消されたとしたうえで、核兵器廃絶を待ったなしの課題としているのである。核兵器の使用だけではなく、その存在自体が人類社会にもたらす危険が非常に深刻なので、「核兵器のない世界」の実現は待ったなしとしているのである。「果てなき夢」などと悠長なことをいっている岸田氏の「核兵器観」は、国際社会の到達点と比較すれば「周回遅れ」なのである。その遅れの原因は、岸田氏が核兵器の必要性や有用性を認めているからである。

あらゆる核の威嚇を非難する

「宣言」は核兵器使用の威嚇については次のようにいう。

核兵器の使用の威嚇とますます激しくなる核のレトリックに憂慮し失望している。核兵器のいかなる使用または使用の威嚇も、国際連合憲章を含む国際法の違反である。明示的であろうと暗黙的であろうと、またいかなる状況下であろうと、あらゆる核の威嚇を明確に非難する。

ロシアを名指ししていないけれど、あらゆる核威嚇を非難しているのである。最近のロシアの核威嚇は目に余るものがあるけれど、そのことだけに着目するのではなく、全面的禁止を宣言しているのである。ロシアを名指ししなかったことが「減点要素」のような言説もあるけれど、名指しの有無ではなく、核兵器使用の威嚇を全般的に強く非難していることに注目すべきであろう。

核抑止論にについて

そして、核のレトリックである核抑止論については次のようにいう。

核兵器は、平和と安全を維持するどころか、強制、脅迫、緊張を高める政策の道具として使われている。核抑止論は、核兵器が実際に使用されるという威嚇、すなわち無数の生命、社会、国家を破壊し、地球規模の壊滅的な結末をもたらす危険性に基づいており、その誤りをこれまで以上に浮き彫りにしている。

宣言は核抑止論を完全に否定しているのである。核兵器保有国や依存国が核兵器を安全保障の道具とする理由は、核兵器を自国の安全保障のために必要かつ有用とする「核抑止論」に依拠しているからである。そして、この「核抑止論」を完全に無視することはできないとする言説も存在している。たとえば、1996年の国際司法裁判所の勧告的意見も、その一例である。禁止条約がその地平を乗り越えていることを「宣言」は再確認しているのである。「核兵器のない世界」に向けての国際法は発展しているのである。

そして、米国の「核の傘」に依存する日本政府がこの会議に出たくなかった理由はここにある。日本政府の「禁止条約敵視」の根本的理由は、禁止条約が核兵器を「安全のための道具」ではなく「緊張を高める道具」として「汚名を着せている」ことにあることが確認できるであろう。

不穏な動きを停止し、資源のより良い活用を

さらに、現状を踏まえて、核兵器に依存する姿勢を次のようにいう。

依然として約1万3000発の核兵器がある。これらの核兵器の多くは高度警戒態勢にあり、数分以内に発射できる状態にある。一部の非核武装国が核抑止力を擁護し、核兵器の継続的な保有を奨励し続けている。増大する不安定性と明白な紛争は、意図的であれ事故や誤算であれ、核兵器が使用される危険性を高めている。核武装国やその同盟国のいずれも、核兵器への依存を減らすための真剣な措置をとっていない。すべての核武装国は、核兵器の維持、近代化、改良、拡大のために巨額の資金を費やし、安全保障政策において核兵器をより重視し、その役割を増大させている。「こうした不穏な動きを直ちに停止させ」、「これらの資源を持続可能な開発のためにより良く活用する」よう求める。

宣言は、破壊と殺傷のために資源が浪費されることを止めようというのである。しかも「一部の非核武装国が核抑止力を擁護し、核兵器の継続的な保有を奨励し続けている」として、暗に日本政府をも批判しているのである。

発射体制にあるミサイルが誤射されそうになった事例が報告されている（巻末資料参照）。今後も起きないとは限らない。間違いを犯さない人間はいないし、故障しない機械はないからである。おまけにプーチンのような男が発射ボタンを握っているのである。トランプも「なぜ、核兵器を使用できないのか」と何度も下問していたそうである。発射されたミサイルを呼び戻す方法はない。

２０２０年のＩＣＡＮの発表によれば、核兵器に費やされる費用は、核保有国９か国で２０１９年の１年間に合計で７３０億ドル（約10兆円）。18年から71億ドルの増加。トランプ政権下で新型核の開発や最新鋭化を進める米国のみで３５４億ドルだという。

核不拡散条約（ＮＰＴ）との関係

ＮＰＴとの関係については次のとおり指摘されている。

核不拡散条約（ＮＰＴ）は軍縮・不拡散体制の礎石である。禁止条約は、核軍拡競争の停止および核軍縮に関連する措置として核兵器の包括的な法的禁止を発効させることにより、ＮＰＴ６条の

実施を前進させた。すべてのＮＰＴ締約国に対し、６条の義務およびＮＰＴ再検討会議において合意された約束を完全に実施するための努力を再活性化することを求める。

禁止条約とＮＰＴは対立するとの言説もあるけれど、この宣言はその指摘を正面から否定したうえで、核兵器保有国を含むＮＰＴ締約国に対してＮＰＴ６条の義務の完全実施を求めているのである。

ところで、日本政府は、禁止条約は「敵視」しているけれど、６条を含むＮＰＴに全面的にコミットするとしている。その旨の「日本決議」を毎年国連総会で提案しているし、今年はその旨の米国との共同宣言でもしているところである。そして、岸田首相は今年の再検討会議には、歴代総理として初めて参加するという。これらの姿勢は、禁止条約に反対する「隠れ蓑」的な側面もあると思うけれど、否定しなければならない理由はない。ＮＰＴ体制が完全実施されれば、「核兵器のない世界」は実現することになるからである。ＮＰＴ６条は、核軍拡競争の停止、核軍縮の推進、全面的軍縮の交渉とその完結を規定していることを再確認しておきたい。

私たちは楽観と決意を持って前に進む

そして、「宣言」では次のように決意表明している。

私たちは、私たちの前に横たわる挑戦と障害について、何の幻想も抱いていない。しかし、私たちは楽観と決意を持って前に進む。私たちは、核兵器がもたらす壊滅的な危険性に直面している人類の生存のために、最後の国がこの条約に参加し、最後の核弾頭が解体・破壊され、地球上から核兵器が完全に廃絶されるまで、休むことはない。

「宣言」は、「核兵器のない世界」を実現するうえで、大きな障害が存在することも、その克服には巨大なエネルギーが必要であることも承知しているのである。米国が核兵器禁止条約に入らないように各国に「書簡」を出していることは、つとに知られているところである。それらにめげないで、「楽観」と「決意」をもって前に進むというのである。私は痛く感動している。そして、この締約国会議に参加した人たちの高い志に心からの敬意を表している。

まとめ

この宣言の「決意」と岸田首相の「志」を比較すれば、彼のライフワークの底の浅さが透けて見えるようである。これが、唯一の戦争被爆国の首相の実像である。けれども、私はそのことを嘲笑する立場にはない。日本の主権者の一人だからである。

ここで、日本政府の核依存体質について再度述べておくことにする。日本政府は、米国が「先制不使用政策」を検討した時、その政策転換に異議を述べたのである。「先制不使用政策」とは、「核兵器攻撃があった場合にのみ、核兵器を使用する。先行して使用することはない」という政策である。すべての核兵器国がこれを採用すれば、意図的な核兵器使用はなくなるので、「核兵器のない世界」は近づくことになる。もちろん事故や誤算による核兵器発射はありうることは考慮に入れるとしても、「先制不使用政策」に反対する理由はない。

ところが、日本政府は反対なのである。北朝鮮から非核兵器による攻撃がなされた場合に核兵器による反撃がないとすることは、北朝鮮に間違ったメッセージを送ることになるというのが、その理由である。場合によっては、米国に先制核兵器使用を依頼するというのである。東京やピョンヤンの崩壊が排除されていないのである。これが日本政府の実像である。

私たちは、これらのことを前提に「核兵器のない世界」を希求しなければならないのである。そのために何から始めるか。私は、政府が禁止条約には反対するけれど、NPTには完全に関与するというのであれば、そのことの実践を求めたいと思っている。

具体的には、今回のNPT再検討会議で、NPT6条を具体化する提案を要望するのである。すでに、国連には、コスタリカやマレーシアによって、モデル核兵器条約案が提起され、核兵器の全面的禁止と廃絶のための条文が示されているのである。

第6条にコミットするというのであれば、せめてその程度の提案をすべきであろう。核兵器という絶滅だけを目的とする「悪魔の兵器」に依存している連中のことだから軽々には信用できないけれど、彼らの言い分に乗っかって何かを求めることもありかなとも思うのである。可能なことはすべて試したいからである。

（２０２２年７月４日記。『法と民主主義』２０２２年８・９月合併号に掲載）

４　浅田正彦氏は「核兵器廃絶」をいわない!?
――「核兵器禁止条約の第１回締約国会議：ＮＰＴとの関係をめぐって」を読む――

本稿の主題

浅田正彦氏（同志社大学教授）が、国際問題研究所の「国問研戦略コメント（２０２２－09）」で、「核兵器禁止条約の第１回締約国会議：ＮＰＴとの関係をめぐって」と題する論考を書いている。本稿はその論考に対する批判的検討である。

浅田氏は、もともと、核兵器禁止条約（以下、ＴＰＮＷ）について「核軍縮にとって無意味なだけではなく、むしろＮＰＴ体制が大きく揺らぎ、核不拡散の基礎を損なうことにもなりかねない」としていた人である（毎日新聞２０１７年７月12日付）。その人が、ＴＰＮＷの第１回締約国会議をどのように観察し、ＮＰＴとの関係をどのように位置づけるのかは、大いに気にかかるところである。

以下、氏の見解を紹介しながら、私なりのコメントを付することにする。

ＴＰＮＷとＮＰＴの関係

氏は「ＴＰＮＷがＮＰＴから生まれ、ＮＰＴ第６条を補完するものであるというのは誤りではないにしても、両者の関係は相互補完的というほど密接ではない」、「ＮＰＴとＴＰＮＷは相互補完的であるという見方は一面的であり、必ずしも正しくない」などとしている。「補完性」は否定しないが、「相互補完的」だというのは正しくないというのである。なかなか微妙な言い方である。

氏は「ＴＰＮＷはＮＰＴプロセスに対する失望感に由来する」ことは認めているので「補完性」は否定しない。けれども、「両条約の『核抑止』に対する考え方は根本的に異なる」ので「相互補完性」は認められないというのである。

先日、外務省の担当課長は「補完性などない。あるというのならそれを立証してくれ」としていたけれど、それと比べれば、氏の評価の方が柔軟ではある。けれども、浅田氏もＴＰＮＷが「核抑止」を否定していることに着目して、ＴＰＮＷとＮＰＴの「相互補完性」を否定しているのである。氏と政府の姿勢に径庭はない。

氏のＴＰＮＷに対する評価

氏は、核兵器国は、核抑止を維持できることを前提にＮＰＴに加入しているのに、ＴＰＮＷは

「核抑止とは両立しない」ので、核兵器保有国のみならず核保有国と同盟関係にある国にはTPNWに入っていないし署名もしていないのである、としている。

氏は、「TPNWは、NPTプロセスにおいて核兵器国と非核兵器国との間の対立のみならず、これまで潜在してきた非同盟国たる非核兵器国と核同盟国たる非核兵器国との間の対立を顕在化させる懸念」を持っていたが、「今回のTPNW第1回締約国会議は、そうした懸念の真偽を確認する機会」となったとしている。

結局、氏は、TPNWが許せないようである。それは、氏は、核抑止論者だからである。

この氏のスタンスは、2017年7月以降、何の変化もないことを確認しておきたい。

ロシアを名指しで非難しないことは賢慮

氏は、締約国会議で、ロシアのウクライナ侵略を名指しで批判する議論が少なかったとか、「ウィーン宣言」にもロシアを名指しで批判する結論はなかったとして、締約国会議を批判している。この会議は、ロシアの侵略について議論する会議ではないし、ロシアを非難すればそれで済むという会議でもない。「ウィーン宣言」は「核兵器使用の威嚇と、ますます激しくなる核のレトリックを憂慮し、核兵器のいかなる使用も使用の威嚇も国際法違反である」ことを強調し、「明示的であろうと暗黙的であろうと、いかなる状況下であろうと、あらゆる核の威嚇を明確に非難する」としている。

これ以上何をいえというのであろうか。核兵器国はロシアだけではないし、そもそも、「核抑止論」は米国が発祥である。ロシアを非難するだけでは不十分なのである。そして、日本政府も含めて、「核のレトリック」はますます激しくなっている。ロシアを名指ししないのは、欠陥ではなく賢慮なのである。

核抑止は機能している?!

氏は、「他国により邪魔されることなく侵略を遂行するという邪悪な目的のために核抑止が利用され、皮肉にもそれが効果を発揮しうることを示した」という。私には、この趣旨が理解できない。

ロシアのウクライナ侵略が「邪悪な目的」であることはそのとおりである。国際法を無視した蛮行であることは多言を要しない。ウクライナは核兵器国でも核同盟国でもない。ロシアはそこにつけ込んだのだ。だから「核共有」が必要だとか非核三原則を見直せとか拡大核抑止論者が言い立てるのは、愚かなことをとは思うけれど、理屈はわかる。

けれども、氏がいう「核抑止が利用された」、「効果を発揮した」というのが理解不能なのである。たとえば、NATOがウクライナとともに軍事行動に出ないのが、プーチンの核兵器使用の脅しのせいだというのであろうか。そもそも、ウクライナのために、「支援」はするであろうが、自国を危険にさらすようなことなど、どの国も考えていないであろう。プーチンが核を使用しないといえば、ＮＡＴＯは軍を派遣するというのであろうか。

また、核兵器があろうがなかろうが、核大国が自国の都合で他国を侵略することは、この間の歴史を見れば明らかである。核兵器の存否と侵略が開始されるかどうかとの間に因果関係はない。

氏は、核抑止論がどのように効果を発揮したというのであろうか。せめて私が理解できる形で提示してもらいたいと思う。

氏の危機感

氏は、現代の危機は、核拡散の危険であり、核の拡散は核使用の可能性の拡大にもつながりうるとしている。そして、ＴＰＮＷを生んだ哲学が「核兵器はいかなる状況においても二度と使用されてはならない」ということであったとすれば、ＴＰＮＷの締約国会議ではこの問題についてもっと突っ込んだ議論がなされてしかるべきであったが、そうはならなかった。その理由は、西側とロシアの対立に巻き込まれたくない、ロシアとの二国間関係を複雑化させたくないという思いがそこにあったのであろう、としている。

そもそも、ＴＰＮＷは核不拡散ではなく、核兵器を禁止し、その廃絶を求める条約である。そのことは、氏のこの論考の中でも指摘されているとおりである。その会議で、核拡散が主要なテーマとならないことなど、むしろ当然であろう。会議では、核兵器国がＴＰＮＷに加盟する際の核兵器廃棄の期間まで議論されているのである。氏の危機感を「周回遅れ」のように思うのは私だけであろうか。

また、核兵器廃絶をある国を名指ししないで進めることは「賢慮」だということはすでに述べたとおりである。ロシアのウクライナ侵略を強く非難すれば、核軍縮が少しでも進むというのであろうか。私にはそうは思えない。

氏の結論

氏は、来るべきＮＰＴ運用検討会議では、西側諸国を中心にこの問題が大きく取り上げられるであろう。核の不使用と核の不拡散を焦眉の急、緊急の課題として多くの国が団結することが重要である、と結論している。そこに「核兵器廃絶」という提案はない。

核の不使用や不拡散は、ＮＰＴができた時からの課題である。ＮＰＴの前文冒頭は、核戦争は全人類に惨害をもたらすので、このような戦争の危機を避けなければならないとしている。第６条は全面的軍縮を規定している。それが遅々として進まなかったから「ＮＰＴプロセスに対する失望感」が生じてＴＰＮＷが成立したことは、氏の指摘するとおりである。その自身の指摘を忘れたかのように、会議を半世紀前に戻そうというのであろうか。

今回の再検討会議で議論されるべきことは、２０１０年の再検討会議の到達点を踏まえて、核兵器のいかなる使用も「壊滅的な人道上の結末」をもたらすことを想起し、保有核兵器の完全廃棄を達成するという「明確な約束」を履行するための具体的なスケジュールの策定である。

「核の不使用」や「核の不拡散」についての議論が不必要だとはいわないけれど、すでに、「最も危険な集団的誤謬」（１９８０年国連事務総長報告）とされている「核抑止論」にしがみついて、「核兵器のない世界」の達成と維持を無限の彼方に追いやることだけは避けてほしいと思う。

（２０２２年7月28日記）

5 「核軍縮コミュニティー」の対立を乗り越えることは可能か

——ＮＰＴ体制をどう生かすか——

元軍縮会議日本代表部大使の佐野利男氏が「核兵器禁止条約と核抑止——漸進的アプローチの課題——」という論稿（２０２1年9月21日付と10月28日付の「その２」）を書いている。[*1] 核兵器禁止条約成立までの準備段階で実質的な議論に関わった者として核兵器禁止条約（以下、禁止条約）に反対する一方で、核廃絶に向けた「漸進的アプローチ」を推奨する論稿である。本稿は、佐野氏のその論稿についての紹介とコメントである。

氏の禁止条約についての評価

氏の禁止条約についての評価は「**核開発を公然と進め、多様な運搬手段を開発し、核弾頭数を増やしている国がある現状では核兵器禁止は余りにも現実から遊離している。……今、禁止条約はそのためのオプションではない**」というものである。そして、「**今後、核兵器国と同様、拡大核抑止国が禁止条約に入ることはないだろう。……厳しい安全保障環境の中で、今すぐ『丸腰』になることはできないからだ**」ともしている。安全保障環境を考えれば禁止条約など非現実的だというのである。日本政府や核兵器国などが展開している議論と同様の核兵器の必要性と有用性を前提とする核抑止論者の意見である。私は、核抑止論は核兵器の使用を排除しない議論だと考えている。氏も核兵器の使用を排除しない一人である。

けれども、氏は「最終的には核を廃絶」しようともしている。そのための方策として「漸進的アプローチ」を提唱しているのである。

「漸進的アプローチ」とは何か

氏は「**漸進的アプローチ**」(progressive approach) とは、**NPTを中心に据え、NPTの内包するグランド・バーゲン**(非核兵器国の核不拡散義務・原子力の平和利用と核兵器国の核軍縮義務のディール)**を将来実現する過程で、核兵器国に段階的に核軍縮を迫り、最終的に核を廃絶しようとする考え方**

だとしている。禁止条約には反対で、今すぐ取り掛かるとはしていないが、核兵器廃絶は展望しているのである。NPT体制を前提に、核兵器国に段階的に核軍縮を迫り、最終的に核廃絶するという発想は、もちろん、日本政府と同一である。まず、禁止条約には反対だという論理を検討してみよう。

氏の禁止条約推進派に対する非難

氏は、**禁止条約は軍縮コミュニティーに分断をもたらした。特に核兵器国と条約推進派の非核兵器国との間の溝を深刻なまでに深めた。これが故に激しく反発した核兵器国がむしろ「反禁止条約」で結束し、これまで約束してきた核軍縮措置の実施も含め、核軍縮に背を向けないかが懸念される。また、禁止条約は非核兵器国間にも楔を打ち込んだ。核抑止に国の安全を依存している国々と条約推進派を二分し、非核兵器国としてまとまった行動を取りにくくした**としている。

ここで氏が述べていることは、禁止条約は、核兵器（保有）国（以下、核兵器国）と禁止条約推進派（以下、非核兵器国）の対立を深刻にしたので核兵器国は核軍縮に背を向けるのではないかという懸念と、核抑止に依存する非核兵器国（以下、拡大核抑止国）と条約推進の非核兵器国に楔を打ち込んだので、非核兵器国としてまとまった行動を取りにくくしたということである。氏は、核兵器国も拡大核抑止国も非核兵器国も、要するにすべての国を「（核）軍縮コミュニティー」としたうえで、禁止条約はそこに分断を持ち込んだと非難しているのである。

私は氏の立論に賛同できない。まず、すべての国を「(核) 軍縮コミュニティー」として括ってしまえば、核兵器国、拡大核抑止国、非核兵器国の違いを無視することになるからである。また、核兵器国の核軍縮努力など、ゼロとはいわないが、遅々としてかつ不十分なものであったことは明らかであろう。核兵器国は核軍縮に背を向け続けていたのである。さらに、日本がコスタリカやマレーシアと「まとまった行動」を取ったことがあるだろうか。日本政府が「モデル核兵器条約」を共同提案していないことを思えば、もともと拡大核抑止国と非核兵器国との間で「まとまった行動」などとられていないのである。

対立の根源は何か

もともと、核兵器国および拡大核抑止国と非核兵器国との間に対立があったことは、その通りである。また、禁止条約の採択と発効によって、その対立が顕在化し、核兵器国などが禁止条約敵視を強めていることも事実である。禁止条約はもともとあった核兵器国、拡大核抑止国、非核兵器国間の対立を可視化し、核兵器国や拡大核抑止国の怠慢と欺瞞を暴いたのである。

この対立の根本にあるのは核兵器の必要性や有用性を認めるのか、それを否定するだけではなく絶対的危険性を強調するかである。端的にいえば、核抑止論に対する評価の違いである。その違いは、核兵器を無条件でなくそうとするか、なくすことを先送りするかという行動の違いとしても現れる。その決定的違いを無視したまま、あたかも同質の「(核) 軍縮コミュニティー」が存在しているかのようにいうのは「印象操作」であろう。

それはそれとして、核兵器国および拡大核抑止力のグループと非核兵器国との間に対立があることはその通りである。問題はその対立を埋めることができるか、その対立の解消がなければ核軍縮は不可能なのかということである。そのことについての氏の見解は次のとおりである。

氏の予言

氏はいう。

条約推進派は批准国を増やすことに邁進するだろう。…「非核地帯」に属する国々の合計約120か国まで行ってもおかしくない。そして市民社会を動員して核兵器製造企業へのファイナンスを止めるよう金融機関へ圧力をかけるなど、産業界も視野に入れた運動を強めるだろう。ただ、そのように普遍化を進めても禁止条約が国際慣習法と認められることにはなるまい。核の「使用」はともかく、「保有」は継続的に核兵器国によって行われており、「保有の禁止」が法的確信まで昇華されることはないだろう。

このように、氏は「核保有の禁止」などは法的禁止の対象にならないとしているのである。禁止条約派がどんなに頑張っても核兵器国は核の保有をやめないだろうと予言である。禁止条約の普遍化などさせないという限りなく冷ややかな態度がそこにある。とはいえ、氏は次のような主張もしているのである。

氏の提案

氏は、**禁止条約と距離を置き、漸進的アプローチを重視してきた国々はNPTプロセスやジュネーブ軍縮会議をどのように捉え直すのか。禁止条約の成立を横目で見つつ、何も無かったかのように従来通りの方針で進めて行けるのか。あるいは、軍縮機関の具体的改革案や斬新な核軍縮案を提示できるのか**としている。ここでは、禁止条約をスルーしようとしている勢力に対して、軍縮機関の改革や核軍縮案の提案を求めているのである。その背景にあるのは、禁止条約は核軍縮を目に見える形で進めることができなかった漸進的アプローチへの痛烈な批判でもあったという氏の認識である。氏は禁止条約の発効を無視していないのである。禁止条約発効の「成果」といえるであろう。

また、氏は次のようにもいう。

（禁止条約推進派と条約反対派の）**両グループには、これまでの経緯を超えて、分断した軍縮コミュニティーを再び結束する道を探ってほしい。次回のNPT運用検討会議で最終文書に合意するのは難しいかもしれない。しかし、同じテーブルに座り、お互いに智慧を出し合い、妥協を恐れない柔**

軟性をもって、ぜひとも今後の核軍縮の基本的な方向性を打ち出してほしい。日本には、禁止条約派に対し伝統的な核軍縮措置につき建設的な議論を求めつつ、核兵器国に対しては、禁止条約を脇に置く態度を取り続ける以上、これら措置の推進につき譲歩を迫るなど、双方に意見のいえる強みを生かしてほしい。

氏は、禁止条約推進派と反対派の双方に「核軍縮の基本的方向性」についての知恵を出せとしている。そして、日本政府には、双方に対して「伝統的な核軍縮措置」についての建設的な議論や推進を迫るよう注文を出している。世にいう「橋渡し論」である。今すぐ核兵器を廃絶するなどとはいわずに、NPTを中心に据え、核兵器国に段階的に核軍縮を迫り、最終的に核を廃絶しようという提案である。

問題はこれをどう評価するかである。核兵器に依存しながら核兵器をなくすことなど不可能なのだから、そんな言説は信用できないと切って捨てるのか、なくすといっているのだから「対話」や「共同」を検討してみようと思うのかである。

そこで次に氏がいう「核軍縮の基本的方向性」と「伝統的な核軍縮措置」を検討してみよう。

「核軍縮の基本的方向性」

氏は「核軍縮の基本的方向性」を打ち出してほしいとしている。核軍縮についての基本的方向性はまだないかのような言い方である。私は、基本的方向性はすでに明確にされていると考えている。それは「**各締約国は、核軍備競争の早期の停止及び核軍縮に関する効果的な措置につき、並びに厳重かつ効果的な国際管理の下における全面的かつ完全な軍備縮小に関する条約について、誠実に交渉を行う**」(**NPT6条**)ことであり、交渉を完結することである(ICJ勧告的意見)。氏の基本的方向性がまだないかのような言い方には異議を述べておく。ただし、氏も「第6条は核軍縮条約を誠実に交渉し、締結する義務」としている。第6条は締約国である核兵器国に核軍縮交渉の開始と完結を義務づけていると理解しているのである。氏のその態度を否定する理由はない。

問題は、氏が核軍縮交渉開始に前提条件を設けていることである。その条件とは、核兵器国・同盟国の安全保障を害さないということである。核軍縮を進めた結果、国際情勢や地域情勢が不安定化し、核兵器の使用・保有の閾値を下げてしまっては元も子もないという理由である。

このように、氏は核兵器に依存しながら核兵器をなくそうとしているので見えにくいのかもしれないけれど、その方法はすでに存在しているのである。NPT6条の完全実施である。「核軍縮の基本的方向性」は明らかなのである。

けれども、核兵器国は自国の優越的地位を確保しておきたいがゆえに、核軍縮交渉を自発的に行うことなどしないのである。拡大核抑止国も核兵器国の態度に同調している。だから、発効後50年経っても、核兵器国は核軍縮についての交渉を始めないのである。この事態をどう解決するかである。

このような状況の中で、氏は「伝統的核軍縮措置」の推進を提案しているのである（今までやらなかったことを棚に上げて「今さらなんだ」という感想を持っているけれど、ここでは深追いしないことにする）。

「伝統的な核軍縮措置」とは何か

氏は「伝統的な核軍縮措置」を正面から定義していないが「**核兵器国が安全保障を害さない範囲で『ぎりぎり呑み込める』核軍縮措置」であり、**漸進的アプローチによる成果と同義語のようである。

そして「**見極めに当たって虎**（核兵器国）**の尾をまともに踏んではならないが、踏んでも良い部分を核兵器国・同盟国との密接な協議を通じて見極める**」としている。氏は、日本政府に対して、核兵器国に「伝統的な核軍縮措置」の推進につき譲歩を迫るよう求めているけれど、それはあくまでも「虎である核兵器国の許容する範囲」ということなのである。これでは、核軍縮は核兵器国の都合の範囲内でしか実現できないことになるであろう。そして、さらにここで留意しておきたいことは、日本政府は米国政府が「先制不使用政策」をとり核兵器の役割を低減しようとしたときに、それを止めるよう働きかけたことである。拡大核抑止国が核兵器国よりも核兵器に依存するという場面があるということである。氏の議論は、このことを無視していることも指摘しておきたい。虎の尾を踏まないことも虎をけしかけることもありうるということを忘れないでおきたい。

けれども、そのような中途半端さを置いておくこととする。核兵器国が許容する範囲でも核軍縮に役立つものがあれば、それを無視することは「もったいない」からである。氏は、その実例としてNPT再検討会議（運用検討会議）での到達点を紹介している。

NPTの到達点

氏は、「漸進的アプローチ」の結果、どのような具体的な核軍縮措置が合意されてきたのかを紹介している。無期限延長された1995年から、合意文書が作成された2000年、2010年の成果を中心に、合意に至らなかった2015年の「核軍縮パッケージ案」についても解説している。

NPT再検討会議の成果で特筆すべきは、氏が紹介するように2000年の「核兵器国は保有核兵器の完全廃棄を達成するという明確な約束」であり、2010年のその約束の再確認である。けれども、氏は2000年の「すべての核兵器国を適切な早い時期において、核兵器の完全廃棄につながる過程に組み込む」とか、2010年の「会議は、条約の目的にしたがい、すべてにとって安全な世界を追求し、核兵器のない世界と安全を達成することを決意する」とか「会議は、核兵器の完全廃棄が核兵器の使用あるいは使用の威嚇を防止する唯一の保証であることを再確認する」などは紹介していない。これらの項目は、禁止条約の文言とあまりにも似ているので避けたのかもしれないけれど、確認しておきたい合意である。

私は、このような合意が行われていることを評価しているけれど、具体的には何も進んでいないことを問題視したいのである。

ところで、日弁連は、12月9日付で、「核兵器の不拡散に関する条約（NPT）再検討会議において日本政府が積極的な役割を果たすことを求める会長声明」を発出した。その声明は「日本が、第6条を含むNPTの完全で着実な履行にコミットする決意を表明していることは大きな意義を有するといえるが、……NPT第6条の規定を具体化する効果的な提案を行うべきである」としている。禁止条約への賛否はともかくとして、NPTが完全に実施されることに反対する理由はない。佐野氏が、効果的で具体的な提案のために尽力してくれることを望みたい。

（2021年12月10日記）

脚注

＊1 霞関会の「論壇」。霞関会は外務省または在外公館に在職し、または在職した者を会員とする国の内外において国際事情を研究し、その研究成果の発表等の事業を行って広く国際理解の増進を図り、もって日本外交の発展に資すること、併せて、会員相互間の交流・親睦をはかることを目的とする一般社団法人。

6 「核兵器のない世界」を実現するために政府との「対話」と「共同」は可能か
――私たちと政府の接点はＮＰＴ６条――

問題の所在

私たちは「核兵器のない世界」を実現するために、核兵器禁止条約（以下、禁止条約）の普遍化を求めている。しかし、政府は、禁止条約について「核兵器国が賛同していない」、「米国による核抑止力の正当性を損ねるので、国民の生命・財産を危険に晒す」などとして、署名も批准もしないとしている。政府は禁止条約を「無視」というよりも「敵視」しているのである。このように、私たちと政府との間には禁止条約をめぐって大きな対立が存在している。これは核抑止力の正当性を認めるか否かという根本的・本質的対立である。

他方、政府も「核兵器のない世界」を実現するとしている。その点では、私たちと政府の間に接点は存在するのである。政府も「アプローチの方法が違うだけで目標は一緒」としているところである。

２０２０年、政府は国連で「核兵器のない世界に向けた共同行動の指針と未来志向の対話」と題する決議を米国や英国と共同で提案し、１５０か国の賛同を得ている。その決議は「核兵器の壊滅的・非人道的な結末を認識」するとしたうえで「核兵器のない世界の実現は国際社会の共通の目標」としている。政府は、私たちと同様に「核兵器の壊滅的人道上の結末」に着目して「核兵器のない世界」の実現を目標としているのである。

問題は、このような政府の姿勢をどう見るかである。一方には、「核兵器のない世界」の実現などというけれど、米国の「核の傘」に依存し核兵器の必要性を認めているのだから、それは口先だけのごまかしだ。禁止条約に反対していることが何よりの証拠だ。政府の方針を変えなくてはならない。変えないというのなら政権交代をしようという考え方がある。他方、政府も「核兵器のない世界」に向けて現実的な取り組みをしているのだから、いたずらに政府と対立する必要はないという考え方も存在する。

このような状況の中で、私たちは政府とどのように向き合うかが問われているのである。

私は政府の禁止条約敵視の姿勢を改めさせる運動の継続は不可欠だと考えている。核兵器に依存する安全保障などあり得ないし、一刻も早く「核兵器のない世界」を実現したいからである。禁止条約の普遍化のたたかいである。

しかし、もし、私たちと政府との間に「対話」と「共同」の可能性があるなら、それはそれで追求したいと思うのである。いかなる場合でも、自らそのような機会を放棄すべきではないからである。

ここでは、「対話」と「共同」の可能性としてNPT6条に関するテーマを取り上げてみたい。

なぜなら、政府は「核兵器のない世界」を実現するために「第6条を含むNPTの完全・着実な履行にコミットする」としているからである。

NPT6条

第6条は「**各締約国は、核軍備競争の早期の停止及び核軍縮に関する効果的な措置につき、並びに厳重かつ効果的な国際管理の下における全面的かつ完全な軍備縮小に関する条約について、誠実に交渉を行うことを約束する**」としている。

核軍備競争の停止、核軍縮、完全な軍備縮小に関する条約の誠実な交渉を義務づけているのである。その背景にあるのは「核戦争は全人類に惨害をもたらす」ので「そのような戦争を避けるためにあらゆる努力を払う」というNPTの目的である。

政府は、この第6条も含むNPTの完全・着実な履行にコミット（関与）するとしているのである。核兵器の使用は「核兵器の壊滅的・非人道的な結末」をもたらすので「核兵器のない世界」の実現が求められる。そのために、第6条の完全履行に関与するという論理である。第6条は「全面的かつ完全な軍備縮小についての交渉」を求めている条文なので、政府の論理は整合しているし、反対する理由はない。

だから、私はこの決議を評価し、さらに進んで具体的な行動として示すことを要望したらどうかと考えるのである。この決議が禁止条約に触れていないとしても、第6条の完全な履行は禁止条約と同様の意味があるので、政府に言行一致を求めるという発想である。そこで、決議の具体的内容を検討してみることとする。

日本決議の内容

決議には次のような項目がある。

過去のNPT合意文書の重要性を再確認。
軍備管理対話を開始する核兵器国の特別な責任。
取り組むべき共同行動：①透明性向上及び信頼醸成、②核リスク低減、③FMCT（核兵器用核分裂性物質生産禁止条約）の交渉開始、④CTBT（包括的核実験禁止条約）で求められている核実験停止への取組、⑤核軍縮検証、⑥軍縮・不拡散教育、被爆者との交流、被爆の実相の理解向上。
未来志向の対話：①核兵器国による核政策・ドクトリンの説明及び双方向の議論、②科学技術の進展が軍備管理・軍縮・不拡散に及ぼす影響に関する対話、③軍縮と安全保障の関係に関する対話。

これらの項目には、私たちも共感できることも含まれている。特に「過去のNPT合意文書の重要性の再確認」や「核兵器国の特別の責任」、「核リスクの低減」、「被爆者との交流」、「被爆実相の理解向上」などは大切な提案である。

「核兵器国による核政策の説明」、「科学技術の進展の影響」、「軍縮と安全保障の関係」に関する対話などが、核兵器による安全保障の必要性、すなわち「核抑止」や「拡大抑止」必要性の確認の場となる恐れもあるけれど、対話の場を否定する必要はない。

ここでは、過去のNPT合意文書の重要性を再確認してみよう。

2010年再検討会議の合意

2010年の再検討会議では64項目の行動計画を含む最終文書が採択されている。行動計画には核兵器使用がもたらす人道上の壊滅的被害や「核兵器のない世界」の枠組みにも触れられている。念のため確認しておくと、合意文書はすべての加盟国のコンセンサスである。

主な項目を列記する。

会議は、条約の目的に従い、すべてにとって安全な世界を追求し、核兵器のない世界と安全を達成することを決意する。

会議は、核兵器のいかなる使用も壊滅的な人道上の結末をもたらすことに深い懸念を表明し、すべての加盟国がいかなる時も、国際人道法を含め、運用可能な国際法を遵守する必要性を再確認する。

会議は、具体的な軍縮努力の実行をすべての核兵器国に求める。また会議は、核兵器のない世界を実現し、維持するうえで必要な枠組みを確立すべく、すべての加盟国が特別な努力を払うことの必要性を強調する。

会議は、核兵器の完全廃棄が核兵器の使用あるいは使用の威嚇を防止する唯一の保証であることを再確認する。

この合意文書は「核兵器のいかなる使用も壊滅的な人道上の結末」をもたらすことを懸念し「核兵器のない世界を実現し、維持するうえで必要な枠組み」を確立するとしているだけではなく、「核兵器使用を防止する唯一の保証は核兵器の完全廃棄」であるとしているのである。核兵器国を含むすべての加盟国は、２０１０年に、禁止条約と重なり合う合意を形成していたことを再確認しておきたい。

日本政府もこの合意に賛同しているし、加えて「核兵器の壊滅的・非人道的な結末」を認識しているし「合意文書の重要性を再確認」するとしているのだから、「核兵器のない世界」のための「必要な枠組み」を確立することに同意していることになる。そのうえで「第６条を含むＮＰＴの完全・着実な履行にコミットする」としているのであるから、日本政府は「核兵器のない世界」を実現するための「枠組み」を率先して構築することを国際社会に約束していると評価できるであろう。

このような理解に立って、私は日本政府に「枠組み」の速やかな提案を要請する。政府がそのような提案をすることは「唯一の戦争被爆国」政府の責任であろう。

そして、提案の際には「モデル核兵器条約」の参照を奨めたいのである。

モデル核兵器条約

モデル核兵器条約は「核兵器に反対する国際法律家協会（ＩＡＬＡＮＡ）」、「核戦争防止国際医師の会（ＩＰＰＮＷ）」、「拡散に反対する科学者国際ネットワーク（ＩＮＥＳＡＰ）」により作成され、１９９７年にコスタリカが、２００７年にはコスタリカとマレーシアが国連に討議文書として提出した条約案である。

これは次のような特徴を持っている。

第1に、核兵器の使用・威嚇を禁止するだけでなく、関連する核物質や核施設を含めて、その開発、実験、生産、貯蔵、移譲を禁止し、その廃棄を義務づけている。

第2に、核兵器、運搬手段、核物質、核施設など関連項目ごとに廃絶に向けとるべき措置を規定し、条約発効後15年を目処に完全廃絶を予定している。

第3に、核兵器に関連する活動への関与については犯罪とされている。

第4に、条約履行を検証する機関を設立し、一定の場合には抜き打ち査察（チャレンジ査察）が行われる。

第5に、市民が条約の検証に参加することが奨励されている。個人には条約違反を通報することが求められ、その個人の保護を当事国に義務づけている。

第6に、条約の有効期限は無期限であり、脱退も明示的に禁止されている。発効の要件は、全核兵器国および核能力国を含む65か国とされている。

このように、「核兵器のない世界」に向けての包括的なモデル条約案は存在しているのである。日本政府が「枠組み」を構築する際に大いに活用してもらいたいと思う。

まとめ

以上のように、日本政府は「核兵器のない世界」を実現するために「6条も含むNPTの完全・着実な実現にコミットする」としている。しかも、その提案に米国や英国政府も共同しており、150か国の賛同も寄せられているのである。そして、NPT再検討会議での合意やモデル核兵器条約もすでに存在しているのである。

今、求められていることは、単に決意表明だけの決議ではない。行動である。それは決して時期尚早ではない。政府も「被爆者との交流」をいい、被爆者は「生あるうちの核廃絶」を切望しているところである。

私は、日本政府に「核兵器のない世界を達成し、維持するための枠組み」を具体的に提起するよう要求する。それが「第6条を含むNPTの完全・着実な履行にコミットする」ということだと考えるからである。

NPT6条にかかわる議論は、私たちと政府との間の「対話」と「共同」を可能とする「環」になりうるであろう。私は政府に「対話」と「共同」の場の設置を提起する。

日本政府のNPT6条実現に向けた具体的提案、「枠組み」の提案には、もちろん禁止条約の署名国や批准国も賛同するであろう。モデル核兵器条約に範をとる「枠組み」は禁止条約を包摂しているからである。

私は、日本政府に本気のコミットメントを期待したい。もし政府が、具体的提案を考える意思はないというのであれば、私は政府との「対話」や「共同」は幻想であったとしてあきらめ、徹底した「批判」と「たたかい」を続けるであろう。

（2021年11月22日記）

7 「市民連合」と野党の政策合意について

――とくに、核兵器禁止条約への態度について――

はじめに

2021年9月8日、「安保法制の廃止と立憲主義の回復を求める市民連合」（以下、「市民連合」）と立憲民主党、日本共産党、社会民主党、れいわ新選組の野党4党の間で共通政策を実現する合意が成立し、各政党の代表者が署名した。2016年と19年参議院通常選挙に際しては、共通政策実現の合意と署名があったが、17年の衆議院議員選挙に際してはこのような形での合意は成立していなかった（ただし、「市民連合」は各野党に共通政策を提言し、日本共産党はそれを「共通の旗印」にするとしていた）。政権選択選挙といわれる総選挙において「市民連合」をかけ橋とする形で野党間に「共闘体制」が樹立された意味は大きい。小選挙区制の下では、野党がバラバラでは政権交代など論外だからである。国民民主党などこの合意から脱落した野党もあるが、「来る者は拒まず、去る者は追わず、来たらざる者に媚びず」ということでいいと思う。

私は、この合意の成立を心から歓迎したいし、実り多い成果のために尽力したいと思う。そのうえで、「市民連合」の核兵器禁止条約（以下、禁止条約）にかかわる政策について、少しコメントしておくこととする。禁止条約への態度は各人の「世界観」、「歴史観」、「平和観」の根本に関わると思うからである。

禁止条約についての共通政策

共通政策は、第1項目で、憲法に基づく政治の回復を上げ、①安保法制、特定秘密保護法、共謀罪法などの法律の違憲部分の廃止、②平和憲法の精神に基づく、アジアにおける平和の創出のための外交努力、③地元合意もなく、環境を破壊する辺野古での新基地建設の中止、などとあわせて、**核兵器禁止条約の批准をめざし、まずは締約国会議へのオブザーバー参加に向け努力する、**としている。

私はこの提案に賛成する。私としては「批准をめざす」ではなく「批准する」、「参加に向けて努力する」ではなくて「参加する」と明確に述べて欲しいところではあるが、署名・批准を頑なに拒否している政府の態度と比べれば、批准が前提とされているので、反対する理由はない。ちなみに、私は、今の政府がオブザーバー参加をしたら、禁止条約の普遍化の足を引っ張る態度に出るのではないかと危惧している。禁止条約が成立する過程での日本政府の姿勢を知っているからである。また、批准を前提としないオブザーバー参加の提案は、批准の先送りの役割を果たすであろうと疑問視している。

それはともかくとして、この政策提言に至るまでの道程は平坦ではなかった。少しふり返ってみよう。

「市民連合」の禁止条約に対する態度の変遷

２０１５年に発足した「市民連合」は、16年5月、17年9月、19年5月に政策提言をしているが、その中で禁止条約については触れていない。禁止条約の採択は17年7月だから、16年や17年の政策にないことは無理もないかもしれないけれど、19年にないのは、私としてはいささか残念であった（国際社会での禁止条約に向けての議論は12年から始まっている）。

「市民連合」の政策に禁止条約が明記されるのは、２０２０年9月の15項目の提言においてである。その政策提言は「世界の中で生きる平和国家日本の道を再確認する」という柱の中で、①平和国家として国際協調体制を積極的推進、②平和憲法の理念に照らし「国民のいのちと暮らしを守る」、「人間の安全保障」の観点にもとづく平和国家の創造、③国際機関との連携を重視し、医療・公衆衛生、地球環境、平和構築にかかる国際的なルールづくりに貢献、④「敵基地攻撃能力」等の単なる軍備の増強に依存することのない、包括的で多角的な外交・安全保障政策の構築、⑤防衛予算、防衛装備のあり方の大胆な転換などとあわせて、**核兵器のない世界を実現するため「核兵器禁止条約」を直ちに批准する**、としたのである。19年と比べれば大きな進展である。

ところが、その政策提言が、２０２１年6月14日の「衆議院総選挙における立憲野党共通政策の提言」においては、憲法に基づく政治の回復の項目は、①平和憲法の精神を尊重し、アジアにおける平和の創出のための外交努力、②違憲の疑いの強い安保法制、共謀罪などの白紙撤回、③地元合意もなく、環境を破壊する沖縄辺野古での新基地建設を中止とされ、「核兵器禁止条約」を直ちに批准するとの項目が削除されたのである。

15項目が6項目にされる中での削除であるが、禁止条約は、2021年1月には発効していたのであるから、私からすれば「なんで？」としかいいようのない後退であった。それが、今回の政策提言の中では復活したのである。もちろん、うれしい復活である。

核兵器が使用され、またいつ使用されるか不透明な「核の時代」にあって、核兵器とどのように向き合うかは、人類社会にとって喫緊の課題であると思っている私にとって、「市民連合」がどのような核兵器政策を提言するかは重大な関心事なのである。今回の政策合意の中に、禁止条約についての政策が取り込まれたことを評価することはもちろんであるが、「市民連合」が禁止条約をどのように政策の中に位置づけるかについての「変遷」、「動揺」についても注目しておきたい。なぜなら、禁止条約を直ちに批准するとの政策提言を早期に復活してほしいからである。そしてそれは「核兵器も戦争もない世界」の創造のための貴重な一歩となるからである。

動揺の背景

私は、この変遷の要因の1つは「市民連合」の禁止条約に対する関心の低さにあると考えている。もともと、「市民連合」の発足は、安倍政権による違憲の「安保法制」の強行にあった。憲法9条が想定していない集団的自衛権の行使を容認する立法が行われることについての運動が、その原点である。そういう意味では「核兵器廃絶」がテーマではないのである。だから、核兵器廃絶についての関心が後景に退いても責められるべきではないであろう。「だけどね」と私は思うのである。9条の擁護と世界化が重要なのは、戦争や武力の行使が人間に「容認しがたい苦痛と損害」（禁止条約の前文）をもたらすからではないか。武力で物事を解決しようとすれば「最終兵器」である核兵器が使用され、それは「壊滅的人道上の結末」（禁止条約前文）をもたらすからではないか。しかもその趣旨は、「制憲議会」で幣原喜重郎が答弁していたことではないか。9条に基礎を置くなら、核兵器にも触れるのが論理的であろう。その視点を欠くので、禁止条約についての位置づけが弱くなり変遷するのではないかと思えてならないのである。

2つ目の要因は、野党の禁止条約に対する態度のあいまいさである。政府が米国の核の傘に依存する拡大核抑止政策をとり、禁止条約を敵視していることは周知のことであるが、与党のみならず、野党の中にも禁止条約の署名・批准について及び腰な政党も存在しているのである。たとえば、核兵器廃絶を目指す日本NGO連絡会は、すべての政党にその核政策についての議論の場所を提供している。各政党の党首クラスが参加して核政策を説明しているが、日本共産党や社会民主党などは明確に禁止条約への参加を表明しているのに対し、立憲民主党などは必ずしも賛成ではないのである。日米安保条約との整合性が念頭にあるようである。「市民連合」もこのような事情は承知しているだろうから、禁止条約の取り扱いには苦慮しているのであろう。政策のすり合わせというのは、そのような苦労もありうるだろうから、それを責めるつもりはない。それが現実だからである。

問題は、このような状況をどうやって突破するかである。核兵器は使用されれば「壊滅的人道上の結末」をもたらすし、使用されなければ巨大な無駄である。そんなものは速やかになくさなければならない。それは、将来世代の生き残りの前提条件でもある。私は、まずは「市民連合」に確固とした核兵器廃絶の立場に立ってもらいたいと思う。原発廃止は一貫しているのだから、決して無理な注文ではないであろう。基本的なスタンスをどうとるかということと、共通政策に何を掲げるかということは別の問題である。その確固とした立場があれば「動揺」とも見える無用な「変遷」からは自由になるであろう。そして、そのような凛とした姿勢こそが禁止条約に及び腰な政党への「喝！」となり、「核兵器も戦争もない世界」への前進となるであろう。

（2021年9月10日記）

8　『市民と野党の共闘――未完の課題と希望――』を読む

表記の書籍が刊行された（あけび書房）。児玉勇二、梓澤和幸、内山新吾の3氏が編集にあたり、

3氏も含めて24氏が執筆している。「安保法制の廃止と立憲主義の回復を求める市民連合」（「市民連合」）や全国各地で「市民と野党の共闘」に携わった人たちによる、2021年の衆議院選挙についての総括と今後の「市民と野党の共闘」を展望する書籍である。先の総選挙にそれなりに主体的に関わった一人の市民として、このような本が出版されたことは本当にうれしいことである。少し、感想を述べてみたい。

市民プロジェクトとしての市民連合

「市民連合」の「参与的観察者」を自認する広渡清吾氏は「21世紀型の市民プロジェクトとしての政権交代運動」と題する巻頭言を寄せている。氏は、2021年衆議院選挙での市民と立憲野党とが共同して政権交代を実現するというプロジェクトは、戦後政治史上、画期的なものであったし、その出発点は、軍事的先制攻撃体制をもくろむ自民党政権を挫くことなしに、日本社会の世界平和への貢献はあり得ないという思いだったとしている。そして、「市民連合」は、現代市民社会を活性化する市民プロジェクトであり、21世紀日本の民主主義の推進力であるという。その現代市民社会とは「権威的で独裁的な国家」、「全能性を主張する市場」、「個人化と断片化が進む社会」に対抗して「自律的に、連帯的に、平和的に行動する市民のイニシアチブ」と捉えられている。

この広渡流の表現を次のような言い方で補ってみたい。「野党共闘の形ができても一人ひとりが寝ていては勝てません。一人ひとりが末端で当事者意識をもって火の玉になることが大事なのです。そうなるには市民と野党連合が掲げる大義名分が正しいと確信し、それを誇りに思うことです。……言い換えれば、その選挙の『意味』が共有され、一人ひとりが『主体化』されていることが重要です」。これは新潟の小選挙区6区のうち4区で野党共闘の候補者の当選を勝ち取り「政権交代」を果たした市民連合@新潟の共同代表・佐々木寛氏の言葉である。ここでは、一人ひとりの「主体化」が語られている。

私は、このような二人の言葉に象徴されるように、「市民連合」は、戦争を計画し弱肉強食もいとわない勢力がはびこり、貧困と格差が拡大し、未来の展望も描きにくくなっている社会と対抗する「主体化した市民」が担っているのだろうと受け止めている。権力からの自由を確保するだけではなく、社会を自律的、連帯的、平和的に形成しようとする新しい市民像がそこにある。

「2012年体制」の下での低い投票率をどうするか

この本の表紙には、選挙に行かなかった人5422万人、選挙に行った人5012万人という2019年参議院選挙比例区の結果が描かれている。これほどではないとしても、21年総選挙の投票率は55・93％で史上3番目の低さである。この現象について「市民連合」運営委員の中野晃一氏は、小選挙区制の導入によって低投票率の時代に入ってしまったという事情を指摘している。たしかに、このような低投票率は、中選挙区制当時の投票率が低くても70％程度あったことと比較すれば、異常である。

中野氏は、２０１２年に民主党政権が崩壊し安倍政権に戻って以降の政治体制を「２０１２年体制」と呼び、55年体制とは違った形の一強支配体制ができてしまったとしている。政党政治が崩れ、選挙が機能しなくなったとの指摘である。たしかに、小選挙区制は得票数と比べ議席が過大に現れる。低投票率が続き野党が割れている限り、自民党は議席を確保し、政権を担当できることになる。少数野党が抵抗しても法案は可決され、政治は右傾化し、選挙民は無力感に襲われ、低投票率は加速する。負のスパイラルである。

氏は、これを打破するために野党共闘が推進されたという。対決姿勢を明確にして野党の一本化を図り、あきらめてしまっている有権者を呼び込み、投票率を上げる。そうすることにより、比例区にも波及効果をもたらして立憲野党もそれぞれ前進するという二段構えだったというのである。私もその戦略に間違いはないと思う。けれども、その戦略は「政権交代の実現」という形では実を結ばなかった。

氏は、その原因について、マスコミの選挙報道だとか、史上最短の選挙期間だったとかの事情もあるけれど、一番大きなつまずきは投票率が上がらなかったことだとしている。対決軸がはっきりと有権者に届かなかったというのである。

この点について、児玉氏は、東京や新潟のように野党が競り勝った選挙区では投票率が上がったこと、一本化できた小選挙区２０７のうち１５１では前回投票率を上回り、うち84では全国平均55・93％を上回っていることを指摘している。そして、市民と野党の共闘が本気化すると投票率が上がっていくことが重要としている。

中野氏は、スッキリした対決構図ができることで投票率が上がる。小選挙区制は死票が多く非民主的なので反対だが、1対1の対決構図をはっきり作ることでしか投票率は上がりようがないとしている。

要するに、「主体化した市民」が「市民連合」が掲げる自公政権と対決する政策を掲げ、それを有権者に「火の玉」となって示すことができた選挙区では勝利しているのである。

最後に

「市民連合」の出自は、安倍政権が「安保法制」を強行したことにある。2015年秋、SEALDsの諸君が「選挙で変えよう」、「野党は共闘」とコールしていた姿を彷彿とする。それが、現在は、立憲主義や平和の課題だけではなく、生命、生活を尊重する社会経済システムの構築や地球的課題を解決する社会経済システムの創造にまでそのウィングを広げている。その背景にある思想は、政治の使命はいのちと暮らしの選別を許さないこと。一人ひとりの人間の尊厳が尊重され、すべての働く人々が人間らしい生活を保証される社会を作りたいということなどである。

政治に紆余曲折はつきものである。ナチス的な勢力が大衆を掌握することもありうる。維新の会の跳梁跋扈もその一例であろう。先に紹介した佐々木氏は、維新を「21世紀版ファシズムの芽」だとしている。富田宏治氏は、彼らは、税や社会保険料の高負担やそれを食いつぶす「年寄」、「病人」、「貧乏人」への憎悪感情を掻き立てることによって中堅サラリーマンや自営上層の「勝ち組」意識に基づく社会的分断を意図的に作り出し、大阪府下において絶対得票率30％をたたき出すモンスター的集票マシーンとなっていると分析している。維新を侮ってはならない。けれども、ふくしま県市民連合幹事の根本仁氏は、「福島では共闘の力があり、前々回のようには立候補できなかった」としている。彼らをいたずらに恐れることもないであろう。大事なことは変革の道筋を事実と道理に基づいて示すことである。

私は、間違いなく、社会は発展すると考えている。治安維持法の制定は1925年である。当時、政治体制、経済システム、社会のあり様の転換を主体的に考え行動することは犯罪であった。そのことを想起するだけでも、容易に社会発展を確認できるであろう。

本書には、全国各地での奮闘がいきいきと報告されている。私は、そこに、未来社会において、自由に、豊かに、その可能性を花開かせながら生活する人間の原型があるように思えてならない。

（2022年4月1日記。『自由法曹団通信』2022年4月21日号に掲載）

9　米国市民の「核兵器観」は変化しつつある
――ニューヨークタイムスにも変化――

オークリッジでのヒロシマデー

米国南部テネシー州オークリッジで、8月6日朝、広島と長崎の原爆犠牲者の名前を読み上げて追悼し、核兵器廃絶を訴える式典が行なわれた。現地の反核平和団体「オークリッジ環境平和連合」主催の、世界各地で取り組まれている草の根の共同行動「平和の波2021」の一環だという。式典参加者は、今も核兵器開発の拠点となっている施設の入り口で、焼け野原となった広島・長崎の写真や、水を求めて苦しむ人々を描いた絵などを展示し、「核兵器は人類と文明に対する犯罪だ。必ず廃絶しなければならない」と訴えた。[*1] オークリッジは、ワシントン州ハンフォード、ニュー・メキシコ州ロス・アラモスと並ぶ米国の核開発を担ったマンハッタン計画の三大牙城の一つである。そこで、ヒロシマに合わせてこのような集会が開催されているのである。「オークリッジ環境平和連合」は1980年代から毎年8月に核廃絶を求める行動を組織しているという。素晴らしいことだと思う。

オークリッジのワークブック

米国中西部シカゴにあるデュポール大学で、2003年以来、核についての授業を受け持っている宮本ゆきさんは、米国の「核兵器観」についての論考で、[*2]このようなことを紹介している。

2015年、マンハッタン計画（米国の核開発計画）を担った核施設を保存する目的で国立公園化が正式決定された。各施設で微妙な違いはあるが、オークリッジではワークブックが用意されている（日本語もある）。

ワークブックには次のような設問がある。「1941年12月7日にハワイで何が起きましたか？」「どの大統領が第2次世界大戦を終結するために原子爆弾を日本に落とすように命じましたか？」「なぜ、1942年にマンハッタン計画を初めたのですか」などである。そして、最後のページには「マンハッタン計画国立歴史公園のジュニアレンジャーとして、私はマンハッタン計画の自然と歴史について学び続け、将来の世代のために公園の保全を支援することを約束します」という誓いのページがある。この小冊子で学ぶ歴史は、原爆と真珠湾を関係づけ、原爆が戦争終結を早めたという神話を繰り返すのみで人的被害には全く触れていない。

ここでは、米国の伝統的な原爆観、真珠湾に奇襲攻撃をかけた日本への報復、戦争終結を早めたなどが子どもたちに刷り込まれ、人的被害については無視されているというのである。

米国の原爆観

トルーマン大統領は１９４５年8月9日の「ポツダム会談に関するアメリカ国民へのラジオ報告」で、「われわれは、戦争の苦悶を早く終わらせるために、何千万ものアメリカの若者の生命を救うために原爆を使用した」としている。[*3] 彼は、１９５５年の『回顧録』でも、「敵本土に上陸し屈服させれば、50万人の米国民の生命を犠牲にする」、それを避けるための原爆投下だとも書いている。原爆投下は、より犠牲を少ない形で戦争を終結させたという「原爆人命救済説（救助論）」である。この見解は、日本の戦争行為、たとえば、真珠湾奇襲や植民地支配や侵略行為に対する報復という言説とあわせて、原爆投下を正当化する議論である。市民を標的とした無差別虐殺であり、国際人道法に違反するという原爆観とは対極にある見解である。これが、米国の伝統的「原爆観」である。

この見解は、別に、米国政府だけのものではない。また、過去のものでもない。昨年8月6日、世界的高級紙といわれるウォール・ストリート・ジャーナルは「原爆は何百万人もの命を救った。日本人も含めて」と題する原子物理学者のオピニオン記事を掲載している。そこでは「原爆は恐怖と後悔をもって見られる。しかし、原爆が使われなかったら、はるかに悪いことになっていた」と主張されている。また、8月7日、シカゴ・トリビューン紙は特大の見出し「原爆が第2次世界大戦を終結させた――記憶に残り続ける記念日」という社説を、１９４５年8月7日付の写真とあわせて掲載している。[*4]

原爆投下を正当化する議論は決して廃れておらず、乗り越えられてもいないのである。

ニューヨーク・タイムスの転換[*5]

ところが、ニューヨーク・タイムスには変化があったようである。昨年8月7日の紙面に、カナダ在住の被爆者サーロー節子さんの記事「地上の地獄。そして、何十年にわたる平和活動」と、顔に酷いやけどをした被爆幼児の写真を掲載したのである。75年間このようなことはなかったという。同紙は、「アメリカは実戦で核兵器を使った唯一の国であり続けている。その教訓を学ぶことなくロシアと中国との核兵器競争へと突入しているかのようである。広島の75周年記念は核兵器に関する深刻な社会的懸念をよみがえらせるいい機会だ」としている。そして、この変化は突然起きたものではなく、「大統領決定の是非」、「原爆の代替手段」、「道徳的結果」、「日本侵攻が避けられた」という4議題についての2015年からの議論の積み上げがあり、原爆についての賛否両論の提示だけではなく、被爆者の惨状を伝える方向に変化し始めていた、というのである。

米国における原爆観に転機が訪れているようである。

原爆投下正当化論に対する批判

米国の映画監督オリバー・ストーンと歴史学者ピーター・カズニックは、原爆が戦争終結につながったという誤った信念を抱いてきた米国人の85％は、原爆使用を是認しているが、米国国民の大半が知らされていなかったのは、当時の米軍最高指導者の多くが原爆投下は軍事的には不必要であるか、道徳的には非難されるべき行為ととらえていた事実だったとしている。そして、トルーマン大統領付参謀長であったウィリアム・リーヒ提督の次のような言葉を紹介している。「日本はすでに敗北しており降伏する用意ができていた……広島と長崎に野蛮な兵器を使用したことは日本に対するわが国の戦争に何ら貢献していない。はじめてこの兵器を使用した国家となったことで、われわれの道徳水準は暗黒時代の野蛮人レベルに堕した[*6]」。統合参謀本部の議長でもあったリーヒは、原爆使用は軍事的には不必要であり、道徳的には最悪としていたのである。これは、1950年の発言である。

さらに2例紹介しておく。

のちに、アイゼンハワー大統領のタカ派国務長官となるジョン・フォード・ダレスは、全米教会協議会会長として、1945年、「仮に、敬虔なキリスト教国家であるわが国が、このような核エネルギー使用が人倫にもとっていないと考えるならば、他の国の人々も同じような考えに走るだろう。核兵器は通常兵器の一種と見なされるようになり、人類が突如として破滅する道が開かれるに違いない」としている[*7]。

原爆投下は100万人以上の米国人将兵を救ったとしていたヘンリー・スティムソン国務長官

は、1947年、「第2次世界大戦終盤におけるこの重大な戦闘行為によって、われわれは戦争とはすなわち死であるという決定的な証拠を目の前につきつけられた。20世紀において、戦争はあらゆる側面でますます野蛮で、破壊的で、唾棄すべきものとなった。人類は核エネルギーを手に入れたことで、今や自分たちを破滅させる能力を手に入れてしまった」としている。[*8]

両名とも、核兵器は「人倫にもとる」、「唾棄すべきもの」とするだけではなく、「人類を破滅させるもの」としていることに注目しておきたい。

感想

オリバー・ストーンたちがこの本を書いたのは2012年である。リーヒたちの発言はいずれも、原爆投下からそう遠くない時期に語られている。今、米国人たちは、これらの情報に接することは可能である。彼らがこれらの情報にどの程度接しているかどうか、どの程度影響を受けているかどうか、私には判らない。

けれども、米国には、核開発施設の前でヒロシマと連帯する市民はいるし、ニューヨーク・タイムスにも変化が表れていることは確認できる。

米国社会でも、原爆投下が何をもたらしたのか、原爆投下は正当化できるのか、倫理的・道徳的に許されるのかという問いかけが行われ、政府の嘘を見破り、自らの蒙を啓いていく努力が行われていることは間違いないようである。原爆投下がもたらした「容認しがたい苦痛と被害」や「壊滅的人道上の結末」についての認識が広がり、広く信じられていた「原爆は多くの人命を救った」という言説がフェイクであることが暴露されてきているのである。米国の人々の「無知のヴェール」が剝がれているともいえるだろう。

「核兵器のない世界」を実現するためには、核兵器を実際に使い、そしてまだそのことが正当であると信じ、核兵器が自国の安全を保障していると考えている米国の人々の変化が不可欠である。被爆者とそれを支援する人々の営みは、間違いなく成果を上げているのである。その変化は間違いなく起きていることに希望を持ちたいと思う。

（2021年8月18日記）

脚注

＊1　しんぶん赤旗2020年8月8日付

＊2　『反核法律家』108号（2021年秋号）

＊3　山崎正勝『日本の核開発』（積文堂、2011年）

＊4　井上泰浩他『世界は広島をどう理解しているか――原爆七五年の五五か国・地域の報道』（中央公論新社、2021年）

＊5　同右

＊6　オリバー・ストーン、ピーター・カズニック『オリバー・ストーンが語るもうひとつのアメリカ史』（早

川書房、2013年）

＊7　同右

＊8　同右

10　核拡散防止条約（NPT）再検討会議の結果と私たちの課題
――核抑止論を乗り越える――

問題意識

今回（2022年8月）のNPT再検討会議で「最終文書」は合意されなかった。「最終文書」の案文では、核兵器の使用の危険性が冷戦時代のピークよりも高くなっていることや、国際社会の安全保障環境が劣化していることに深い関心が寄せられていたにもかかわらず、会議は合意に至らなかったのである。会議は、核兵器使用の危険性が史上最高にある中で、しかも、核兵器廃絶のための「明確な約束」が存在するにもかかわらず、何も決めなかったのである。私は、残念というよりも怒りを覚えている。

NPTは「核戦争は全人類に惨害をもたらす」ので、それを避けるために制定されている多国間条約である。その再検討会議で、何も合意されなかったことは、「核兵器のない世界」を実現するために、今、何をするかが決められなかったことを意味している。私たちは核被害者の予備軍であり続けることになる。

何も決まらなかった原因は、ロシアの反対にあるとされている。もちろん、ロシアのウクライナ侵略や原子力発電所占拠を含む戦争犯罪は許されないが、合意不成立をロシアのせいだけにすることもできないであろう。

そもそも、「核兵器のない世界」は核兵器国が核兵器を廃棄しない限り実現しない。核兵器国は、非核兵器国が核兵器保有をしないこととの引き換えに、自国の核軍備の縮小や全面軍縮を約束しているのである。にもかかわらず、その履行を怠っているのである。「合意は拘束する」という法原理を無視しているのである。しかも、日本政府も、米国の核兵器が自国の安全保障ために不可欠だとして、核兵器国に具体的な核軍縮を求めていない。そこにあるのは核依存である。核兵器を「平和と秩序のための道具」とする核抑止論である。

核抑止論の弊害

核兵器保有国や依存国は、核兵器を国家安全保障上、不可欠な道具としている。敵国を核兵器で脅せば敵国は攻撃を控えるだろうから、自国の安全は確保できるというのが核抑止論である。核兵器が「守り神」だというのである。だから、核兵器国は、核兵器を他国に持たせないことには熱心になるけれど、自国の核兵器は放棄しようとしない。元々、NPTはそのことを内包したまま発足しているので、驚くには値しないのかもしれないが、それでは「核兵器のない世界」は何時まで経っても来ないことになる。この「核抑止論」が通用している限り「核兵器のない世界」の実現は不可能なのである。NPTが何も決められない根本には、核兵器保有国・依存国の「核抑止論」というカルト信仰があることを指摘しておきたい。

核抑止論に対する批判

核抑止論についての批判は多くの人が語っている。ここでは、国連の「核兵器の包括的研究」を紹介しておく。この研究は、国連総会決議に基づいて、1979年から80年にかけて、各国の専門家によって行われている。テーマは、核兵器の実態、核兵器使用の効果、抑止論および核兵器に関する理論、核兵器の改良が安全保障に対して持つ意味などである。国連事務総長によって国連総会に報告されている。[*1]

国連憲章との関係での結論

まず国連憲章との関係での結論を紹介する。

◇核兵器の使用が国家安全保障の不可欠な要素とみなす理論は国連憲章の理念――「法を通じての平和」――と両立しがたい。
◇必要なことは、自国の安全保障のよりどころを核兵器体系からもう一つの普遍的体系に移す政治的意思を、すべての国の間で、遅すぎないうちに生み出す強力な世論の創出である。
◇国連憲章の諸原則およびその他の普遍的に認められている国際法の諸原則の順守に基づく国際的安全保障体制のみが、相互に受け入れ可能な安全保障の基礎を提供することができる。

この研究報告は、核抑止論と国連憲章は相容れないとしているのである。核兵器という究極の力で紛争を解決しようとすることが「法を通じての平和」と対極にあるという指摘である。

核抑止論に対する評価

この結論の前提になる核抑止論に対する基本的理解は、次のとおりである。

抑止の現象は人類出現の極めて初期から存在している。基本的には、他人にその意志を実行させなくするための、力の行使の威嚇にもとづくものであった。それは、ある行動が実行されれば、手厳しい結果を招くという威嚇、すなわち、懲罰の抑止の形態をとることもあり得るし、行動が実際になされるのを力によって防ぐ威嚇、すなわち、拒否の抑止の形態をとることもあり得る。抑止の

原理は、国家防衛のための軍事戦略理論の基礎として、常に役立ってきた。しかし、核の時代においては、抑止の意味は、全く新しい様相を帯びるに至った。

ここでは、抑止一般は否定されていない。むしろ「常に役立って来た」とされている。懲罰の威嚇が国家や個人の行動を制御することを、一般的に否定できないであろう。また、「平和を望むなら戦争に備えよ」という格言は、ローマ時代にさかのぼる伝統的なものである。けれども、核の時代においては違う様相を帯びるというのである。違う様相とは何か。核兵器の特性である。このことについて、研究報告は次のように言う。

現在の状況の下で、核抑止は通常兵器による抑止とはいくつかの点で異なっている。それは、即時的、全面的、全世界的でありうる。核の時代にあっては、分の単位で攻撃することができる。国家が他の地域の存続の基礎を破壊しうるようなことはこれまでありえなかった。また、こうした破壊をどんなに遠い場所に対しても加えることができるなど、これまでありえなかった。

研究報告は、核兵器の特徴を指摘したうえで、核抑止を否定しているのである。その特徴とは通常兵器とは質的に異なる破壊力である。研究報告は「**敵に対して耐え難い被害を与えることができる能力**」という言葉も使用している。そして、これに付け加えなければならないことは、その被害は永続するということである。通常の戦争被害は終戦とともに終結するけれど、核攻撃による放射能被害は世代を超えて継続するのである。

戦略としての核抑止論

研究報告は、核抑止論の戦略としての意味を次のようにいう。

核抑止は、相手に対して核兵器を用いることは無意味だと相互に確信させようという理論。どの戦略理論も信用されるには、この戦略理論にふさわしい軍事的手段を自由に使用することが出来なければならない。更に、必要な場合にはそれを行使する意思を持っていることを示さなければならない。

ここでは、核抑止論は、敵国を制御できる核兵器という軍事的手段を保有することと、必要ならそれを使用する意思を持っていることが前提とされているのである。使用できる核兵器とそれを使用する意思を持ちながら、相手国と対峙するのであるから、核兵器をなくすという選択はありえないであろう。また、核兵器を保有しているだけで抑止が機能するかのような議論があるが、それは、核抑止論を全く理解していない謬論である。

核抑止論に対する批判

研究報告による核抑止論に対する批判を列挙しておく。

◇核戦争により生ずる被害の程度は、いかなる歴史的経験を超えている。

◇抑止論は、容認しがたい高度の危険を伴う。国民を人質にとり、コンピューターが政策決定を行っているかのように核戦争を取り扱う。

◇本来的に不安定な均衡の上に基礎を持ち、抑止に失敗した場合容認しうる解決策がない。

◇抑止の考え方は、相手国が戦略理論を受け入れているかどうか、また基本的考え方についての相互の理解が存在しているかどうかについての確実性を持った指摘をすることは困難。

◇大きなストレスの下で、人間が、前もって決められたとおりに行動するかどうかは、疑問。しばしば間違いがおかされ、突飛な行動がとられる。

◇もっとも劇的な疑問は、技術的失敗によるにせよ、人間的過ちによるにせよ、核戦争が事故によって引き起こされる危険である。その危険性はいかに小さいものであっても、全面的に排除することはできない。

◇抑止が失敗した場合の危険は高い。この危険は冒してみるには大きすぎる。ある国は、かなり賭けの要素の大きい考え方に基づいて自らの安全保障を維持しようとしている。しかし、国際社会の大半のものは、恒久的かつ確実な世界平和を確立する上では、これは幻想にすぎないとみなしている。

いずれも、深刻かつ具体的な指摘である。私は、これらの指摘に対する、核抑止論者による説得的回答を知らない。

研究報告の結論――最も危険な集団的誤謬――

◇抑止論はさまざまに仮定された核戦争のシナリオの上に築かれた虚構。

◇抑止の理論が完全に安定した現象だとしても、この均衡に依拠することに強い道徳的、政治的反論がある。人類文明の消滅の展望が、一部の国によって自国の安全保障の増進のために利用されるのは許されないことである。その場合は、人類の未来が、若干の核兵器保有国、とりわけ両超大国が認める安全保障の人質にされるのである。

◇その上、核兵器国と核兵器非保有国からなる世界体制を無期限にわたって確立することは受け入れられないことである。この体制そのものが内部に核兵器拡散の種子を含んでいる。それは自己破滅の源泉をはらんだ体制である。

◇核軍縮への道が長く困難であるとしても、他に取るべき道はない。核戦争の危険を防止する

ことなしに平和はありえない。もし核軍縮が現実になるものとすれば、恐怖の均衡による相互抑止という行為は放棄されなければならない。抑止の過程を通じての世界の平和、安定、均衡の維持という概念は、おそらく存在する最も危険な集団的誤謬である。

この研究報告の結論は以上のとおりである。核兵器の使用が「**人類文明の消滅**」をもたらすことが前提とされ、人類の運命を核兵器保有国に委ねる矛盾が指摘されているのである。抑止論は「**仮定された核戦争のシナリオの上に築かれた虚構**」であり、「**最も危険な集団的誤謬**」とされているのである。

これが国連に提出されたのは１９８０年である。けれども、現在も、核抑止論は幅を利かせている。そのことが、今回の再検討会議で合意が成立しなかった原因である。安全保障のための核兵器という「集団的誤謬」が継続され、「仮定された核戦争」が現実化し、「人類文明の消滅」の危険性が高まっているのである。

どこに希望を見つけるか

核兵器禁止条約は、核兵器のいかなる使用も「壊滅的な人道上の結末」をもたらすので、核兵器が完全に廃絶されることが、核兵器が決して再び使用されないことを保証する唯一の方法であるという思想に基づく多国間条約である。この条約の第１回締約国会議が、２０２２年６月、オーストリアのウィーンで開催された。そこでは「ウィーン宣言」が発出されている。

私たちは、核兵器の使用の威嚇と、ますます激しくなる核のレトリックを憂慮し、それに失望している。私たちは、核兵器のいかなる使用または使用の威嚇も、国連憲章を含む国際法の違反であることを強調する。私たちは、明示的であろうと暗黙的であろうと、またいかなる状況下であろうと、あらゆる核の威嚇を明確に非難する。

ここでは、核兵器の使用も使用の威嚇も、国際法に違反することが強調され、いかなる状況下であろうと、あらゆる核の威嚇を非難している。ロシアのウクライナ侵略を踏まえてはいるが、ロシアに限局せず、核兵器の使用とその威嚇を非難しているのである。さらに、核抑止論については次のように宣言する。

核兵器は、平和と安全を維持するどころか、強制、脅迫、緊張を高める政策の道具として使われている。核抑止論は、核兵器が実際に使用されるという威嚇、すなわち無数の生命、社会、国家を破壊し、地球規模の壊滅的な結末をもたらす危険性に基づいており、その誤りをこれまで以上に浮き彫りにしている。

ここでは、核抑止論は「核のレトリック」とされているのである。先にみた研究報告の内容が「核兵器禁止条約」という多国間条約に引き継がれていることを確認できるのではないだろうか。核兵器廃絶を求める人々の営みは、決して無駄ではなかったのである。私は、そこに希望を見出している。

まとめ

核抑止論は、その没論理性や危険性にもかかわらず、今日まで命脈を維持している。生き残れている理由は、核兵器国やその同盟国が、核兵器を国策上必要としているからである。そのことについて「ウィーン宣言」は次のように言う。

私たちは、9か国が依然として約1万3000発の核兵器を保有し、核兵器の使用や威嚇の根拠となる安全保障政策をとっていることに大きな懸念を抱いている。これらの核兵器の多くは高度警戒態勢にあり、数分以内に発射できる状態にある。……増大する不安定性と明白な紛争は、意図的であれ事故や誤算であれ、核兵器が使用される危険性を大きく高めている。核兵器の存在は、すべての国家に共通する安全保障を低下させ、脅かすものである。

核兵器はピーク時である1986年の7万発からは減少しているけれど、核兵器の存在が私たちの安全を低下させている事態には変わりがないし、むしろ高まっている。けれども、核兵器禁止条約はすでに発効し、第1回締約国会議も開催され、「ウィーン宣言」が発出されていることを忘れてはならない。先の研究報告に戻ろう。

国際連合と核兵器は、同時にこの世にあらわれた。未来の道は国連憲章に全面的に依拠しすべての核兵器をなくすことを目指さなければならない。

これは、研究報告の結びの言葉である。国際連合の誕生は1945年6月、原爆投下は1945年8月である。そういう意味では同時ではない。国連憲章が生まれた時、まだ、核兵器は使用されていなかったので、国連憲章は「核の時代」を知らないままに作られている。[*2] けれども、私たちに求められていることは「**国連憲章に依拠しすべての核兵器をなくすこと**」であるという指摘はそのとおりであろう。核兵器禁止条約が発効しているということは、その道程が進んでいることを意味しているのではないだろうか。

最後に、先に紹介した「核兵器体系からもう一つの普遍的体系に移す政治的意思を、すべての国の間で、遅すぎないうちに生み出す強力な世論の創出」の必要性を再確認しておきたい。核兵器禁止条約の普遍化を進めるうえでも「強力な世論の創出」が求められていることは自明である。「市民社会」の出番である。

今回のＮＰＴ再検討会議での最終文書作成過程で核兵器国からの抵抗はあったが、核兵器禁止条約の発効や締約国会議の開催についての確認は行われている。最終文書は採択されていないが、変化は生じているのである。そのことを忘れてはならない。

私たちは、最後の核弾頭が解体され、破壊され、地球上から核兵器が完全に廃絶されるまで、休むことはない。

（２０２２年８月30日記）

＊１　服部学監訳『「核兵器の包括的研究――国連事務総長報告』（連合出版、１９８２年）

＊２　１９４６年１月、第１回国連総会での最初の決議は、「核兵器その他大量破壊兵器の廃絶」に係るものである。

11　核兵器禁止条約には入らないほうがいいという「核問題の専門家」
――秋山信将氏の見解の特徴――

ＮＰＴ再検討会議における日本政府代表団のアドバイザーであり、「核問題の専門家」といわれている一橋大学国際・公共政策大学院院長の秋山信将氏が、毎日新聞２０２２年８月28日付と８月31日付で、ＮＰＴ再検討会議の結末についての見解を述べている。本稿は、この見解に対する私の感想である。以下、秋山氏の見解をテーマごとに紹介しておく。

現状認識について

氏の情勢認識は次のようなものである。

ロシアのウクライナ侵攻で、核兵器の使用がリアリティーを持つようになった。ロシアは、核兵器使用について「国家存亡の危機になれば可能だ」とした。……ロシアはプチャの虐殺など国際的に規範で禁じられていることを平気で行った。核使用も、我々が考えるよりも低い基準を設定しているかもしれない。

冷戦後は、大国間の戦争は考えられないので、誤解や誤算による核使用のリスクをいかに削減するかを重視してきた。ところが、プーチン大統領は、偽情報を流して欧米に誤算を引き起こそうとする一方、核兵器使用をちらつかせる核抑止戦略を展開した。危険な遊びで、我々は核抑止力などについて改めて認識させられた。

氏は、ロシアによる核兵器使用のリアリティーを指摘しているが、大国間の戦争は考えられないとか、「危険な遊び」などと評価しているのである。私は、プーチンが核兵器使用の威嚇を行っていることや、ロシアや米国の核戦略は、非核兵器による攻撃であっても核兵器で反撃するとされていることや、NATOは「核共有」していることも承知しているので、核兵器が使用される危険性は「冷戦時代」よりも高まっていると考えている。そして、この私の認識は、再検討会議では採択されなかったけれど「最終文書」で確認されていることでもある。だから、私は「大国間に戦争はない」とか「危険な遊び」などという状況認識は「お花畑型」のように思うのである。

また、私は、プーチンが偽情報を流して欧米に誤算を引き起こそうとしているとは、どのような事実のことであるのかは示されていないので何ともいえないが、氏の「**核抑止力などについて改めて認識させられた**」という言説は、プーチンに対抗するための核抑止力の強化が必要だという主張であろうと受け止めている。氏の見解には、核兵器使用の脅し合いからの脱却という発想を見て取ることはできないからである。

氏の現状認識の特徴は、核兵器使用の危険性についての認識の甘さと、核抑止論に依拠し続けようという思考停止にあることを確認しておきたい。

会議の特徴について

氏は、会議の特徴として次の3点を挙げている。第1に、ロシアによるウクライナに対する軍事侵略が焦点となり、歩み寄りが国難となった。ウクライナ侵攻などをめぐり核保有国間の戦略的対立が大きな影を落とした。第2に、核兵器禁止条約を支持する国と核保有国との対立の深刻化。ウクライナの状況を受け、これまで以上に核軍縮を進めようとする国々が出てきて、核保有国との対立がより先鋭化した。第3に、中国の影響力。中国は、これまで、米露の後ろに隠れていたが、今回は、米英豪の安全保障枠組み（ＡＵＫＵＳ）でのオーストラリアへの原潜技術的移転を問題視するなど、自国の戦略的な関心を重視する姿勢をあらわにした。

そして、次のようにも言う。

これまでの再検討会議は、安全保障に関する個別の議題ではなく、核なき世界をという普遍的な目標に向けて核軍縮をどのように進めるかを議論してきた。核軍縮という理想が、エゴをむき出しにする中露の戦略的な関心に、からめとられているようにも見える。

氏によれば、歩み寄りが困難になったのは、ロシアのウクライナ侵攻、核軍縮を進めようとする国と核保有国の対立、中露のエゴということのようである。最終文書の合意が成立しなかったのはロシアの反対によるので、合意不成立の原因がロシアにあるとの指摘はそのとおりであろう。けれども、オーストラリアへの原潜技術の提供がＮＰＴに抵触するかどうかは議論の対象である。これを中国のエゴと切り捨てるのは公正な態度とはいえないであろう。そして、核兵器禁止条約を支持する国とそれに反対する国との対立が深刻化したことも確かである。けれども、氏が指摘するように、岸田首相も「核兵器禁止条約はゴールだ」として、禁止条約の意義は認めているのである。対立が先鋭化するのは、核兵器国がＮＰＴ６条の規定を具体化しようとしないからである。それを無視して、禁止条約支持派と反対派を同列に置くのは、知的態度ではなく政治的に過ぎるというべきであろう。

合意が成立しなかったことに対する評価

最終文書がまとまらなかったことについての氏の評価は次のとおりである。

残念だが、核保有国と非核保有国との間で建設的な議論があったことは、評価すべきだ。異なる立場を尊重しながら議論が進み、共通認識が生まれたプロセスを評価する必要がある。

氏は、どのような建設的な議論があり、どのような共通認識が生まれたかについては何も語っていない。そもそも、氏は、核保有国と非核保有国との間の対立の深刻化や先鋭化を指摘している人である。にもかかわらず、建設的議論と共通認識が生まれたという氏の議論の進め方は、私には理解できない。

私が理解しているところでは、核軍縮をどのように推進するかについても、核の先制不使用についても、非核兵器国に対する消極的安全保証についても、核軍縮派の譲歩にもかかわらず、共通認識は生まれていない。どのような共通認識が生まれたのか、ぜひ、ご教示いただきたいと思う。

私は、核兵器使用のリアリティーの中で、会議が核軍縮の方向性を示さなかったことについて怒りを覚えている。核兵器保有国が核兵器を廃棄しない限り、私たちは、核兵器国の思惑の中での生活を強いられ続けるからである。氏には、そのような切迫感はないようである。

お気楽と言えばお気楽である。

日本のジレンマ

氏は、日本は核廃絶を主張しながら核抑止力に依存するというジレンマを抱えている。核兵器禁止条約への加盟を求める声もあるが、岸田首相も言うように条約はゴールだ。そのゴールとは北東アジアを核のない地域にすることだ。日本が条約に加盟したからといって米国も含め北朝鮮や中国が加盟することはない。日本は加盟というカードを一定の段階まで保持しておく方が、今後の外交

戦略や安全保障上、有効だ、としている。

氏は、核廃絶と核抑止力依存がジレンマだと認識している。ジレンマとは「自分の思い通りにしたい2つの事柄のうち、一方を思い通りにすると他の一方が必然的に不都合な結果になるという苦しい立場」と定義されている。氏は、その「苦しい立場」を認めつつ、当面、核兵器禁止条約には加盟するなとしているのである。結局は、核抑止論を選択するという提案である。その理由は、日本が加盟したからといって、米国も北朝鮮も中国は加盟しないからだという。私は、他国がどうであれ、それが必要だとか、正しいと思うなら、その道を行けばいいのにと思うが、氏は、米国や北朝鮮や中国の出方が問題だというのである。何とも自主性がない態度である。

そして、私には、なぜ、その加盟先送りが外交戦略や安全保障上有効なのか理解できない。そんな心構えでは、いつまで経っても北東アジアを核のない世界にできないだろうし、核兵器はなくならないだろうと思うからである。

氏の議論は、結局、核抑止力を優先して核廃絶は後回しにしようということなのである。政府代表団のアドバイザーである氏からすれば、ごく自然な振る舞いなのであろう。

氏の提案

氏は、日本は、より多くの国が受け入れられるような取り組みが重要だとして、**透明性の向上(核兵器の現状をオープンにすること)**、**軍縮教育、核の非人道性、核なき世界が人類の福祉向上にどう**

貢献するのか、核と安全保障の関係など軍縮・不拡散への理解を深めるための取り組みが必要だとしている。

岸田首相の①核兵器不使用の継続、②透明性の向上、③核兵器数の減少傾向の維持、④核兵器の不拡散と原子力の平和利用、⑤各国指導者の被爆地訪問などと重なる部分もある。

そして、両者が土台の部分で共通しているのは、核兵器廃絶の緊急性をいわないことである。核兵器廃絶は理想であって、現実的な課題としていないことである。岸田首相は「核なき世界」の実現をライフワークだといっているが、それは、本人が「果てなき夢」といっているとおり、いつ実現するかは問われていないのである。

彼らの提案が、仮に、全部実現したとしても、核兵器がなくなることはない。核兵器廃絶が目標とされていないからである。私たちは、その正体をしっかりと見抜いておかなければならない。

信頼醸成が必要だ

さらに、氏は、**核軍縮が一朝一夕に進むとは思えないが、透明性の議論などを積み重ね、将来に向けてこつこつと進むのが大事だ。中国や北朝鮮の脅威をどう減らしていくのかや、紛争管理のメカニズムについて、中国や米国と話していくのも重要ではないか。核兵器に依存しないということは、裏を返せば相手国と信頼醸成を図っていくことだ。特に、近隣諸国と丁寧に対話を積み重ねていく努力が必要だ、**などとしている。

氏の言うことはそのとおりである。私も、核兵器に依存するのではなく「平和を愛する諸国民の公正と信義」（憲法前文）に依拠したいと思う。そのためには、真摯な対話に基づく信頼醸成が不可欠であることは自明である。氏の提案に反対する理由はない。

問題は、米国の「核の傘」依存という拡大核抑止論に依拠しながら、その信頼醸成が可能かということである。中国、ロシア、北朝鮮などを「専制主義国家」として敵視する米国との強固な同盟を基軸として、敵基地や敵国の中枢に打撃を与える能力を強化しながら、誠実な対話ができるかである。相手の立場で考えてみれば、その答えは明らかであろう。軍事的対応を正面に据えながら、対話や信頼醸成の必要性を説いても説得力はない。

私は、氏の提案について、一般論としては反対しないけれど、核抑止論に依拠したままでは、眉に唾をつけておきたいと思う。なぜなら、私は、核兵器の必要性や有用性をベースにする核抑止論者は「死神のバシリ」とみなしているからである。

（2022年9月2日記）

第４部

核兵器廃絶と憲法９条

1 「あの時も終戦《おわり》のためと核爆弾」
――核兵器禁止条約の普遍化と9条の世界化を――

この川柳は、毎日新聞2022年4月12日付の中畑流万能川柳で秀逸とされている。私はこの作品に触れて、いくつかのことを彷彿とした。1つ目はトルーマンの原爆投下直後の心境。2つ目はプーチンの核兵器使用の威嚇発言。3つ目は金森徳次郎の自衛力放棄非難である。

米国は、広島・長崎への原爆投下を戦争の早期終結のためであったと正当化している。原爆投下は正しいこととされ、今でも、そのことに対する謝罪はなされていない。そして、米国は、引き続き核兵器は保有しているし、その使用はありうるとしている。

他方、ロシアは、現在も進行しているウクライナへの軍事攻撃と合わせて、核兵器使用をほのめかしている。核兵器使用の威嚇は、ウクライナやNATO諸国のみならず、全人類に対する脅迫である。

そして、日本国内では、9条で国は守れない、敵基地にとどまらず敵国の中枢を叩く能力が必要だ、核兵器を国内に配備すべきだなどという議論が横行している。「核兵器復権の時代」が来ているかのようである。

核兵器の使用が「全人類に惨害」や「壊滅的人道上の結末」をもたらすことは、米ロを含むNPT体制下での共通の認識であるにもかかわらず、核兵器への依存が継続するだけではなく、その「復権」が、唯一の戦争被爆国を自任するこの日本でいわれているのである。何とも空恐ろしい光景である。そこで、ここでは、トルーマンの心境、プーチンの言明、金森徳次郎の言説を紹介しておく。

トルーマンの心境

原爆投下を指示したハリー・トルーマンは、投下成功の知らせに接した時の心境を次のように回想している（『トルーマン回顧録』）。ポツダムから帰国する戦艦の上でのことである。

「大爆弾、広島に投下さる。第一報によると、完全な成功」との電報を手渡された。私は非常に感動した。「歴史始まって以来最大のことが起こった。さあ急ぎ帰国しよう」。数分後に第二電報が到着する。「広島に原爆投下、戦闘機の抵抗、対空砲火ともになし、あらゆる点において、明らかに成功す」。これを読んだとき、私は食堂にいる乗組員たちに一言申し上げたいと呼びかけた。私は、彼らに1トン爆弾の2万倍の力のある爆弾を投下したことを伝えた。私は、太平洋戦争は早急に終わるだろうとの私の予想を胸に収めておくことができなかった。

トルーマンは、原爆投下が戦争を早期に終結させるだろうと予想していたのである。そして、その爆弾は「大爆弾」であることを承知していた。彼は、1トン爆弾2万個分としているけれど、広島型原爆の破壊力は1トン爆弾（TNT火薬換算）の1万5000倍（15キロトン）である。その爆弾は、その年（1945年）12月末までに14万人の市民の命を奪っている。その死亡者の割合は全市民の約41％である。しかも、その放射能の影響で、現在も後障害に苦しんでいる人もいる。トルーマンは、原爆は宇宙に存在する基本的な力を利用したものであることを知っていたけれど、それがヒロシマに何をもたらしたかのすべては知らされていなかったであろう。彼は「罪の意識」に問われることはなかったようである。

対日戦争に勝利するために原爆投下は不必要だったという意見はある。また、原爆投下は、当時の国際人道法（戦争法）に違反するとの東京地裁判決（1963年）も存在する。けれども、日米両国政府は核兵器への依存は続けている。自国と自国民を守るためだという理由である。

プーチンの核兵器使用の威嚇

プーチン・ロシア大統領は、2月24日、「**現代のロシアは、……世界で最大の核保有国の一つだ。……我が国への直接攻撃は、どんな潜在的な侵略者に対しても、壊滅と悲惨な結果をもたらすであろう**」と演説している。そして、2月27日、核戦力を含む軍の核抑止部隊に任務遂行のための高度警戒態勢に移行する指示を出している。

ロシアは、核攻撃のあるなしにかかわらず、核戦力の報復活動に障害をもたらす干渉があった場合や国家の存立が危機に瀕した場合には、核攻撃をするという戦略を整えている（「核抑止の分野におけるロシア連邦国家政策の基礎」）。ちなみに、ロシアの保有核弾頭数は4630基でそのうち1625基は実戦配備されている（2021年SIPRI）。その核弾頭の威力は広島型原爆の威力をはるかに凌駕している。旧ソ連が実験した最も威力のある核爆弾は50メガトン（ツァーリ・ボンバ）といわれている。広島型の3000倍以上である。この弾頭が配備されているかどうかは知らない。けれども、ロシアにそういう能力があることは間違いない。

米国はそのロシアと張り合うだけの能力は持っている。だから「核戦争に勝者はないし、戦ってはならない」とされているのである。それは、1985年に米国のレーガン大統領とソ連のゴルバチョフ共産党書記長の間で確認されているだけではなく、2022年1月に、米ロ英仏中の首脳によっても再確認されている。しかも、その核兵器は意図的ではなく発射される可能性を否定できないのである。間違いを犯さない人間はいないし、故障しない機械はないからである。

こういう状況であるがゆえに、核兵器禁止条約は、核兵器のいかなる使用も避けるためには、核兵器の廃絶が必要だとしているのである。核兵器に依存するということは、人類社会の滅亡をもたらす危険性を内包しているのである。そのことを鋭く指摘しているのは核兵器開発に携わってきた米国の科学者集団である。彼らは、人類の「終末」が近未来（100秒）と警告しているのである。にもかかわらず、日本政府や核兵器保有国は核兵器禁止条約を敵視している。

国内での核兵器依存の言説

安倍晋三元首相や日本維新の会などは「核共有」や「非核三原則の見直し」を提起している。日本政府も米国の「核の傘」に依存しているので、核兵器をどこに置いておくかだけの違いでしかないが、より核兵器に依存しようとしている姿勢は顕著である。しかも、その「核共有」や「非核三原則の見直し」について、タブーなく議論しようという意見に同調する動きも散見される。自分たちに破滅をもたらすかもしれない兵器に自分の運命を託そうというのである。その発想の基礎にあるのは、核兵器によって自分を守ろうとすることであるけれど、それは安全を確保するどころか、むしろ逆に、自分を破滅の淵に追い込む危険な方向なのである。

私は、そのような倒錯を座視することはできない。自殺行為に走ろうとする人を止めたいということだけではなく、その自殺行為に私も巻き込まれるからである。

この核兵器に依存して安全を確保するという発想は、究極の暴力に依存することであるから、「平和を愛する諸国民の公正と信義」などはナンセンス極まりないこととされる。当然に、9条2項の廃止が主張されることになる。たとえば、次のような議論である。

もし、自衛力を否定するならば、その人は外部よりの侵害は絶対にあり得ないということを論証するか、又は、危難の場合には喜んで自己の滅亡を甘んじ受けるということを主張しなければなら

ないであろう。

この議論の特徴は、時期とか、当事者とか、理由などは問題にされないままに、「外部からの侵害」は必ずあるとされ、その「危難」が生じた場合には滅亡だけが待っているとされ、それを避けるために「自衛力」を持とうとしていることである。「平和を望むなら戦争に備えよ」ということである。そして「核共有論者」たちは、「平和を望むなら核兵器を準備せよ」と拡張しているのである。

もちろん、この武器と兵隊による安全確保はローマ時代からの伝統があるだけに、現代でもこれを信奉している人は多い。「普通の国」では大体そうなっている。「平和を愛する諸国民の公正と信義」などを信じている人は「お花畑で昼寝をしているボケ人間」のような扱いを受けるのである。けれども、この地球には軍隊のない国は26か国あるし、核兵器保有国は9か国である。ちなみに、日本政府が承認している国家は196か国、国連加盟国は193か国である。核兵器や軍隊がなくても国家は存在しうるのである。核兵器や軍隊がなければ、命や安全が守れないというのは嘘である。

小括

ところで、先に紹介した自衛力否定論に対する批判を述べているのは金森徳次郎である（『憲法遺言』）。彼のこの言説は新憲法制定直後からそうであったわけではない。彼は、１９４６年内閣法制局の「新憲法の解説」で「……**国民諸君が速やかにこの憲法の本体に親しみ、これと融合し、いわばこれと一体となり、歴史の導く新たな段階に、全身を歓喜に奮わせて、突入せられんことを希望してやまない**」と序を書いているのである。その「新憲法の解説」には、「**一度び戦争が起これば人道は無視され、個人の尊厳と基本的人権は蹂躙され、文明は抹殺されてしまう。原子爆弾の出現は、戦争の可能性を拡大するか、または逆に戦争の終息せしめるかの重大段階に到達したのであるが、識者はまずまず文明が戦争を抹殺しなければ、やがて戦争が文明を抹殺するであろうと真剣に憂えているのである**」という一節がある。ここでは、原子爆弾の出現によって、戦争に訴えれば文明が滅びるとの視点が提供されている。そして、「核の時代」にあって、武力で自国の安全を確保することの危険性が指摘されているのである。今、ウクライナで展開されている事態を見れば、この指摘がいかに正鵠を射ていたかを思い知らされる。

さて、金森は「新憲法制定」に際してその担当大臣であった。けれども、彼は『憲法遺言』（１９５９年）では、自衛力を肯定し「戦力」保有を考えていたのである。そこには明らかな変転がある。

彼が問いかけている「もし、外部からの攻撃があったどうする」、「攻められたら滅亡に甘んずるのか」というテーマは、今でも多くの人の口から洩れ出てくる疑問である。そしてその疑問は、だから、核兵器も含む武力を強化しよう、憲法９条を変えようという議論へと連結している。そこでは、外交努力も非軍事での抵抗も無視されている。そして、見ず知らずの敵と命のやり取りを命じられる兵士や戦渦で逃げ惑う人々の存在はやむを得ないものとされている。また、核兵器や戦争をなくそうという考えは「理想論」として歯牙にもかけられない。

たしかに、このテーマは「平和憲法」担当大臣が悩む程のテーマなのだから、簡単に答えの出るテーマではないであろう。人々が右往左往するのは無理もないことである。けれども、当時の政府と国会が、「平和を愛する諸国民の公正と信義」を信頼し、「一切の戦力」を放棄し、「政府の行為によって、再び、戦争の惨禍」が起きないように決意して「平和憲法」を制定したことは歴史的事実である。そこにあるのは、全世界の国民に恐怖と欠乏から免れ、平和のうちに生存する権利があるという思想である。それから、75年が経過している。

その英知を投げ捨て、「全人類に惨害」をもたらす「悪魔の兵器」に身を委ねるのか、大分岐にあることは間違いないようである。死神に身を委ねるということは、敵方が死に絶えるだけではなく、場合によっては自分も含む全人類が滅亡することを意味している。

私は、核兵器禁止条約の普遍化と憲法9条の世界化こそが、全人類の惨害を免れる唯一の方法だと考えている。そのためのささやかな努力を積み上げることとしたい。

（2022年4月13日記）

2 「比類のない徹底した戦争否定の態度」を変えるのか！
――9条誕生の背景に着目して――

はじめに

日本国憲法は、第2次世界大戦の悲惨な体験を踏まえ、戦争についての深い反省に基づいて、平和主義を基本原理として採用し、戦争の放棄を宣言した。第1に、侵略戦争を含めた一切の戦争と武力の行使および武力による威嚇を放棄したこと、第2に、それを徹底するために、戦力の不保持を宣言したこと、第3に、国の交戦権を否認したこの3点において、比類のない徹底した戦争否定の態度を打ち出している。

この文章に懐かしさを覚える人も多いのではないでしょうか。芦部信喜著『憲法』の「平和主義の原理」からの引用です。表現の違いはあるけれど、憲法9条について同趣旨の理解をしている人は多いし、私もその一人です。

けれども、今、その憲法9条を変えようという動きが活発になっています。しかも、本来、憲法を尊重し遵守しなければならないはずの政権与党やそれと同調する政党のメンバーから声高にしかも執念深く主張されているのです。天皇や立法、行政、司法などの権力を行使する公務員に憲法を尊重する義務があるのは、その権限を憲法によって付与されているからです。そのような立場にある彼らが、改憲をいうことは「反逆者」か「恩知らず」ということです。しかも、9条を変えて、戦争や武力行使を可能とすることは、主権者たる国民に「戦争の惨禍」をもたらし、「平和的生存権」を脅かす危険性を高くすることですから、「全体の奉仕者」としての任務を放棄することになるでしょう。

彼らは、9条では国家の主権や国民の命を守れないので改憲するのだといいますが、本当にそうでしょうか。ここでは、なぜ9条が誕生したのかという角度から検討してみましょう。

9条は「日米合作」

芦部本は、平和主義原理が採用された背景には、1941年の大西洋憲章、45年7月のポツダム宣言、1946年2月のマッカーサー・ノートなどの連合国側の動きに加えて、「**幣原首相の平和主義思想が、マッカーサー・ノートのきっかけになっていたことが考えられる**」としています。46年1月24日、幣原喜重郎首相はダグラス・マッカーサー連合国司令官を訪問し、憲法改正問題を含めて、日本の占領統治についての会談をした際に、軍備の撤廃という考えを示唆したというのです。そして、9条の軍備撤廃の規定は、幣原の平和主義思想を前提としたうえで、マッカーサーの決断によって作られたものだというのです。「日米の合作」だという趣旨です。9条の「起源」が幣原かマッカーサーかはたまた合作かという論争はありますが、ここでは深入りしないでおきましょう。芦部本は、ここに紹介した以上のことは書いていないからです。それはさておき、その日、二人の間で何が語られたのかについて概観しておきましょう。

会談でマッカーサーが語ったこと

マッカーサーは、広島への原爆投下の直前まで核兵器が開発されていることを知らされていなかったようですが、広島原爆について「かつて見たこともない恐るべき爆発力を発揮した。広島市はほとんどあますところなくことなく、一面の廃墟と化した」とし、長崎原爆について「長崎の十万の市民は、一瞬のうちに地獄図絵のうちに死んでいった」と回顧しています。

その彼は、1月24日、幣原に「**戦争を時代遅れの手段として廃止することは私の夢だった**」ということと、「**原子爆弾の完成で私の戦争を嫌悪する気持ちは当然のことながら最高度に高まった**」と語りかけています。これに対する幣原の反応は、感極まるという風情で、顔を涙でくしゃくしゃにしながら、私の方を向いて「世界は私たちを非現実的な夢想家と笑いあざけるかもしれない。しかし、百年後には私たちは予言者と呼ばれます」といったとされています（『マッカーサー大戦回顧録』中公文庫）。

そして、１９５１年5月5日の上院軍事外交合同委員会で、「**日本人は、世界中のどこの誰にもまして原子戦争がどんなものか了解しています。……彼らは自分の意見でその憲法の中に戦争放棄**

条項を書き込みました。……（幣原）首相が私のところに来て長い間考えた末、この問題に対する唯一の解決策は戦争をなくすことだと信じますといったのです」と証言しています。

マッカーサーと幣原が、原子爆弾を念頭に、戦争の廃棄を語り合ったことは事実だと思います。

それでは、幣原の平和主義とはどういうものだったのでしょう。

幣原の平和主義

幣原とマッカーサー会談についての記録はありません。公式な訪問ではなかったからです。けれども、その内容については「平野文書」（幣原の側近であった平野三郎氏が1951年に幣原から聞き取った記録）に残されています。ここでは、丸裸の国家などありえるのかということについての概要を紹介しておきます。

軍隊のない丸裸のところへ敵が攻めてきたらどうする。

これは、平野氏の幣原に対する問いかけです。

幣原の答は「**それは死中に活だよ**。**一口にいえばそういうことになる**」です。

幣原の答の大前提は、戦争と戦力の放棄です。

原子爆弾が出来た以上、世界の事情は根本的に変わった。なぜならこの兵器は今後さらに進化する。次の戦争は交戦国の都市がことごとく灰燼に帰すだろう。各国は戦争をやめることを考えなければならない。戦争をやめるには武器を持たぬことが一番の保証だ。

というものです。

理屈はそのとおりだと思います。けれども、これでは、丸裸のところに敵が攻めてきたらどうするという不安に答えたことにはならないでしょう。

さらに、幣原は非武装宣言について次のようにいいます。

非武装宣言ということは、従来の観念からすれば全く狂気の沙汰である。だが今では正気の沙汰とは何かということである。武装宣言が正気の沙汰か。それこそ狂気の沙汰だという結論は、考えに考え抜いた結果もう出ている。要するに世界は今一人の狂人を必要としているということである。世界史の扉を開く狂人である。

幣原は「武装宣言」こそが狂気の沙汰であり、軍拡競争から抜け出ようとする「非武装宣言」こそが世界史の扉を開くとしているのです。当時の首相はここまで考え抜いていたのです。現代日本の首相の底の浅さが残念でなりません。

また、幣原はこのようにもいっています。

世界平和を可能にするには、何らかの国際的機関が世界同盟とでもいうべきものに発展し、その同盟が国際的に統一された武力を所有して世界警察としての行為を行う外はない。このことは理論的には昔から分かっていたことであるが、今まではやれなかった。しかし原子爆弾が出現した以上、いよいよこの理論を現実に移す秋がきたと僕は信じた訳だ。

幣原は、世界連邦を展望し、軍事力を集中したうえで、世界警察として行動するとしています。日本が軍隊を持たないだけではなく、世界からも軍隊をなくすという発想です。

幣原の原爆観

幣原は、原子爆弾について「異常に発達した武器」、「悪魔」などとしています。

僕は第九条によって日本民族は依然として神の民族だと思う。なぜなら武力は神でなくなったからである。神でないばかりか、原子爆弾という武力は悪魔である。日本人はその悪魔を投げ捨てることによって再び神の民族になるのだ。すなわち日本はこの神の声を世界に宣言するのだ。それが

歴史の大道である。

幣原は、「神の声」という言葉を、原子爆弾という悪魔を投げ捨てるだけではなく、武力の放棄という意味で使用しています。武力で問題を解決しようとすれば、果てしない軍拡競争の結果、**「集団自殺の先陣争いと知りつつも、一歩でも前へ出ずにはいられない鼠の大群と似た光景が出現する」**と考えたからです。

幣原はさらに思考を進めます。

原子爆弾が登場した以上、次の戦争が何を意味するか、各国とも分かるから、軍縮交渉は行われるだろう。だが交渉の行われている合間にも各国はその兵器の増強に狂奔するだろう。連鎖反応は連鎖反応を生み、原子爆弾は世界中に拡がり、終りには大変なことになり、遂には身動きもできないような瀬戸際に追いつめられるだろう。それが軍拡競争の果ての姿であろう。要するに軍縮は不可能である。絶望とはこのことであろう。もし軍縮を可能にする方法があるとすれば一つだけ道がある。それは世界が一斉に一切の軍備を廃止することである。

幣原はその経歴からして外交の裏の裏まで知っている人です。その彼が、「軍縮は不可能である」

といっているのです。その絶望の果てにたどり着いた結論が「世界が一斉に一切の軍備を放棄する」ということです。もちろん幣原はそれが不可能なことは百も承知していました。その時の心境を次のように語っています。

一、二、三の掛声もろとも凡ての国が兵器を海に投ずるならば、忽ち軍縮は完成するだろう。勿論不可能である。それが不可能なら不可能なのだ。ここまで考えを進めてきた時に、第九条というものが思い浮かんだのである。そうだ。もし誰かが自発的に武器を捨てるとしたら――。最初それは脳裏をかすめたようなものだった。次の瞬間、すぐ僕は思い直した。自分は何を考えようとしているのだ。相手はピストルをもっている。その前に裸のからだをさらそうという。何という馬鹿げたことだ。恐ろしいことだ。自分はどうかしたのではないか。若しこんなことを人前でいったら、幣原は気が狂ったといわれるだろう。正に狂気の沙汰である。

幣原はその「狂気」を自覚していたのです。

核兵器の出現と丸裸の国家

幣原の平和主義はここに見てきたとおりです。核兵器が出現したので、戦争で物事を解決しようとすると世界が灰燼に帰してしまう。戦争をしてはならない。そのためには戦力をなくすことだというのです。けれども、それは不可能だ、世界が一斉になくすことなどできるわけはない。せめて日本だけでもなくそう。丸裸になろうというのです。もちろん、それは狂気の沙汰だとの自覚はありました。けれども、誰かがその道を拓かなくてはならない。「世界史の扉を開く狂人」が必要だと考えたのです。その「平和主義」にマッカーサーも同意したのです。これが「比類のない徹底した戦争否定の態度」をとる9条の背景の一つです。幣原は「集団自殺の先陣争いと知りつつも、一歩でも前へ出ずにはいられない鼠の大群と似た光景が出現する」ことを恐れていたのです。

この徹底した戦争否定の憲法9条に対する正面から、あるいは迂回しての反対は「制憲議会」当時からありました。幣原の「狂気」に異論や反論が出ることに不思議はないからです。けれども、「制憲議会」において、「新憲法」は圧倒的多数の賛成で採択されていますし（貴族院回付案に対する衆議院の反対は共産党4名プラス1名のみ）、多くの国民に大歓迎されたこともよく知られているところです。けれども、憲法をめぐる対立は、現在も、「攻守所を変え」て継続しています。「新憲法」制定に反対票を投じた共産党が「護憲」の中心勢力となっているのです。

世界には1万3000発ほどの核弾頭は存在するし、世界のあちこちで武力の行使が起きています。米国だけではなくロシアまでも「侵略犯罪」と「戦争犯罪」に手を染めています。さまざまな口実を設けての「対立」と「分断」が煽り立てられています。「平和を愛する諸国民の公正と信義」などは無意味どころか有害だとの見解が、あたかも正しいことであるかのように喧伝されています。

だからこそ、今、幣原の平和主義の効用と限界を検討することは、近未来の世界と日本を展望するうえで、決して無駄ではないように思うのです。

（2022年4月14日記）

3「我、自衛隊を愛す　故に、憲法9条を守る」
――専守防衛論の限界と効用――

北海道合同法律事務所50年記念誌『北の大地に自由法曹団の旗を掲げて』の贈呈を受けました。その中で、佐藤博文さんが「憲法をまもる　恵庭、長沼裁判からイラク裁判（箕輪訴訟）へ」という一文を寄せています。そこでは、イラク侵略戦争への自衛隊派遣に対して、元自民党代議士・郵政大臣の箕輪登さんを原告とする派兵差止裁判（箕輪訴訟）を提起したことなどが書かれています。私は、佐藤さんが紹介する箕輪さんの行動に感銘を受けたのです。

箕輪登という人

箕輪さんは1924年（大正13年）生まれですから、訴え提起時は79歳です。元軍医の外科医で佐藤栄作氏の秘書兼主治医だったこともあるようです。42歳で初当選以来、通算8期23年間衆議院議員を務め、1981年（昭和56年）には郵政大臣に就任し、1990年（平成2年）に政界を引退しています。防衛政務次官や自民党国防部会の幹部なども歴任しています。佐藤さんは「『専守防衛』の憲法解釈、防衛政策を体現してきた『タカ派』の政治家」としています。

箕輪さんの決意

箕輪訴訟は「イラク派兵は9条違反。自衛隊は戻れ」という判決を求める裁判です。箕輪さんがこの裁判に踏み切った背景には、「イラクが日本に攻めてきたのですか」、「国会の承認を得たのですか」、「そうでないのになぜ重装備で行くのですか」、「自衛隊員がイラクの人を殺したら殺人罪になる」、「自衛隊にかかわった政治家として責任がある」という気持ちがあったようです。

箕輪さんの意見陳述

箕輪さんの法廷での意見陳述は次のようなものでした。

自衛隊は専守防衛を任務とするものでありそのために志願している若い人が入隊したのです。それを侵略戦争共犯者にするのか。小泉首相はあんまりだ。30年前に長沼訴訟で自衛隊が違憲であるとの主張がなされた時、佐藤栄作総理は国会で「憲法は自主防衛を認めている。自衛隊はそのためにある。自衛隊は海外に出さない。非核三原則は守る」と約束しました。ところが最近は集団防衛が当たり前です。アジアでは、今、どの国も皆日本としっくりいっていません。しっくりいかせるのが外交政策であり防衛対策です。

箕輪さんの証人尋問も行われています。箕輪さんは目を悪くしていて宣誓書を読み上げることができなかったようですが、一言ひとこと絞り出すように確かな言葉で証言したそうです。その証言には「**何とかこの日本がいつまでも平和であってほしい。平和的生存権を負った日本の年寄り一人がやがて死んでいくでしょう。やがて死んでいくが死んでもやはり日本の国がどうか平和で働き者の国民で幸せに暮らしてほしいなと、それだけが本当に私の願いです**」という一節があるようです（証言全文は『我、自衛隊を愛す 故に、憲法9条を守る』かもがわ出版、2007年）。箕輪さんは、その証言から2か月半後、82歳で息を引き取っています。佐藤さんは、箕輪さんの口癖は「平和に右も左もない」だったとしています。

古賀誠さんの信念

箕輪さんと同じようなスタンスの政治家がいます。古賀誠さんです。1940年（昭和15年）生れの衆議院議員で、運輸大臣、自民党幹事長、宏池会会長などを歴任した方で、2012年（平成24年）に政界を引退しています。古賀さんは次のようにいっています。

自民党を支持する人も共産党を支持している人も、平和についていうならばみんな一緒です。「戦争は嫌だよ、おれの子どもを殺させたくない」とみんな思っているのです。

平和というのは、革新だ保守だというような理念だとか政策を超えたものなのです。そこだけは一緒にやっていけるという信念があるので、九条を守っていこうということいってもぜんぜん恥ずかしくないし、「なぜ『赤旗』のインタビューに答えたのだ」と批判される心配もしていないのです。

憲法九条は世界遺産

古賀さんは「憲法九条は世界遺産」といっています（『憲法九条は世界遺産』かもがわ出版、2019年）。その理由を次のように語っています。

あの大東亜戦争に対する国民の反省と平和への決意を込めて、憲法九条は作られています。日本の国は戦争を放棄する、二度と戦争は行わないと、世界の国々へ平和を発信しているのです。これこそ世界遺産だと私はいっているのです。
戦後七四年、我が国は一度として、まだ他国との戦火を交えたことはありません。平和の国として不戦を貫くことができています。これが憲法九条の力です。世界遺産なのです。憲法九条を守り抜くことが私の使命です。

古賀さんの信念の原点にあるのは、子どもの顔も成長も知らずに戦死した父や赤貧の中で自分を育ててくれた母。そして、その母と同じように夫を亡くした人や子どもを亡くしたたくさんの両親の存在があります。再び戦争を繰り返してはならないという思いで、政治を志したとしています。

二人の共通項としての専守防衛

箕輪さんは専守防衛論者です。古賀さんも専守防衛論者ですが、次のようにいっていることを共有しておきます。

一番腹立たしいといいますか、憲法に違反するのではないかと思われるのは、集団的自衛権の行使は憲法違反だ、日本は専守防衛でやっていくのだというのが、戦後の内閣がずっと維持し、国民

も支持してきたことなのに、閣議だけでこの見直しを決めてしまった。本末転倒というか国民の皆さんに対して、取り返しのつかない禍根を残してしまった決め方だったと思っています。

これは安倍政権の安全保障法制強行についての批判です。私も集団的自衛権行使の容認は憲法違反だと考えています。その点では古賀さんに同意します。けれども、専守防衛を「戦後の内閣がずっと維持してきた」という意見には同意しません。新憲法公布直後の政府は「侵略戦争否認の思想を憲法に法制化した例は絶無ではない。……しかしわが新憲法のように、大胆に捨て身となって率直に自ら全面的に軍備の撤廃を宣言し、一切の戦力を否定したものは未だその歴史に類例を見ない」としていたからです。その背景にあるのは「原子爆弾の出現」です。「文明が戦争を抹殺しなければ、戦争が文明を抹殺してしまう」という危機感です（『新憲法の解説』。政府刊行物のこの本には、当時の吉田茂首相も序を書いています）。当時の政府は、憲法9条は非軍事・非武装と解釈していたのです。

そういう意味では、専守防衛論はそもそもの9条の解釈とは違うのです。

専守防衛論の限界

ところで、現在の政府は、専守防衛を「相手から武力攻撃を受けたとき初めて防衛力を行使し、その態様も自衛のための必要最小限にとどめ、また保持する防衛力も自衛のための必要最小限のものに限るなど、憲法の精神にのっとった受動的な防衛戦略の姿勢をいう」と定義しています。必要最小限という修辞語を外せば、相手からの武力攻撃があった場合には、武力で反撃し、そのための戦力を備えるということです。

自衛のための武力の行使とそのための戦力を認めることは、もともとの政府の解釈とは違うことは先ほど確認したとおりです。

必要最小限という言葉の意味がどのようにでも拡張できることは、現在の政府の姿勢が如実に物語っています。政府は、日本に対する武力攻撃がない場合の集団的自衛権行使も、現実の武力行使がないのに敵基地を攻撃しても憲法の範囲内だとしています。専守防衛論は、そのように拡大解釈される危険性を内包しているのです。

このように、専守防衛論はもともと憲法が予定していた「非軍事・非武装国家」とは異なり、自衛戦争と戦力を認める「普通の国」と重なるのです。そもそも、現代の国際社会では、戦争や武力の行使は禁止されているのです（戦争の違法化）。他国を侵略するために最大限の戦力を持つことなどどの国もできないのです（実態は別ですが）。

憲法9条を専守防衛論のように解釈することは、9条を「未だ歴史に類例を見ない」ものではなく、標準型と理解することになります。専守防衛論は、武力行使と戦力保持を容認する「普通の国」との境をなくしてしまうのです。私は、ここに専守防衛論の限界を見ています。

専守防衛論の効用

けれども、この専守防衛論が憲法の明文改憲を阻んでいることは明らかです。

自民党は改憲を党是にしています。「押し付け憲法の改定」などといっていますが、その本音は「国防軍」を持ちたいということです。自民党が政権を失ったときに発表した改憲草案は率直にそのことを示していました。その背景にあるのは、米国の要求に応えなければという義務感と、軍隊があった時代に戻りたいという反動思想です。「日米同盟の強化」と「日本を取り戻す」というのはそういうことです。それは、自衛隊という軍隊を海外に派兵することを意味しています。米軍の補完と独自の利害です。米国の尻馬に乗って、武力（核兵器を含む）を背景に自国に都合のいい秩序を確立する。そのために、9条を改廃し骨抜きにするという凶暴な欲望です。

現在の9条の下でも、集団的自衛権の行使や敵基地攻撃が可能だと解釈すれば、そのための改憲はいらないはずです。にもかかわらず、改憲をいうのはそれらに留まらない思惑があるからです。自衛隊違憲論争にピリオドを打ち、自衛隊員に誇りを持たせるなどといいますが、それは口実でしかありません。米軍と一緒に自衛隊を海外展開するための改憲です。その背景にあるのが、米国の命令であり、日本の資本や右派勢力の野望です。

専守防衛勢力もそれに抵抗しているのです。抵抗の理由は、箕輪さんや古賀さんが信念を持ち命を懸けて述べているとおりです。専守防衛論者は、自衛隊を海外に派兵し、自衛隊員を危険に晒すことに反対しているのです。私はその感性に共感しています。
ただし、私は、自衛隊員が米兵と一緒に戦うという場面だけではなく、自衛隊だけが他のアジア軍と戦わされるという事態もあるのではないかと危惧しています、

古賀さんの決意

古賀さんは、「古賀さんのいうのは非現実的だ」、「北朝鮮はミサイルや核実験をしているじゃないか」、「9条を守るだけでは、日本の平和を国民に約束できない」などという経験の浅い若い国会議員に次のように諭しています。

この平和憲法九条は国民の決意であり覚悟なんです。理想に向かってそれを実現するためにがんばる、努力するのです。日本は世界遺産のような素晴らしい平和憲法を持ったんだから、この九条守るのが使命です。

自民党内でこのように語る人がいることは貴重です。私たちには絶対できないことだからです。そして、古賀さんは、こういう決意で、政敵である日本共産党の機関紙・しんぶん赤旗に登場したのです。

まとめ

私は、執念深い自民党の改憲策動にもかかわらず、今日まで明文改憲を阻止しているのは、憲法9条を非軍事・非武装の平和主義と理解し、単にそれを擁護するだけではなく世界化を希求し、加えて、憲法は国家権力を拘束する規範だと位置づけている護憲勢力の運動の成果だと考えています。けれども、ここに紹介したような、政権与党の幹部の中に箕輪さんや古賀さんのような人がいたこともきちんと見なければならないと考えています。

二人には戦争体験に裏づけられた平和への強い思いがあることと、二人を議会に送り出した民衆がその背後にいることを忘れたくないからです。古賀さんは「**選挙を通じて、戦争がどれだけ多くの命を奪ったのか、どれだけ多くの不幸な悲しい人たちを作ったのか、そのことが身に沁みて理解できました**」と最初の当選の時を振り返っています。

非軍事・非武装平和主義をとる私たちと、自衛戦争と戦力を認める専守防衛論者との間には大きな違いがあります。けれども、専守防衛論は、自衛隊の海外派兵については大きな歯止めになっているのです。私はそのことを再確認しておきたいと思っています。そして、二人が、異口同音にいう「平和に右も左もない」、「戦争に保守も革新もない」という言葉を反芻することとします。戦争、特に核戦争は、すべての人の存在基盤を奪ってしまうからです。さらには、「核持って絶滅危惧種仲間入り」という時代に生きていることを忘れたくないからです。

（2022年2月2日記）

4　自衛官の考えを知らないままの憲法論議は不毛だ！
――『自衛官の使命と苦悩』を読む――

はじめに

改憲論議がまた盛んになってきました。「私の任期中に改憲を」といっていた安倍晋三首相が退任したと思ったら、岸田文雄首相や維新の会などが改憲論議を進めようとしているからです。岸田首相は「敵基地攻撃能力」の保有も排除しない、維新の会は今度の参議院選挙で国民投票をなどといっています。憲法の何をどう変えるかについてはいろいろいわれていますが、結局は、９条をどうするかです。９条はそのままにして自衛隊を書き込む「加憲」や、９条２項を削除して「国防軍」規定を設けようとする改憲案などが提示されています。戦争を放棄し戦力を持たず交戦権も否認するとしている憲法を、戦争を容認し戦力を持ち交戦を可能とする憲法にしようというのです。

この改憲により日本は大きく変わることになるでしょう。自衛隊の任務に変化がもたらされることになるでしょう。では、この改憲について自衛官はどう考えているのでしょうか。自衛官は直接影響を受ける立場にあるのですから、その声を聴くことは不可欠でしょう。

『自衛官の使命と苦悩』（かもがわ出版、２０１９年）

本書は、自衛官の考えを知らないままの憲法論議は不毛だという問題意識で刊行されています。W元陸将、Y元陸将、H元空将補の手記と、防衛省勤務体験のある元内閣官房副長官補の柳澤協二さんの解説で構成されています。３年前の本なので、安保法制は成立しているけれど、昨年の日米共同声明や２＋２の共同発表には触れられてはいません。けれども、自衛官がどのような気持ちでその任務にあたろうとしていたのか、その「思い」や「考え」は、この３年間で大きく変わることはないでしょう。

ということで、本書で語られている三人の元自衛官の声に耳を傾けてみたいと思います。三人は元陸将や元空将補ですから、一般の自衛隊員の気持ちとどこまで重なるのかは分かりませんが、このような幹部の思考が自衛隊内に反映していることは間違いないでしょう。

自衛隊員の服務の宣誓

まず、自衛隊員の精神的指針とされる「自衛隊員の服務の宣誓」を紹介します。自衛隊結成当初からの「宣誓書」です。本書の中で最も重要な位置づけが行われています。

私は、我が国の平和と独立を守る自衛隊の使命を自覚し、日本国憲法および法令を遵守し、……

政治活動に関与せず、強い責任感を持って専心職務の遂行にあたり、ことに臨んで危険を顧みず、身をもって責務の完遂に努め、もって国民の負託にこたえることを誓います。

この宣誓はどのような意味を持っているのでしょうか。いうまでもなく自衛隊は実力組織です。憲法上の「戦力」にあたるかどうかはとりあえずおくとしても、武力の行使を職務とする「戦争」に勝利するための組織です。勝利は殺傷力と破壊力の強弱によって決定されます。「危険を顧みず、身をもって責務を完遂」することが求められているのです。敵と交戦するということは、見ず知らずの兵士を相手に、逆らえない命令によって命のやり取りをするということですから「強い責任感を持って専心職務の遂行」が求められているのです。H氏は、このことを「**命令によって、殺傷と破壊を行う防衛任務の全うは、命がけで職務に従事している自衛官の究極の使命です**」と書いています。

天皇の「赤子」として兵士の命は「鴻毛より軽い」とされていた時代とは違うといえば違うかもしれませんが、「国民の負託」という「他者」のために命を懸けることでは共通しているのです。私には、天皇のためであれ国民のためであれ、そのような誓いを立てることはできそうもないので、私は絶対に自衛隊員になれないと思います。だから、このような誓いをしたうえで、自らの職責を果たそうとする人には特別の敬意を払いたいと思っています。

他方、私的恨みなど全くない見ず知らずの人たちとの相互の殺傷に、自らの意思とかかわりなく追い込まれる境遇を選ぶのはなぜなのだろうとも思うのです。現在は軍国主義の時代ではないので、違う選択肢はあるのに、なぜ、そのような選択をするのか不思議なのです。少し、彼らの話に耳を傾けてみましょう。

執筆者たちの告白

W氏はこんなことを語っています。

私が防衛大学を選んだことも、日本の防衛に特段の使命感があったわけではありません。当時の日本の景気が悪化したこともあり、親に迷惑をかけずに大学に行かなければならないと思ったわけです。

そして、冷戦当時、上陸してくるソ連軍を迎え撃ち、自衛隊主力部隊のための地域を確保し、米軍の来援を待つという「絵空事」を本気で考えていたし、「馬鹿のように真剣」に訓練をしていたとしています。

H氏も防衛に目覚めて防衛大学を志したわけではないとしています。それはともかくとして、私にはH氏の手記の中で皆さんと共有しておきたいことが2つあります。1つは、イエズス会の教えです。H氏は、イエズス会では、自己犠牲を大切にすることを教えの一つとしていて「命がけで見ず知らずの第三者を守る軍人」という職業に就くことを祝福していると書いています。また、米軍においても、多種多様な民族・人種からなる軍隊における「命令と服従を円滑に律する第一原則はサブコンシャス（無意識化）状態を作ることだ」とも書いています。

彼は「命がけで第三者を守る」ことを美徳とし、「無意識で命令に服従する」ことすなわち「繰り返しの動作がもたらす習性」が軍隊の本質としているのです。ここでは、第三者を守るために命を懸けることが、自分に何をもたらすかも、殺傷の相手方の属性も、他の手段の存否も問われていないのです。そして、その命がけの選択を他人に任せているのです。ここには近代的な「個人」が存在しないのです。

そして、H氏は、自衛隊の先輩たちの言動を次のように紹介しています。

先輩たちの生きざまは、「防衛とか憲法を才のあふれるままに熱く語る」のではなく、「おれたち一人が命を捨てて10人の同胞が助かるのであれば、それでいいじゃないか」という信念で、「ひたすら一生懸命やるだけだ」という心情があふれていたと思います。

この言葉と自衛隊員の服務宣誓は見事に響きあっているのではないでしょうか。私は、ここに、私と彼らの大きな違いを感ずるのです。私は、殺傷と破壊が人類社会に不可欠ではないし、代替手段があると考えているからです。

憲法の授業

Y氏の手記によれば、防衛大学にも憲法の授業はあったようです。西修氏が担当だったそうです。Y氏の手記にこうあります。

長沼裁判の第1審で自衛隊違憲の判決が出された時、「芦田修正で自衛隊は合憲になる」という西先生の講義で「ああそうなんだ」と感じました。9条を普通に読めば「それはうそでしょ」という部分は残るけれど「そういう解釈があるならそれでいいか」という受け止めでした。

もちろん9条の解釈は大事な論点ですが、私には、その憲法の授業には「人間の尊厳」や「個人の尊重」のテーマでの講義がどの程度あったのか心配なのです。国家と個人の生命、自由、幸福追求権は正面から衝突する場面があるので、西先生がそのあたりをどのように講義したのかという不安です。憲法は「個人の尊厳」のために国家権力（もちろん実力組織である自衛隊を含みます）を拘束するためのものだということをきちんと教えたかどうかです。私は、多分それは語られなかったであろうと推測しています。

また、W氏は、**憲法でうたっている基本的人権の保障や制限というものが、現場での行動にどのように影響しているのかを検討したいと思っても、それはできないのです。制服自衛官にとって憲**

法を語ることはもちろん、研究することもタブーだったとしています。

自衛隊員は、「人間の尊厳」、「個人の尊厳」、「個人の尊重」を基礎に置く基本的人権などについて学ぶ機会も語り合う機会もなかったのかもしれません。基本的人権の土台にあるのは個人の生命、自由、幸福追求権です。それを全否定するのが「第三者のために」、「無意識で命令に従う」ことを当然とする軍隊というものなのです。

しかしながら、彼らは、自分たちが不幸だとは思っていないどころか、むしろ、そのような立場にあることを誇りに思っているようです。その背景にある発想を聞いてみましょう。

専守防衛のための自衛隊

W氏は、吉田茂首相（当時）の1950年（昭和25年）の施政方針演説を引用しています。「**もし、日本に軍備が無ければ、自衛権があっても自衛権を行使する有効な手段がない事態を招く危惧が生じます。そこで、脅威が及ばないように、我が国が専守防衛に徹し、自衛権行使に必要な自衛手段を保有することは国内外の認めるところであります**」という演説です。そして、氏は、自衛隊員はその演説を受け、「国民の負託」によって、故郷、同胞・仲間・家族を守るため、命懸けのプロ意識にたどり着いていたと書いています。「同胞10人の命が助かるならそれでいいじゃないか」という発想です。

私は、自分を犠牲にして他者のために身を投げ出すという行為の中に美徳を認めます。そのような人を尊敬もします。ただし、それには次のような留保があります。その行動が自らの意思に基づくものであることと、その行為によって犠牲が転嫁されていないということです。誰かの命を救うために誰かの命が奪われるのであれば、そこには何のプラスもないでしょう。誰かの命令で他者の命を奪うことに美徳などありません。それは醜悪な殺人ロボットでしょう。その汚名を避ける唯一の方法は、自らの殺傷と破壊が正当である場合だけです。それが自衛のためということです。

侵略の防止という大義

自衛隊の使命は、わが国の平和と独立を守り、国の安全を保つこと。そのために、直接・間接の侵略を未然に防止し、万一の侵略を排除することだとされています。

けれども、自衛隊が発足してからこの方、外国が我が国に軍事攻撃を仕掛けようとしたことがあったでしょうか。外国政府が日本を攻撃すると宣言したこともなければ、日本政府が外国によって攻められると言明したこともないのです。そういう意味では、極めて抽象的な危険なのです。私には杞憂のように思われるのです。

あれほどいわれていたソ連の脅威もW氏は「絵空事」としています。また、三氏とも北朝鮮の核開発やミサイル発射の脅威については書いていますが、北朝鮮が我が国に武力攻撃を仕掛けようとしているなどとはいっていません。北朝鮮に我が国を攻撃する意思も能力もないでしょうし、そんなことをすれば、待っていましたといわんばかりに、米軍によって平壌を灰塵とされるでしょう。

そして、三氏とも中国の脅威については触れていません。本書が刊行されたのは２０１９年１月ですから、まだ、日米政府は中国脅威論を展開していなかったからです。中国は台湾の統一をいっていますが、それは国内問題だとしていて、日本との対立を視野にはおいていません。国内の人権侵害や尖閣諸島も含め海洋進出はしていますが、日本への武力攻撃の意図は見られません。にもかかわらず、三氏は自衛隊の必要性を主張するのです。

自衛隊の必要性

このことをＨ氏は次のように表現しています。

国の防衛・安全保障の原点は「国の主権、国民の生命財産」が脅かされた時、殺傷と破壊の事態をいかに回避、局限、救済できるかにあります。

また、柳澤さんは、自衛隊を災害救助隊にしたらどうかという意見に対して次のようにいっています。

その意見は、「政治的には軍隊をなくせ」という発想の変形にすぎない。それでは、戦う自衛隊のない日本がどうやって侵略に立ち向かうのかという問いへの答えにはならない。……護憲、改憲

を問わず、国民が直面する課題は、国防の組織である自衛隊をどのように受け入れることができるかだ。

ここで語られていることは、いつ、誰がということは度外視して、侵略はありうるとしていることと、それに対抗するためには自衛隊が必要だということです。「国防軍」は必要だという主張です。この発想は別に不思議なものではありません。多くの人々がそう思っていることでしょう。それは「普通の国」の発想ですし、日本国憲法の下では「専守防衛」とされてきたことだからです。ローマ時代から「平和を望むなら戦争に備えよ」とされてきたのです。私は、「核の時代」においてその考え方は人類社会を破滅へと導く発想だと思っていますが、ここで問題にするのはそのことではなくて、今、政府が進めようとしている安保防衛政策との関係で、この本で手記を書いている方たちとどのような関係を結べばいいのかということです。

ここで、三人の「加憲」に対する意見を見てみましょう。

「加憲」に対する態度

W氏は、憲法の問題を政争の道具にしないでほしい。日本の安全保障をどうするのか、そのために自衛隊をどうするのかを国民一人ひとりの問題として議論してほしい。そうでなければ自衛隊が憲法に書き込まれても自衛隊は何も変わらない、としています。

Y氏は、加憲案を評価する立場としながら、3つの選択肢を示しています。加憲案、憲法9条2項を削除して「国防軍」とする案、現状維持案です。そして、いずれも否定するものではないとしています。国民がどの選択肢を選ぶにせよ、大事なのは国民の国防に対する気持ちです、としています。

H氏は、学習不足の上、国会議員になる資格試験が必要なくらい国政を担う識見能力に乏しい議員が目立つ国会です。改憲・加憲が単に「自衛隊を動かしやすくする」ことに集約される場合、……自衛隊を誤って動かす危険性が増します、と指摘しています。「憲法と自衛隊を玩具にするな」ということです。

三人の手記の中に積極的に改憲を求めている意見はありません。自衛隊は実力組織であり、自衛隊員は命を懸けて殺傷と破壊を行わなければならないのだから、その出番は少なければ少ないほど望ましいという考えが背景にあるのです。自衛隊が出動するときは日本に本当の危機があるときなので、そのような事態にならないようにすることが大事だという考えでもあります。当然といえば当然かもしれませんが、私はその姿勢に敬意を表したいと思います。兵士の命の大切さに対する配慮を見て取ることができるからです。

政権には批判的

ところで、柳澤さんは、安倍政権が提起していた日本の安全保障、自衛隊政策の変更に疑問を呈してきた人です。その理由は「集団的自衛権行使」の容認でした。日本に対する武力攻撃が行われていなくても自衛隊の出動を可能とする政策変更ですから、従来の「専守防衛」路線からの大転換です。氏はこのことに反対だったのです。H氏はこのことを「**少なくとも、2014年に閣議決定された日本の防衛政策の『集団的自衛的自衛権行使』への転換まで、専守防衛時代の自衛官は**（先に紹介した）**プロ意識にたどり着いていました**」と表現しています。「集団的自衛権行使容認」が自衛官のプロ意識にも影響を与えたのでしょう。専守防衛では説明できないので、どこに自分たちの存在理由を見つけるのかという問題に遭遇したのだと思われます。

そして、タカ派といわれた安倍首相からハト派を自称する岸田首相に政権は移りましたが、維新の会という援軍を得て、改憲の動きがまた活発になってきています。現在の日本は、9条の下でも「集団的自衛権行使」が容認されることになっているにもかかわらず、改憲が進められようとしているのです。今国会の施政方針演説では「いわゆる『敵基地攻撃能力』を含め、あらゆる選択肢を排除せず現実的に検討します。……スピード感を持って防衛力を抜本的に強化します」というのがその理由です。そして、その背景には、日米同盟の強化路線があります。「**今日、日本と米国は、インド太平洋地域、そして世界全体の平和と安全の礎となった日米同盟を新たにする**」（2021年の**日米共同声明**）というのです。日米同盟は、日本防衛などではなく、世界全体の平和と安全の礎とされており、「専守防衛」路線は投げ捨てられているのです。

まとめ

私は、杞憂に近い侵略を前提に自衛隊という実力組織を準備し、自衛隊員を死地に赴かせることには反対です。侵略の防止のためにはそれなりの外交手段があるだろうし、殺し合いで決着をつけることは野蛮だと思うからです。すでに、西欧や東南アジアでは戦争は起きていませんし、その気配もありません。ＥＵやＡＳＥＡＮが機能しているからです。加えて、「核の時代」において武力行使を容認すると「最終兵器」である核兵器が使用され、人類社会の滅亡も予見されるからです。この予見は幣原喜重郎が１９４６年８月の貴族院で開陳していたものです。現在、それは米国の物理学者たちによって「終末１００秒前」という警告で継承されています。

けれどもというよりも、だから、私は「専守防衛」のために自衛隊の必要性を主張する人たちと敵対しようとは思わないのです。その理由は「専守防衛」を主張する人たちは、「集団的自衛権行使」や自衛隊の野放図な世界展開に反対しているからです。

そして、その人たちと対立することは、「積極的平和」を口実に海外に自衛隊を派遣しようとする勢力の思うつぼだからです。

もちろん、「非武装平和論者」と「専守防衛論者」との間の違いが自動的に消えるということはないでしょうから、今後とも引き続き真剣な議論が必要でしょう。けれども、自衛隊という実力組織の出番が増やされようとするときには、「専守防衛論者」と共同して対処することが求められているのです。私は、本書に接して、そんな思いを強くしました。

（2022年1月26日記。『憲法運動』2022年5月号に掲載）

5　100年前の米国での「戦争非合法化」運動
──日本国憲法9条の源流──

Outlawry of War

今から100年前。1920年代の米国にOutlawry of War運動があった。Outlawryは、法外追放、社会的追放、非合法化、法益剥奪という意味で、中世に行われていた「法外追放」に由来するという。教会からの破門もこの一種だったようである。要するに、保護の枠組みから外す、集団から追放するということである。こうして、Outlawry of Warとは、戦争を法の領域から放逐するあるいは法の埒外に置くという意味になる。ある憲法学者は「戦争を（侵略戦争と防衛戦争を区別することなく）全面的に非合法化し、また武力による制裁ではなく、諸国の誓約と世論によって戦争廃止を担保する構想」と定義している。[*1]

これまで、戦争は正義を実現する手段（正戦論）、あるいは、裁く方法がないので、当事国双方が正しいとされてきた（無差別戦争観）。現在では、一般的に戦争は違法とされてはいるけれど（戦争違法化）、個別的・集団的自衛権行使や集団安全保障のための戦争は正義という扱いを受けている。戦争は必要かつ有効なシステムとして、法の枠内に存在しているのである。もちろん、戦力も合法的である。

ところが、この理論は、戦争は存在してはならないと考えるので、法的に許される戦争という観念が存在しないのである。そういう意味では「自衛戦争」や「制裁戦争」を容認する「戦争違法化」とは峻別されるべき概念なのである。もちろん、戦力も違法になる。だから「戦争違法化」というよりは「戦争非合法化」と訳したほうがいいのかもしれない。[*2]

現在の例でいえば、ロシアのウクライナへの軍事力行使は、国際法に照らして「侵略戦争だから違法だ」と評価されている。けれどもこの「非合法化論」によれば、そもそも、軍事力行使は絶対的に禁止される手段なので、ロシアは「法外な」行動をとっていることになる。そして、「戦争犯罪」に当たらない戦闘行為などは存在し得ないのである。

法的に許されない行動と評価することでは共通しているけれど、「非合法化論」の方がより徹底した「反戦論」、「非戦論」なのである。この理論は、戦争そのものを追放するがゆえに「自衛戦争」も「制裁戦争」も「正義の戦争」も認めていないからである。

「戦争非合法化論」の要旨

この「戦争非合法化論」は、シカゴの弁護士サーモン・オリヴァー・レヴィンソン（1865年～1941年）によって提唱された。彼を「戦争非合法化論」の生みの親と評価する人もいる。[*3] 彼は、革命家らしからぬ人物で、いくつもの大企業の財政を再建して有名になっていた企業弁護士であるが、そのキャリアの大半において、国際情勢にはほとんど興味を持っていなかったという。[*4] それはともかくとして、彼の主張を紹介しておく。[*5]

戦争は最も合法的な「犯罪」であった

紛争は人間的なものであり、個人間であれ国家間であれ不可避的に起こるものであるが、戦争は非人間的であり、それが不可避的であるのは、ただ伝統によってのみである。紛争の解決には2つの道がある。1つは力による解決、もう1つは法による解決である。国際的な解決においては力による解決の道が常に開かれている。戦争は1つの制度である。制度とは民族間や人種の間で長い間のうちに確立された法に反しない慣習のことである。たとえば、教会、結婚、奴隷制度である。あらゆる戦争は合法的なものであった。アダムの時代から戦争は不法とされたことはなかった。戦争はこの世界において最大にして最も合法的な「犯罪」だったのである。

ここでの特徴は、第1に「紛争」は人間的なものとされ、「戦争」は非人間的なものとされていることである。第2に戦争は「制度」とされ、合法的とされてきたとの指摘である。第3に戦争は合法的ではあるが「犯罪」とされていることである。紛争はなくすことができないけれど、戦争は人間が作っている伝統的な「制度」だとすれば制御できるという発想である。戦争を人間の本性とはしていないのである。人間社会から紛争をなくすことはできないから、戦争もなくすことができないなどと短絡的に考えていないことに着目しておきたい。

戦争という制度を廃止できないということがあろうか?

決闘は、いくつかの州において殺人と宣告されて違法化される1850年まで合法的なものとして残っていた。決闘の慣行が絶滅したのは法律によって単なる殺人とされたからである。剣による脅しや銃弾によって「名誉」が侵害されたのに憤慨しないからといって人が臆病者だということにはならない。われわれは、決闘や奴隷の制度の廃止を立派にやってのけた、どうして戦争という制度を廃止できないことがあろうか?

たしかに、米国では決闘も奴隷制も廃止されている。ちなみに、日本で決闘が禁止されたのは1889年(明治22年)である。刑法の施行は1908年(明治41年)だから、米国よりも遅いけれど刑法施行前に決闘を挑んだ者もそれに応じた者も懲役刑などで処罰されることになったのである。

個人間での紛争を決闘で解決することは法が許さないことになって100年以上の時が流れている。国際社会で、戦争という制度はなくなってはいないけれど、日本国憲法は、あらゆる戦争と一切の戦力を放棄していることを忘れないでおきたい。戦争という「制度」は廃止される方向で歴史は進展しているのである。私も、レヴィンソンと同じように戦争はなくすことができると考えている。それは自然現象ではなく、人間の意図的な営みだからである。現に、日本ではこの77年間直接的な戦争をしていない。

戦争という治療法は常に病弊よりも大きな害悪をもたらす

戦争の原因とされる貿易上の障壁だとか、宗教や人種に基づく憎悪や偏見は単に紛争を生み出すに過ぎない。その紛争を戦争という血なまぐさい「法廷」が裁くのだ。取り除かねばならないのは、この法的装置である。戦争という治療法は常に病弊よりも大きな害悪をもたらすからだ。

ここでは、戦争の原因が各国の利害衝突（帝国主義戦争）や、あれこれの憎悪や偏見に求められている。もちろんそれだけではなく、植民地支配からの脱却や侵略への抵抗という武力闘争（民族解放戦争）もある。しかしながら、いずれの場合であれ、戦争は殺傷力と破壊力の強弱で決せられることになるので血なまぐさくなることは避けられない。それは誰でも知っていることである。今、ウクライナからの映像を見ながらそれを実感している人は多いであろう。戦争は、多くの兵士や民衆の生命と生活が根底から破壊されることになる。こんな「法廷」を廃絶し、まっとうな「法廷」を求めるのは人間らしい感覚であろう。

とりわけ、核兵器が使用されれば、全人類に壊滅的人道上の被害が発生することは誰も否定できない「核の時代」にあって、戦争は紛争を裁く「法廷」たり得ないのである。「戦争は政治の延長である」などという思考は、核戦争はその目的を実現する手段として不適切になっていることを無視した「時代遅れの世迷言」になっていることを忘れてはならない。

世界法廷を設立しなければならない

諸国民を法の前に平等にするためには、主権国家に対して最高裁判所というモデルにできる限り近い形で世界法廷を設立しなければならない。そこでは、全く対等平等に法廷の前に立つことになる。あらゆる政治、策謀、外交取引そして欺瞞外交は徹底的に排除されなければならない。

諸個人が法の下で平等であることは、近代以降、人類社会の公理となっている。その公理が、現実の個人の生活のうえでどのように平等を実現しているかどうかは別に問われなければならないテーマではあるが、法の下の平等を無視することは許されていない。そのことを前提に、レヴィンソンは、米国が、南北戦争という巨大な内戦を経験して、各州（state）のすべての紛争を法律に基づく平和的手段で解決できることになったように、世界の諸国（state）も協調と合意に基づいて国際法廷を設立すべきであると主張しているのである。その法廷は、各国の主権を損なうものではないし、国家を超える権力を提供するものではないが、明確な法典に基づいて各国の紛争を裁くというのである。一つの合理的発想であることは間違いない。南北戦争を体験している米国人ならではの発想であろう。

結局、レヴィンソンの主張は、「**われわれが望むのは、戦争がより少なくなることではなく、戦争がなくなること、戦争がより破壊的でなくなることではなく、戦争そのものをなくすことである**」ということであり、その代替案として米国の司法制度に模した「世界法廷」ということなのである。

その裁判所の決定をどのように強制するのか

問題は、仮に、このような国際法廷が実現できたとして、その決定をどう執行するかである。そもそも、その法廷が判決を執行できないのであれば、その判決に意味があるのかという問題である。かといって、強力な超国家的軍事力を認めてしまえば、元も子もなくなってしまう。そのジレンマについて、レヴィンソンは次のように述べている。

すべての法の有効性は、それに従うべき人々の意思にある程度委ねられている。政府の土台になるのは力ではなく、法に従うという習慣とでも呼ぶべきものである。だが、国家は人ではない。国家が法に従う「習慣」を身につけることができるだろうか？その答えは国民を経由することだ。人々は戦争の非合法化に参加することによって、平和の規範を身につけるだろう。各国が、戦争が違法かどうかを問う国民投票を行えば、国民は「戦争システムを糾弾し、違法化する」だろう。いったんそうなれば、彼らは自国の戦争犯罪に対処し、それを罰するようになるだろう。[*6]

このような思想が国際社会や米国国内ですんなりと受け入れられることはなかった。この思想と運動は不戦条約に影響を与えたけれど、不戦条約は戦争すべてを違法化することはなかった。戦争は違法とされたけれど、違法ではない武力の行使と戦力が残ったからである。その限界は国連憲章にも継承されている。

また、第2次世界大戦後、米国では、このような「法律家的・道徳家的アプローチ」を素朴に信奉し、諸国家の利害とパワーの調整という国際社会の本質的課題に向き合ってこなかったことが、第2次世界大戦の遠因になったと痛烈に批判されている。[*7]

私は、むしろ、このような思想と運動が、国際社会で普く容認されなかったことが、第2次世界大戦の遠因だと思っているが、それはともかくとして、この思想と運動が100年前の米国に存在していたことに深い感動を覚えている。

この運動は、全米で展開され、彼らのパンフレットは100万部以上発行され、200万人を越える戦争非合法化を求める署名が集まったという。これは米国史上最大の署名運動だという。きっと、私も署名したであろう。

日本国憲法9条への影響

河上暁弘は、「憲法九条の思想的淵源は、不戦条約そしてもともとは戦争非合法化運動にあります。憲法九条を起草したのは幣原首相とマッカーサーだといわれますが、幣原はかつて駐米大使を経験し、ウィルソンやケロッグやボーラー（大久保注：レヴィンソンの「同志」たち）とつながりがあるのです」としている。この運動が幣原に影響を与えたであろうとの示唆である。幣原がこの運動に直接言及している事実を、私は知らない。そして、幣原はこの運動に共感していなかったようだという人もいる。[*8] けれども、その主張を理解する知性は持ち合わせていたことは間違いないであろう。そして、その運動は幣原の思想形成に何らかの影響を与え、それが日本国憲法制定時の幣原の言動として湧出してきたことは十分に考えられることである。

マッカーサーはどうだろうか。マッカーサーは、1951年の上院外交合同委員会で、「日本人は自らの決断によって「戦争の廃絶」（the abolition of war）や「戦争の非合法化」（outlawing war）を憲法に書き込んだ」と述べている。マッカーサーが1920年代の戦争非合法化運動について知識を持っていたことは彼自身が述懐している。けれども、陸軍のエリートであった彼は、その運動とは対立していたのである。しかしながら、対立するがゆえに、その思想を深く知る機会もあったであろう。

原爆投下の影響も、天皇の必要性も理解していたマッカーサーが、幣原とともに非戦・非武装の思想と規範を定立するうえで、非合法化運動の水脈を想起したという推測は、決して荒唐無稽ではないであろう。

「徳孤ならず必ず隣あり」

戦争非合法運動の特徴は、戦争を一切認めなかったことにある。制裁戦争、自衛戦争、正義の実現としての戦争なども、法の枠外に置いたのである。紛争を武力で解決することを否定し、裁判による解決を提唱したのである。徹底した平和思想であると同時に法の支配を信頼しているのである。そして、もう1つ看過してならないのは、この運動は民衆の支持が背景にあったことである。自立した市民、市民社会との連携の大切さが確認できよう。

憲法9条の思想的淵源に、時代を異にする米国市民の「戦争非合法化運動」があったとするならば、憲法9条成立の歴史的意味が、より国際的に深められるのではないだろうか。なぜなら、平和、人権、民主主義を希求してやまない市民の諸実践が、過去から未来へという形で、また、国境と民族を超えて、相互に影響を与え合っている事実が浮び上ってくるからである。[*9] 私はこの意見に同意する。

今、ロシアのウクライナへの武力行使を口実として、核兵器も含め戦力の強化が必要だ、憲法9条や国連憲章は無力だという言説が横行している。敵の基地だけではなくその中枢に攻撃を仕掛けることを「反撃能力」とごまかして先制攻撃を可能とする提案が、自民党から行われている。人間社会から紛争はなくせない。対立や抗争は不可避だ。戦争は避けられない。必ず、誰かが侵略してくるから防衛力（抑止力と対処力という戦力）を最優先で強めなければならないという発想である。「平和を望むなら戦争に備えよ」という思想は、有史以来であるがゆえに、簡単には克服できないであろう。それは、レヴィンソンの提案が、当時、実現しなかっただけではなく、その後の厳しい批判が物語っている。そして、現在も、武力への依存は「平和を望むなら核兵器に依存せよ」とバージョンアップする形で影響力を持っている。人々は平和を欲しているのである。私もその願望を共有している。けれども、核兵器に依存するという方法は、全く逆の方向に進むことになる。それは、その本人だけではなく、私たちにとっても最大の不幸である。その「終末」が来れば、彼らも私たちも同じようにクタバルことになるからである。

だからこそ、私は、今、レヴィンソンを広げたいのである。幣原喜重郎は「徳孤ならず必ず隣あり」といっていた。私は100年前の米国の弁護士の隣に立ちたいと思う。彼の構想に限界があることはもちろんであるし、当時との違いもある。すでに、すべての戦争と戦力および交戦権を放棄する日本国憲法9条が存在していること、その背景にはレヴィンソンがその視野に置くことができなかった「核のホロコースト」があったこと、そして、全人類に壊滅的惨害をもたらす核兵器が存在していることなどである。
「地球の生き残り」をかけての闘いが続いている。核兵器廃絶と9条の世界化を急がなくてはならない。

（2022年4月21日記）

脚注

＊1 深瀬忠一『戦争放棄と平和的生存権』（岩波書店、1987年）

＊2 深瀬忠一前掲、河上暁弘『日本国憲法9条成立の思想的淵源の研究』（専修大学出版局、2006年）、山室信一『憲法9条の思想水脈』（朝日新聞社、2007年）はこの訳をしている。

＊3 三牧聖子「戦争違法化思想とアメリカ外交」（東京大学アメリカ太平洋研究・第13号）

＊4 オーナ・ハサウェイ、スコット・シャピーロ著・野中香方子訳『逆転の大戦争史』（文芸春秋、2018年）

＊5 牧野雅彦『不戦条約』（東京大学出版会、2020年）に依拠している。

＊6 前掲『逆転の大戦争史』

＊7 前掲三牧論考

＊8 前掲三牧は、幣原も戦争の違法化には消極的であったとしている。

＊9 河上暁弘の見解。拙著『「核兵器も戦争もない世界」を創る提案』所収の「『核兵器も戦争もない世界』を実現しよう！」でも同趣旨のことを書いておいた。

6　「自衛隊は違憲だが活用する」との議論の波紋

本稿のテーマ

最近、日本共産党の自衛隊政策についての非難、批判、疑問が提起されている。共産党が自衛隊を違憲だとしながら、万一の場合には自衛隊を活用するとしていることについてのものである。たとえば、「今までいっていたことと全然違う」とか「憲法違反といいながら、いざという時には守ってもらおうというのはご都合主義だ」という非難や「党としては違憲論だが、政府は合憲論をとるという議論は、立憲主義に反する」という批判や「自衛隊を活用するというのであれば、自衛隊を明記する憲法改正を主張すべきではないか」などという疑問である。

これからの日本を考えるうえで、日米軍事同盟と自衛隊をどうするかは重大な問題である。ロシアのウクライナ侵略を目の前にして、日本の安全保障を米軍と自衛隊という核を含む軍事力に依拠するのか、それとも日本国憲法が指し示す「平和を愛する諸国民の公正と信義」に依拠するかの大分岐点にある今、共産党がどのような「自衛隊観」を持っているかを知ることは大切である。ここでは、同党の「自衛隊観」と「自衛隊活用論」を概観し、先に紹介した非難、批判の妥当性と疑問への私見を述べることにする。

綱領での自衛隊の位置づけ

日本共産党の現在の綱領は２０２０年に改定されたものである。そこでは自衛隊について次のように書かれている。

自衛隊については、海外派兵立法をやめ、軍縮の措置をとる。安保条約廃棄後のアジア情勢の新しい展開を踏まえつつ、国民の合意での憲法第九条の完全実施（自衛隊の解消）に向かっての前進をはかる。

この文言が最初に綱領に書き込まれたのは２００４年である。ここでは、自衛隊の海外派兵中止や軍縮についてだけではなく、９条の完全実施として自衛隊を解消するとされている。自衛隊は違憲が大前提とされているのである。ただし、その解消は、即時ではなく、日米軍事同盟の廃棄、アジア情勢の変化、国民感情の変化などを前提とする「段階的解消」である。もちろん、具体的な期限などは設定されていない。事柄の性質上無理だからである。その背景にあるのは、どのような情勢認識であろうか。

２００３年、当時の議長の不破哲三氏は次のように述べている。

私たちは、「安保条約をやめて、日本の独立を回復しようじゃないか」ということで、国民多数が賛成だということになったときにも、その多数の方が「一緒に自衛隊までなくしちゃおうじゃないか」ということに簡単に合意するとは思っていません。いくら憲法第九条があっても、「自衛隊をなくしてもいいよ」という気持ちに国民がなるには、やはりそれだけの時間と手続きがいると考えています。日本が憲法第九条にしたがって、自衛隊を持たなくてもちゃんとアジアで平和に生きていけるじゃないか、そういうことに国民が確信を持てるようにならないかぎり、その合意はすぐ生まれるものではないのです。

9条は大事だけれど、安保も自衛隊も必要だと考えている人が大勢いることは、誰でも知っていることである。不破氏は、そのことに注目して、自衛隊の解消は、国民が自衛隊を持たなくても生きていけるとの確信を持ってからとしたのである。

そして、現在の書記局長の小池晃氏は次のようにいう。

今、中国の覇権主義や北朝鮮のミサイル開発をみれば、すぐに自衛隊をなくすことはできない。東アジアを平和と協力の地域にする努力を実らせ、国民の圧倒的多数が「軍事力がなくても大丈夫」と考えるようになった時に、はじめて憲法9条の理想の実現に踏み出そうというのが、共産党の提案だ。

共産党の「自衛隊観」は、20年近く前に確立し、以来変わっていないのである。だから、「今まででいっていたことと全然違う」という非難はそのことを知らないというだけのことなのである。

自衛隊「活用論」

共産党の志位和夫委員長は「万が一、日本に対する急迫不正の侵略が起きた場合には、自衛隊を含めてあらゆる手段を用いて国民の命と日本の主権を守り抜く」としている。小池氏は「それでも万が一、日本が攻撃を受けるようなことがあれば、9条のもとでも個別的自衛権は存在するし、必要な場合にはその権利を行使して国民の命を守るというのが共産党の立場だ」としている。要するに、共産党は、万が一、日本に対する急迫不正の侵害が起きた場合には、個別的自衛権に基づき、自衛隊を含めてあらゆる手段を行使して、国民の生命と日本の主権を守り抜くとしているのである。

どういう局面が想定されているかというと、共産党が与党になり、日米安保がなくなったが、自衛隊がまだ存在するという状況下で、ある国がわが国に武力行使をしてきたら、自衛隊を「活用する」というのである。

共産党は、日米安保条約は、第10条に基づいて、1年前に通告すれば解消できるとしているので、その通告に基づいて米軍が撤退した後、その間隙をついて侵略があった場合という想定である。その万が一の侵略に対処するために自衛隊を活用するというのである。これは当然のことであろう。国民の生命と財産や国家主権が脅かされているのに、現に存在する自衛隊を活用しないなどという選択があり得ないからである。

いずれにしても、タラレバの話ではあるけれど、現に外国からの武力の行使が行われているのに、自国の実力組織である自衛隊を出動させないという選択は、**外国と通謀して日本国に対し武力を行使させたものは死刑に処するという「外患誘致罪」（刑法81条）**並みの所業であろう。まさに「売国奴」、「国賊」ということになるからである。そして、そういう状況下でも自衛隊を活用しないなどといったら、共産党は国民から見放されるだけではなく、その存在意義を失うであろう。

志位氏は「憲法9条を守り生かすことと、国民の命を守りぬく政治の責任を果たすことの両方を、統一的に追求するのが日本共産党の立場」としている。共産党が、100年前から、絶対主義的天皇制の下で、国民の自由と人権を勝ち取るためにたたかった政党であることに思いをいたせば、志位氏の言明は信用に値するし、「いい加減」あるいは「ご都合主義」という非難は当たらないであろう。国民の生命を守り抜くという覚悟がそこに確認できるからである。

自衛隊を活用することは立憲主義に違反するか

志位氏は「日本共産党は『自衛隊＝違憲』論の立場を貫くが、党が参加する民主的政権の対応としては、自衛隊と共存する時期は『自衛隊＝合憲』の立場をとる。その政権が自衛隊を活用することに矛盾はない」としている。これに対して、「『党としては違憲論だが、政府は合憲論をとる』という議論は、安保法制反対以来、強く主張してきた立憲主義に反してしまう」という批判がある。志位氏の議論は矛盾しているというのである。

この批判は、2014年以降、政府が集団的自衛権容認を閣議決定し、与党が安保法制を制定することに対して、共産党が立憲主義違反として批判してきたことを踏まえて、共産党が参加する政府が自衛隊を活用することは立憲主義違反になるというのである。

たしかに、自衛隊を違憲としながら、その組織を活用することは違憲行為であろうし、それはまた言行不一致ではないかとの誹りを誘発するであろう。そして、「何の矛盾もない」というだけでは納得できない人たちもいるであろう。だから、この批判には丁寧に答える必要があると思うのである。このことについて、私は次のように考えている。

立憲主義とは、国家権力を憲法という鎖で縛り、国家権力の暴走を防ぐという思想である。国家機関は憲法に違反する行為を行ってはならないという規範でもある。いかなる政府も憲法9条を無視してならないことはいうまでもない。だから、共産党は、自らが参加する政府は、自衛隊を解消して9条を完全実施するとしているのである。

問題は、それを実践している過程で、外国からの侵略という非常事態が発生した場合に、その政府はどのように振舞うことが憲法の要請にかなうのかである。自衛隊は解消する予定なので発動しないとするか、対処力を発揮する実力部隊として活動させるのかの二者択一である。

私は活用しないという選択はあり得ないと考える。立憲主義の目的は、国民一人ひとりの生命、自由、幸福追求権の確保であり、国家権力の拘束はその手段である。自衛隊を拘束して、国民の生命と生活の破壊に手をこまねくことは、目的と手段を逆転させることになる。国民の生命と生活という究極的な価値を保全するために、自衛隊を活用することは、立憲主義に違反しないどころか、むしろその要請するところであろう。形式的な違憲性を言い立てて、これらの価値の保全のために活用しないことは本末転倒である。

ところで、これを一般化すると、現時点においても、国民の生命、自由、幸福追求権を保全するために、自衛隊を組織し運用することは憲法の予定するところであるという議論を誘発するかもしれない。けれども、その立論と自衛隊を解消しようとする過程での活用とでは、その志向する方向が真逆である。現行憲法下での戦力の合理化と、一切の戦力を否定して戦力を解消する過程での突発的事態への対処との違いを見失ってはならない。

こうして、私は、共産党が想定する自衛隊の活用は立憲主義に違反しないどころか、むしろそれに合致すると考えている。

自衛隊を明記する改憲は必要か

自衛隊を活用するなら、その憲法上の根拠が必要となるので、自衛隊を憲法に書き込むべきではないかという疑問が提起されている。これも、立憲主義違反ではないかとの指摘と同質のものである。自衛隊が違憲だというならそれを絶対に活用するなという硬直した議論なのである。

自衛隊が違憲の状態にあるとしたら、自衛隊を解散するのではなく、憲法を変えれば立憲主義違反は解消できるという議論がある。形式論理としては成り立つ議論である。それは、自衛隊の存続を求める議論でもある。他方、「活用禁止論」は存在している自衛隊は絶対に活用してはならないというものだから、一見異なる意見のように見えるけれど、形式論であることと共産党の主張に反対していることでは共通しているのである。

これらの論者は、そもそもなぜ戦力が禁止されているのかも、解消される過程にあっても自衛隊が活用されなければならない場合がありうることを無視してしまうのである。戦力が禁止される理由は、「核の時代」にあって戦争で物事を解決しようとすれば文明が滅びることになるからである。そして、外交的な努力にもかかわらず侵略行為が行われた場合に、あらゆる手段でその侵略をはねのけるのは、国民の生命と国家主権を保全するためである。それは、憲法に形式的に合致しているかどうかではない価値選択である。

戦争のみならず一切の戦力と交戦権を放棄する日本国憲法9条は、人類社会の最高の到達点である。それを後退させることは「壊滅的人道上の結末」を招来することになる。「核の時代」にあって、武力で物事を解決しようとすると「最終兵器」である核兵器に依存することになるからである。

今求められていることは、底の浅い形式論理にしがみつくのではなく、武力の行使が何をもたらすのかになることを視野に入れた志の高い議論である。自衛隊解消の過程での自衛隊の活用がありうるからといって、そのための改憲など有害無益である。「自衛隊違憲論」と「自衛隊活用論」は矛盾なく成立するのである。

（2022年6月7日記）

7 「自衛隊違憲・合法論」と「自衛隊活用論」を考える
――河上暁弘著『戦後日本の平和・民主主義・自治の論点』に啓発されて――

河上暁弘さんが『戦後日本の平和・民主主義・自治の論点』（敬文堂、2022年）を上梓した。「小林直樹憲法学との『対話』に向けて」がサブタイトルである。私は、河上さんの『日本国憲法9条成立の思想的淵源の研究』（専修大学出版局、2006年）が座右の書であるだけではなく、何かにつけて教えを乞うているので、新著の出版を心から嬉しく思っている。私には、新著の全体についてコメントする力はないので、その中で触れられている小林直樹の「自衛隊違憲・合法論」について、最近取りざたされている日本共産党の「自衛隊活用論」との関係で、感想を述べてみること

としたい。（以下、敬称略）

自衛隊の「合法＝違憲性」

小林直樹は「防衛問題の新状況――70年代中期の「防衛」問題」（１９７５年。『平和憲法と共生60年』慈学社、２００６年所収）で、自衛隊の現状に対する基本的な視点と認識方法を検討しておきたいとして次のように述べている。

自衛隊に関する議論は主として違憲・合憲の二分論の形態をとってきた。しかし、自衛隊は着実に成長を遂げている。単に「違憲の事実」に過ぎないとするだけでは済まされない存在になっている。憲法上「あるべからざる存在」ではあるが、それは実際上も形式上も一応「合法的」に存在し機能している特殊な組織である。このように「違憲」と「合法」の矛盾した事実を正確に把握する必要がある。

「違憲」と「合法」が同一の事象について同時に成り立つなどということは法学の常識になじまないけれど、自衛隊の現実は「違憲かつ合法」の矛盾を内包したものととらえることが最も正確で客観的な認識であろう。この認識は、規範論理的思考には適合しないし、実践的にも既成事実の正当化を促進する危険な面もないとはいえない。しかし、矛盾を矛盾として受け止めることは、理論の客観性を確保するための第一条件であるし、実践上も積極的意味がある。

違憲性と合法性を切り離して考えるならば、詳しい議論はいらない。違憲性については自分も含め、沢山の憲法学者が数えきれないほどの論文を書いている。自衛隊が「合法」的存在だということはそれが法律によって定められているのだから否認することできないであろう。問題は、「違憲」性と「合法」性の同時的成立をどう理解するかである。両者を一つの国法体系の下で、統一的にとらえなければならないとすれば、法論理的には不可能ということになる。だから、その矛盾の解消は次のような政策もしくは解釈をもってするしかないと考えられてきた。

このように述べて、解消方法について次のような整理が行われている。

従来の解消方法

(a) 違憲の自衛隊を解散して9条の規範的価値を回復する。

(b) 9条を削除もしくは改正して軍隊を持てるようにする。

(c) 「戦力」にあたらない自衛力を持つことは合憲であると見做すことにする。

(d) 9条は厳密な意味での法規範ではなく、政治的理想をうたった綱領規範とみなす。

(e) 自衛隊と防衛関係法は、長きにわたって有効に妥当してきたので、9条の規範的意味は変遷した。

小林直樹は、こうした立論が9条と自衛隊の矛盾を解消するために、それぞれの動機と理由づけで主張され対立してきたとしている。ちなみに、自分は(a)にあたるとしている。そして、その現実は、違憲性と合法性の双面をそのまま反映しているのだから、一つの矛盾状況として受け止めることが、最も正確な法的認識となるとして次のように結論している。

小林直樹の結論

この奇妙な矛盾関係をそのまま「法的に認識する視点」が必要なのではないだろうか。そうした背理を一元的に矛盾のないように説明するよりも、「憲法的に許されない事実が法律的に通用せしめられている」ことを端的に認識する方が、問題の理解のためにも、合理的解決のためにも有効だと思う。**「合法＝違憲」の規範状況の認識は、憲法と法律との矛盾した緊張関係を正確にとらえることによって、そうした矛盾の解消を国民が政治の課題として自覚することに役立つであろう。**このような認識の実践的意味は、自衛隊の合法性を認め、その法的コントロールを確実に行わしめるとともに、他方では、その根拠法規そのものの違憲性を常時自覚させ、平和憲法の理想への引き戻し運動と政策を促進させることにある。

深瀬忠一の評価

この自衛隊「違憲・合法」論について、深瀬忠一は『戦争放棄と平和的生存権』（岩波書店、１９８７年）で次のように評価している。

１９８３年の総選挙後、社会党委員長の石橋政嗣が、「違憲・合法」論をとりたいと公言して波紋を呼んだ。この小林説は10年前の「防衛問題の新状況」の中での重要な問題提起であった。しかし、すでに、1958年には、杉村敏正は『防衛法』(有斐閣)で、「私個人としては、自衛隊法などは日本国憲法に違反するものと判断しているが、国会の制定した法律であるので一応、適憲性の推定の下に、防衛法令を体系的に説明した。ただし、厳正な憲法解釈論からは『違憲性の推定』があると解されるべきであろう。9条のもと自衛隊のような実質的な軍隊は矛盾するとみるのが通念だというべきだからである」としていた。このジレンマは、「違憲・合法論」のそれと共通し、憲法学会が問われ続けた問題だったのである。

違憲(したがって存在し得ないはず)の自衛隊が合法的なものとみなされて整備強化を止めないという背理を直視し、自衛隊をいかにして効果的、民主的にチェックするのか、その違憲性を解消して真に合憲・合法の「防衛」体制に転換するのか、という現実認識と実践課題を突き付けたものと解することができる。

この深瀬の評価を読むと、自衛隊という「現実」を「憲法的・法的」にどのように理解するかは、自衛隊発足(1954年)直後から、多くの誠実な学者たちを悩ませていたテーマであることがよくわかる。自衛隊の整備強化を図る政府、したがって、現実の政治と憲法規範との乖離をどう憲法規範に適合させるか、すなわち違憲性をどう解消させるかが、理論的にも、実践的にも重要な課題とされていたのである。

テーマは継続している

もちろん、そのテーマの重要性はいささかも減少していないどころか、むしろ増大している。自衛隊は「専守防衛」のための「戦力にあたらない自衛力を持つ実力部隊」ではなく、「我が国のみならず、アジア太平洋地域、さらには世界全体の安定と繁栄のための『公共財』としての日米同盟」（『防衛白書』）に不可欠な組織となっているからである。

しかも、多くの国民は、９条のもとでの自衛隊に違和感をいだいていないどころか、むしろ親近感すら持っている。ただし、その自衛隊が、強固な日米同盟の一パーツとして、海外で、米軍の指揮下で戦闘行動をとることになっていることについては、ほとんど知らされていない。自衛隊は我が国の防衛のための組織だと刷り込まれているのである。

ところで、自衛隊違憲論を主張することは、自衛隊の解消方法まで提案しなければならないことになっている。しかも、その際には、自衛隊がなくても日本の防衛にぬかりはないことも証明しなければならないのである。

自衛隊は非軍事平和思想にも立憲主義にも反するので「違憲な存在」だと様々な角度から論証することはもちろん必要ではあるけれど、自衛隊が自然に消滅するわけではない。防衛省設置法や自衛隊法などの関係諸法令を改廃する法令の制定が必要だし、そのためにはその改廃に賛同する政治勢力が議会に多数派を形成していなければならないのである。このことは誰にでもわかる理屈であろう。

河上暁弘の見解

河上は、本書で、小林説とそれに対する深瀬の「建設的な批評・提言」を紹介した後、次のような見解を述べている。

自衛隊のように長く存在し、即時解散などが著しく困難と感じられるほど強大なものになってしまったとき、憲法理論としては違憲であることを明確に指摘しつつ、自衛隊を廃止して憲法理念を実現しなければならないのだが、その措置をとるべき国会は民意（主権者意思）を踏まえなければならない。そうなると、その措置が長期・段階的なものとなり、憲法の理念実現までに「過渡期」が生ずることになる。また、過渡の段階では、自衛隊の組織・活動に対して、法律的なコントロールを及ぼすべきである。そうした実践的な視点からの提言として「違憲・合法」論は受け止めることができるだろう。

ここでは、理念実現までに「過渡期」が存在することが想定されているのである。そして、憲法違反でないものに改編するためには、ある程度段階を踏むことになるだろうとして、次のように論述する。

過渡期においても、すべての軍事的組織は違憲の存在であると解すべきであろう。ただ、違憲（即）無効といってしまうと、違憲性を解消する措置は取りづらくなる。だから、どの段階でも、軍事的な実力組織は違憲であるけれど、違憲性を解消する措置自体は、法的には無効ではなく「有効」と解する理屈が必要だろう。政権担当者として、違憲との認識を示したうえで、長期・段階的に違憲性を解消しようとすることを、「憲法尊重義務」（99条）に違反すると批判するのは「倒錯」である。

ここでは、違憲の自衛隊が事実上存在することを認めずに、「さっさとなくそうとしないで違憲だということは許されない」という議論は的外れな批判とされているのである。巨大な軍事組織となっている自衛隊を解消するには、それ相応の期間と段階が必要であることは自明である。だから、自衛隊を違憲というならすぐなくせということや、すぐになくせると考えることは、現実的ではないのである。いずれも子どもじみた謬論といえよう。本気で、自衛隊という違憲の存在を解消したいのであれば、河上の指摘を所与のこととして受け入れなければならないであろう。それはまた「違憲」の存在が一定期間「合法的」に存続するという事実の承認でもある。

こうして、最も重要な課題はその解消に向けての現実的な力をどう形成するかということになる。河上の用語でいえば民意（主権者意思）をどう形成するかである。

これは優れて政治的課題である。そこで、ここでは「9条は世界史的にも先駆的意義を持つ」としている日本共産党の見解を紹介する。

共産党の自衛隊論

まず、共産党の大前提は、9条は恒久平和主義を「極限まで推し進めた」規範として高く評価し、将来にわたってこの条項を守り生かすとしていることである。そのうえで、次のような見解を展開している。

自衛隊は憲法違反の存在であり、「戦力ではない自衛力」などというのはごまかしだ。9条と自衛隊の矛盾は、改憲ではなく、現実の改革で実現する。ただし、その矛盾の解消は、一足飛びにはできない。国民の合意を尊重しながら、段階的に進める。第1段階は、日米安保解消前。第2段階は日米安保が解消され、自衛隊の米軍への従属の解消、政治的中立の徹底、大幅軍縮などが実現している状況。第3段階は、国民の合意で、自衛隊の解消に取り組む段階。独立・中立を宣言した日本が、諸外国と本当の友好関係を結び、道理ある外交によって世界平和に貢献するならば、わが国が常備軍によらず安全を確保することが、21世紀になれば可能。憲法9条の完全実施への過程では、自衛隊違憲という認識には変わりがないが、自衛隊が存続することになるので矛盾は続くことになる。これは、先行する政権から引き継ぐ避けがたい矛盾である。その矛盾を引き継ぎながら、9条の完全実施の方向での解消を目指すのが、民主連合政府に参加するわが党の立場である。

その過渡的な時期に、急迫不正の主権侵害、大規模災害など、必要に迫られた場合には、存在している自衛隊を国民の安全のために活用する。国民の生活と生存、基本的人権、国の主権と独立、憲法が立脚している権利を守るために、可能なあらゆる手段を用いることは、政治の当然の責務である。

この最後の部分が「**自衛隊活用論**」である。この見解は、2000年11月に公表されているし、現在の綱領（2020年）も「自衛隊については、安保条約廃棄後のアジア情勢の新しい展開を踏まえつつ、国民の合意での憲法9条の完全実施（自衛隊の解消）に向かっての前進をはかる」としている。この見解の要諦は、9条を高く評価し、自衛隊は違憲であるから、国民の支持のもとに、段階的に解消するとしていることである。この方針は、この20年以上変わっていない。しかも、その活用は現在のことではなく、共産党が政権に入った時の話なのである。だから、共産党がここにきて急に態度を変えたとか、自衛隊を容認したことはけしからんとか、戦力の必要性を認めたので柔軟になったなどという評価は、そもそも共産党の主張を理解していない議論なのである。

まとめ

もちろん、この共産党の自衛隊論をどう評価するかは各人の自由である。ただ、私としては、せめて、共産党の主張を正確に理解したうえでの論評を期待したいのである。小林直樹が「合法=違憲」を展開した時、「違憲論をじゃまにした」とか「棚上げした」とする批判が護憲論者から行われたようである。小林は、それらは、悪意の歪曲でなければ、全くの誤解だとしている。深瀬忠一はそのような事態は「不毛」としている。

自衛隊合憲論者や戦力保有賛成論者たちによる悪意にもとづく歪曲は、現に行われている。それは、政治の世界のことであるから、止められないであろう。ここでいいたいことは、それを止めろということではなく、非軍事平和主義と立憲主義を基軸とする者たちの間での不勉強や思い込みによる誤解は避けておきたいということである。

私は、小林説にも共産党の見解にも共感している。矛盾の解消を自衛隊の解散という方向で考え、しかも、現実とどう実践的にかかわるかという問題意識に共感するからである。そして、さらに、小林直樹の「反動的ミリタリズムが広がっている今日、平和主義者の間で、『核の時代』にふさわしい平和と安全のための政策を準備しておく必要があります」という提起（『憲法第九条』岩波書店、1982年）や、志位和夫の「憲法9条の背景には、アジアの諸国民と日本国民に対して甚大な被害をもたらした反省とともに、広島・長崎への原爆投下という言語に絶する体験がありました」という認識（『新・綱領教室』新日本出版、2022年）に共鳴しているからである。

私は、核兵器が使用され、現在も、世界には1万2000発以上の核弾頭が存在している「核の時代」であることを憂慮し、核兵器を廃絶する方向で考えることは、すべての人々にとって必要不可欠な営みだと考えている。「人類と核兵器は共存しない」という被爆者の叫びに学んでいるからである。あわせて、正当な「武力の行使」、すなわち「自衛戦争」や「制裁戦争」を容認する限り、最終兵器である核兵器はなくならないから、一切の戦争を廃絶しなければならないとも考えている。このままでは「戦争が文明を滅ぼすことになる」という制憲議会での幣原喜重郎の答弁にこだわるからである。私は、核兵器も戦争も人類社会から放逐したいのである。

そういう私にとって、「自衛隊違憲・合法論」や「自衛隊活用論」は真剣に考えなければならない材料なのである。その機会を提供してくれた河上さんに感謝している。

（２０２２年７月10日記）

資料　核兵器禁止条約の基礎知識

I　核兵器禁止条約は何を決めているのか
核兵器の禁止と廃絶への道筋および被爆者の支援

第1条（禁止）締約国は、いかなる場合にも、次のことを行わないことを約束する。
(a) 核兵器の開発、実験、生産、製造、取得、保有又は貯蔵。
(b) 核兵器を直接又は間接に移譲。
(c) 核兵器を直接又は間接に受領。
(d) 核兵器を使用すること又は使用するとの威嚇。
(e) この条約によって禁止されている活動を行うことにつき、いかなる様態によるかを問わず、援助し、奨励し又は勧誘すること。
(f) この条約によって禁止されている活動を行うことにつき、いかなる様態によるかを問わず、いずれかの援助を求めること又は援助を受けること。

(g) 自国の領域又は自国の管轄若しくは管理の下にある場所において、核兵器を配置し、設置し又は配備することの許可。

第4条 (核兵器の全面的な廃絶に向けた措置)

第6条 (被害者に対する援助及び環境の回復)

第7条 (国際協力および援助)

第12条 (普遍性) 締約国は、すべての国によるこの条約への普遍的な参加を得ることを目標として、非締約国に対し、この条約への署名、批准、加入を奨励する。

Ⅱ 核兵器禁止条約はなぜ必要なのか
「核兵器のない世界」を実現するため
世界が吹き飛ばされないようにするため 1万2000発の核兵器

① 核兵器のいかなる使用も壊滅的な人道上の帰結をもたらす。核兵器が完全に廃絶されることが必要。いかなる場合にも核兵器が決して再び使用されないことを保証する唯一の方法。

② 核兵器が継続的に存在することによりもたらされる危険(事故による、誤算による又は意図的な核兵器の爆発によりもたらされるものを含む)に留意し、これらの危険はすべての人類の安全に

関わり、すべての国が核兵器のあらゆる使用を防止する責任を共有している。

③ 核兵器の壊滅的な帰結。適切に対処できないこと。国境を越えること。人類の生存、環境、社会経済的な発展、世界経済、食料の安全及び現在と将来の世代の健康に重大な影響を与えること。女性及び少女に不均衡な影響（電離放射線の結果としての影響を含む）を及ぼすこと。

容認し難い苦しみと害の実例　広島・長崎原爆投下の死亡率

1945年12月末日までに約14万人±1万人、長崎市は約7万4000人。1944年2月時点での広島市の人口は33万6483人、長崎市は27万63人。その死亡率は、広島市が41・6±3％、長崎市が27・4％。太平洋戦争による東京都区域の死亡率は1・4％、大阪市は0・3％（これらの数字はいずれも人口10万人との対比ではない）。「原爆による社会的被害の状況を死亡率の観点から考察すれば、約40％以上の高い死亡率。この数値は、歴史上他に類を見ない高い値。原子爆弾の非人間性、特異性を推測するのは容易である」（広島市）。その地域の40％が1年以内に死んでしまうなどというのは異常である（広島市立大学平和研究所の水本和実教授）。

「人影の石」　原爆資料館　日常の奪われ方

銀行の石段に腰を掛け開店を待っていた人が、原爆の閃光を受け、逃げることもできないままに、その場で死亡したと思われます。強烈な熱線により、石段の表面は白っぽく変化し、その人が腰かけていた部分が影のように黒くなって残りました。

壊滅的な人道上の帰結の意味

オムニサイド（omnicide）　omniは「すべての」、cideは「殺害」という意味。

核兵器は、自然界の万物ばかりか、生と死との自然な関係そのものを破壊できる。われわれが死としてきたものは、他の個体での生命の持続を可能にする細胞の再生産と再結合にほかならない。細胞そのものを殺すことは、生命だけではなく、生命を生み出す死をも殺してしまう。核による死は通常の死よりも質的に悪質であること、核戦争が従来の戦争よりも質的に悪質であることを意味している。新しい事態を正確に表現するには新しい言葉が必要だ。

（ジョン・サマビル『核時代の哲学と倫理』）

核もって絶滅危惧種仲間入り（万能川柳）

1945年まで、われわれは不朽と思われる種族、少なくも「絶滅するか永続するか」を問うたことがなかった。それが今やわれわれが所属しているのは、それ自体が絶滅を危惧される種族である。「われわれは死を免れぬ種族＝人類」という状態から、『絶滅危惧種』の状態へと移ってしまった。

（ギュンター・アンダース『核の脅威』）

Ⅲ　核兵器使用の危険性の事例

1　意図的な使用

①１９５０年朝鮮戦争。
「30発から50発の原爆を満州の頚状部に投下すれば、10日以内に勝利できる」
②１９５４年ベトナム・ディエンビエンフー。
「ディエンビエンフーからベトミンを一掃するために、原子兵器を使えないか。３個の戦術核兵器をうまく使えばベトミンを壊滅できる」
③１９５８年中国（台湾海峡）。
巡行ミサイル用核弾頭が台湾と韓国の烏山の両方に到着していた。
④１９６２年キューバ。
米国戦略空軍司令官トーマス・パワー将軍は、ケネディ大統領（当時）の指示がないのに戦闘即応体制を引き上げ、「戦争が終わった時、アメリカ人が二人、ロシア人が一人だったら、わが方の勝ちだ」といっていた。
⑤１９９０年ブッシュ父。

イラクが化学兵器を使っても、核を使わないと決めていた。

⑥２０１７年9月19日。トランプ「北朝鮮を完全に破壊する以外の選択肢はなくなる」

2 誤報

①１９５９年6月19日　沖縄　ナイキミサイルの誤発射。

②１９６０年　グリーンランドのチューレ空軍基地　弾道ミサイル早期警戒システムが運用された。北米航空宇宙防衛司令部のコンピューターが米国が攻撃されているとの警報発令。月に反射したレーダー信号が誤警報の原因。

③１９７９年11月9日　早期警戒システムが赤色点灯。ソ連の大規模な奇襲攻撃の様相。原因が人的ミスかコンピューターのミスか両方か決められない。

④１９８０年6月3日　ブレジンスキー国家安全保障大統領補佐官がカーター大統領にまで本当の攻撃だと報告を上げかけたが、ギリギリのところで、幸運にも誤警報と発覚した。ソ連の潜水艦が２２０発のミサイルを米国に向けて発射との情報。確認を求めたら、２２００発とのこと。ブレジンスキーは妻を起こさなかった。米国は全滅するだろうから。３度目の連絡は、誤報とのこと。コンピューターのチップの欠陥が原因。

⑤同年11月7日、ＮＡＴＯは、米軍による核攻撃訓練を含む図上演習を開始。ソ連はこれを

リアルな戦争準備と誤解して、東ドイツとポーランドの空軍に警戒態勢（核攻撃の準備）をとらせた。4日後に演習は終了。「キューバ危機」以来、米ソが最も核戦争に近づいた瞬間

⑥1983年9月26日　ソ連の早期警戒衛星は米国から5発の核ミサイルが発射されたと示した。雲の先端で反射した日光に衛星が騙されたものだった。本来なら、即反撃の状況だったが、当直の将校は、これは誤作動に違いないと判断して、反撃は行わず、核戦争はすんでのところで回避された。

⑦1995年1月　ロシア軍が、ロシアに向かってくる未確認のミサイルをノルウェー上空に発見。ロシアの核ブリーフケースが作動。ミサイルはノルウェーの研究ロケットだった。ノルウェーはソ連に発射を通告したが、情報がしかるべきところに届いていなかった。北極のオーロラを観測する無害の科学実験が予期せぬ結果になった。

⑧2018年1月18日　ハワイ緊急事態管理庁「弾道ミサイルの脅威がハワイに向かっています。近くのシェルターを探してください。これは訓練ではありません」

3　コンピューターの誤作動

①2010年　コンピューターへの不具合で、50基のICBMとの連絡が途絶えた。約1時間にわたってミサイルが承認なしで発射されるのを防げなくなり、核事故のリスクが高まった。大統領が命令しても発射できなかったし、敵が発射しようとしても妨害できなかっただ

ろう。

② 兵器システムは人間によって操作される。いかなるシステムであれ、これがサイバー安全保障上の最大の弱点。

③ 間違えない人間はいないし、壊れない機械はない。

Ⅳ 核戦争の現実性

① 何十年にもわたって、米国はソ連（ロシア）からの奇襲攻撃に備えてきたのだが、それはなかったし、これからもないであろう。

（1995年機密解除、国防総省報告書）

② 核戦争に陥る圧倒的な危険性は、米国の政策によって拡大する。大統領に核攻撃をする専権を明確に与えているからだ。冷戦期に核の応酬になりそうだった最大の危機は、意図的に計画された攻撃によってではなく、悪い情報や、不安定な指導者たちや、誤警報によるものだった。

（ウィリアム・ペリー、トム・コリーナ『核のボタン』）

③ 今も核兵器は存在し、核戦争の危険も存在している。……過ちや技術的な故障を起こす可

能性はある。これについて、米国のウィリアム・ペリー元国防長官が警告した。「技術的な誤りは過去にもあった、人間は間違いをおかすものだ」と。

（ミハイル・ゴルバチョフ『ゴルバチョフ』）

④原子力の時代において核戦争が勃発する可能性は常に開かれている。それは明日にでも、いや今この瞬間にでも起こり得る。私たちが生きている現在の世界は，もしかしたら核戦争によって滅ぼされるかもしれないにもかかわらず、幸運にもそうならずに存在している世界として性格づけられる。

（ギュンター・アンダース「想像力の拡張」：戸谷洋志編『原子力の哲学』所収）

⑤「現在貯蔵されている核兵器の潜在的暴力がすでに絶対的なものになっている」

（同前）

V　核兵器国はどういう態度をとっているのか
米、核兵器禁止条約批准の撤回要求　発効を控え複数国に圧力

核兵器の保有や使用を全面禁止する核兵器禁止条約に反対する米国が、複数の条約批准国に、批准を取り下げるよう求める書簡。米国が批准国に圧力を加えた形。書簡では「核兵器禁止条約を批

准する国家主権は尊重するが、それは戦略的な誤りであり、批准を取り下げるべきだと考える」と強調。

●効果的な検証の必要性や悪化する安全保障環境に対する必要性など、核軍縮の前進にとっての中心的問題に対処していない

●核兵器国とＮＡＴＯ同盟国、私たちは一丸となって、禁止条約の潜在的悪影響に反対していく。

Ⅵ　日本政府はどういう態度をとっているのか　核兵器に依存してわが国の安全を確保する

核軍縮に関する我が国の基本的立場は、核兵器のない世界の実現のためには、核兵器の非人道性に対する正確な認識及び厳しい安全保障環境に対する冷静な認識に基づき、核兵器国と非核兵器国との間の協力による現実的かつ実践的な措置を積み重ねていくことが不可欠であるというものである。御指摘の決議案は、北朝鮮の核・弾道ミサイル開発が我が国の安全に対する重大かつ差し迫った脅威となっている中で、このような我が国の基本的立場に合致せず、また、核兵器国と非核兵器国との間の対立を一層助長し亀裂を深めるものであるとの理由から、慎重な検討を重ねた結果、反

対したものである。
（２０１６年〔平成28年〕11月８日閣議決定）

Ⅶ　核兵器国や日本政府はなぜ、禁止条約に反対するのか
核兵器は「秩序の兵器」、「長い平和」を確保する兵器
核はわれわれを守るもの「救世主」　核兵器は「破壊者」ではない

１９４５年にはじめて使用された核兵器は、米ソの対立があった冷戦期には、核戦争による人類絶滅の恐怖を突き付けた。その一方で、核兵器の存在は米ソ両国の行動を慎重にさせたので、「冷戦」を「熱戦」にエスカレーションすることなく、むしろ「長い平和」ともいわれる状況にとどめた。冷戦は終結し、核戦争による人類絶滅の恐怖は去った。しかし、北朝鮮の核開発や中距離核戦力全廃条約（ＩＮＦ条約）の破棄からもわかるように核兵器は現代の安全保障における最も重要な問題であり続けている。

（秋山信将・高橋杉雄編『「核の忘却」の終わり』）

Ⅷ　反対論に対する疑問

核兵器は「長い平和」をもたらしているという言説についての疑問。地球上に「長い平和」がもたらされているというのは本当か、既に核戦争による人類絶滅の恐怖は去ったというのは本当か、そうだとしてもそれが核兵器のおかげというのは本当かという3点。

「核抑止論」は、単に役に立ってないだけではなく、そもそも「戦略」などとはいえない、極めて主観的なもの。ある種の「神話」。そして、それが破綻した場合には、「壊滅的人道上の結末」が待っている。更に忘れてはならないことは、このような破滅は、故意によらない場合にも起きうるということ。それでも、核抑止論者たちは、「核抑止論」の効用を呪文のようにつぶやき続けている。

「恐怖の均衡」がもたらす核抑止力は、互いに相手の全滅可能性を前提とする。更には、全人類の滅亡可能性も前提とする。核抑止論者は、人間は自らの意思に基づいて、自分自身の態度や行動を選択し、統御することができる——この証明不能な人間観を自らの主張の大前提に据えている。

（佐藤嘉幸　田口卓臣『脱原発の哲学』）

核戦争の危険を防止することなしに平和はあり得ない。抑止を通じての世界の平和、安定、維持という概念は、おそらく、存在するもっとも危険な集団的誤謬である。

（1980年の国連報告「核兵器の包括的研究」）

Ⅸ　第1回締約国会議

第8条（締約国会合）

1　締約国は、この条約の適用又は実施に関する問題について、並びに核軍縮のための更なる措置について検討するため定期的に会合する。

2　最初の締約国会合については、この条約が効力を生じた後1年以内に国際連合事務総長が招集する。更なる締約国による会合は、2年毎に、同事務総長が招集する。

5　締約国会合及び検討会合には、この条約の締約国でない国並びに国際連合その他関連する国際機関、地域的機関、赤十字国際委員会、国際赤十字・赤新月社連盟及び関連する非政府機関を、オブザーバーとして出席するよう招請する。

第1回締約国会議

2022年6月21日から23日、ウィーン。締約国65か国中49か国とNATO加盟国であるドイツ、ベルギー、オランダ、ノルウェー、そしてオーストラリアを含む34か国がオブザーバー参加。それ以外に核兵器の使用や実験の被害者を含む85の非政府組織も参加。日本からは、被爆者や広島と長崎の市長は参加しているが、日本政府は参加していない。

会議では「核兵器禁止条約第1回締約国会合ウィーン宣言——核兵器のない世界への私たちの誓約——」と「行動計画」が発出された。

次回は、2023年11月。ニューヨークで。

2022年6月、長崎大学核兵器廃絶研究センター（RECNA）は、世界の核兵器の数を1万2720発としている。ロシア5975発、米国5425発、中国350発、北朝鮮40発などである。本書の中での核兵器の数は、資料を参照した時期と参照した資料によって違いが出ていることをお断りしておく。

あとがき

今、人類社会は大きな岐路にある。気候変動やコロナ・パンデミックという全人類の存続にかかわる課題に直面しているにもかかわらず、ロシアはウクライナを侵略し、アメリカは世界の分断を煽っているからである。経済体制や政治制度あるいはイデオロギーや信仰の違いにかかわらず、国際社会が一致して対処しなければならない危機的状況が目の前にあるのに、核超大国の政治指導者は、自分とその同調者の目先の欲望に基づいて、軍隊と武器を玩具のように扱っている。その玩具の中に、核兵器も含ませようとしている。

プーチンが武力行使を止めなければ、ウクライナの民衆が殺されるだけではなく、いわゆる「南」の民衆に飢餓が襲いかかることにもなる。バイデンが対中国敵視政策を改めなければ、自衛隊員に死傷者が出るだけではなく、沖縄の民衆が、また、戦禍にさらされることになる。

日本政府は、核兵器政策や対中国政策について、アメリカ追随にとどまらない、より危険な役割を果たしている。核とドルに依存するだけではなく、もっと凶暴な姿勢をとっているのである。それが「日本を取り戻す」という掛け声である。その正体は大日本帝国賛美と反中・反韓という偏狭なナショナリズム、そして強烈な「反共意識」である。

その姿勢と地下茎でつながっている事態も起きている。安倍晋三元首相が、祖父岸信介と自分自身が深くかかわっていたカルト集団（統一協会・勝共連合）によって家庭を壊された男の手で「私的復讐」を受けたのである。「私的復讐」が許されないことはもちろんであるが、その動機を牽強付会として無視することはできないであろう。自分の欲望のために他者を犠牲にする者が、恨みを買い、何らかの報復を受けることは、大衆受けする時代劇の格好のテーマである。「葵の御紋」に頼れない人は「仕置き人」に依頼することになる。その依頼料のない人は自分で工夫することになるのである。そこでは刑法は休眠する。


この国も世界も、法の役割を無視して、剝き出しの力による支配に「先祖帰り」しているかのようである。しかも、「法の支配」、「民主主義」、「基本的人権」などという言葉で化粧しながらである。選挙で多数派をとれば何でもできるかのように振舞う連中がいる。その多くはカルト集団との接触者である。なかには「濃厚接触者」もいるようである。彼らは、憲法を無視するだけではなく、都合が悪くなると改廃しようとさえする。

他方では、その勢力に対抗すべき政治勢力の形成も遅れている。「野党共闘」は期待されているけれど、まだ十分な力を持ち合わせていないどころか、混乱が収まっていない。

何とも歯がゆいけれど、日本のあちこちで、若い世代も含めて、新たな胎動や芽吹きも報告されている。世界と日本は「どうなるのか」ではなく、「どうするか」を主体的に自分事として考えている人々が間違いなく存在している。「平和を愛する諸国民」は実在しているのである。

私たちは、したり顔で憂慮していればすむという状況にはない。つまらないことでもめている場合でもない。知らないうちに殺されてしまう恐れが現実に存在しているからである。今、求められている営みは、世界の状況をあれこれ小賢しく解釈することではなく、愚直に変革を求めることである。それが、今と明日を、自分らしく生きるための大前提である。

という思いで「由無《よしな》し事《ごと》」を綴ってきたが、少しは、お役に立てたであろうか。

今回の出版には、あけび書房の岡林信一さんのお世話になった。出版事情が厳しいにもかかわらず、本書の出版をすすめてもらったことに、心から感謝している。

2019年5月から今日までに、『核の時代」と憲法9条』（日本評論社）、『「核兵器も戦争もない世界」を創る提案』（学習の友社）、『「核の時代」と戦争を終わらせるために』（学習の友社）と3冊の本を上梓してきた。いずれもテーマは、核兵器廃絶と9条の世界化である。

また、今回の出版に際しても、日本反核法律家協会の事務局である田中恭子さんの協力を得ていることを記しておく。

最後に、大久保法律事務所の村山志穂弁護士と逸見有紀さん、そして、妻恵子と長女史恵に、私の日常を支えてくれていることへの感謝の念を伝えておきたい。

著者略歴
大久保賢一（おおくぼ・けんいち）

1947 年、長野市生まれ。
1965 年東北大学法学部入学
1971 年法務省入省（人権擁護局等に勤務）
1979 年弁護士登録　埼玉弁護士会所属

日本弁護士連合会憲法問題対策本部核兵器廃絶部会部会長
日本反核法律家協会会長
核兵器廃絶日本 NGO 連絡会共同代表
NPO 法人ノーモア・ヒバクシャ記憶遺産を継承する会理事
非核の政府を求める会常任世話人
自由法曹団原発問題委員会委員長　など。

著書に『「核の時代」と戦争を終わらせるために』（学習の友社、2022 年）、『「核兵器も戦争もない世界」を創る提案』（学習の友社、2021 年）、『「核の時代」と憲法９条』（日本評論社、2019 年）など。

迫りくる核戦争の危機と私たち
2022 年 11 月 3 日　第 1 刷発行 ©
著　者　大久保賢一
発行者　岡林信一
発行所　あけび書房株式会社
〒 167-0054　東京都杉並区松庵 3-39-13-103
☎ 03. 5888. 4142　FAX 03. 5888. 4448
info@akebishobo.com　https://akebishobo.com
印刷・製本／モリモト印刷
ISBN　978-4-87154-221-0　C3031　￥2200E